DE

LA PROPRIÉTÉ

AVEC SES DÉMEMBREMENTS.

OUVRAGES DE M. LESENNE.

Condition civile et politique des prêtres, in-8". . . . . . . 3 fr. 50 c.

Traité des droits d'auteur et d'inventeur, in-8°. 4 50

Code des brevets d'invention, dessins et marques de fabrique ou de commerce, en France et à l'étranger, in-8°. . 5 »

Commentaire de la loi du 23 mars 1855 sur la transcription
en matière hypothécaire, in-8°. 2 50

Et autres traités divers.

PARIS.—Impr. de COSSE et J. DUMAINE, r. Christine, 2.

DE

LA PROPRIÉTÉ

AVEC SES DÉMEMBREMENTS

(USUFRUIT, USAGE, HABITATION ET SERVITUDES),

SUIVANT

LE DROIT NATUREL, LE DROIT ROMAIN ET LE DROIT FRANÇAIS,

Par **N. M. LESENNE,**

Docteur en droit, Avocat à la Cour impériale de Paris.

PARIS,

IMPRIMERIE ET LIBRAIRIE GÉNÉRALE DE JURISPRUDENCE.

COSSE et **MARCHAL**, Imprimeurs-Éditeurs,

LIBRAIRES DE LA COUR DE CASSATION,

Place Dauphine, 27.

—

1858

INTRODUCTION.

« Le fait de la propriété, a dit M. Thiers, est un droit... Ce fait est le plus respectable, le plus fécond de tous, le plus digne d'être appelé un droit, car c'est par lui que Dieu a civilisé le monde, et mené l'homme du désert à la cité, de la cruauté à la douceur, de l'ignorance au savoir, de la barbarie à la civilisation. »

Chaque art, chaque science a ses mystères, que la nature oppose aux efforts de l'homme, comme pour lui apprendre que son intelligence a des limites, et qu'il ne saurait soulever le voile qui lui cache la vérité si le hasard, le travail ou le temps, ne lui venaient en aide : la science ne laisse échapper ses secrets que lentement et à raison de la persévérance qu'on met à les lui demander; cependant de nombreuses découvertes ont été faites fortuitement. Pour en citer quelques exemples : dans l'art de la peinture, Protogène, outré de dépit de ne pouvoir imiter l'écume qui sortait de la bouche du chien haletant d'Ialysus, y réussit, néanmoins, en lançant à travers la toile l'éponge mouillée dont il se servait pour effacer, et qui était imprégnée de couleurs diverses ; dans la philosophie expérimentale, le génie de Galilée ne put parvenir à convaincre ses contemporains que la terre tourne, et cependant cette vérité a fini par être acceptée; dans la science du droit, Cujas, ne pouvant venir à bout de définir les interdits *Quem fundum* et *Quam hæreditatem*, défia tous les interprètes d'y réussir, et il a fallu que la découverte d'un palimpseste vînt donner la solution de cet épineux problème.

Mais, que les découvertes nous viennent du hasard ou du travail, elles concourent toutes à enrichir la science, ce vaste champ où il y aura toujours à glaner, où il restera toujours quelque point à étudier, quelque doute à éclaircir ; aussi, nous sommes-nous laissé entraîner à traiter ce sujet complexe, malgré tout ce qui en a été dit avant nous par de savants jurisconsultes.

Le désir de posséder est inhérent à la nature de l'homme ; il se manifeste chez tous les individus, chez tous les peuples, dans l'enfance comme dans la vieillesse.

Le besoin de s'approprier certaine part des richesses physiques a conduit au travail, et le travail organisé, intelligent, a conduit les peuples à l'industrie, à la civilisation, aux arts et aux sciences.

Ici, comme partout, les vues de la Providence apparaissent : la créature faite à l'image de Dieu ne saurait jouir de la même manière que la brute ; sa personnalité fait sa force ; son intelligence la dirige, lui révèle sa puissance, et la porte à la domination, à la propriété.

Les premières conquêtes de l'homme sur la nature physique furent le résultat de cet impérieux désir, basé sur la nécessité de s'approprier, soit le sol qui le nourrit, soit les objets utiles à son bien-être et à sa conservation. Ce qu'il avait une fois assujetti, il en faisait sa chose propre, il en devenait propriétaire..., et l'œuvre s'est perpétuée ; les nations, en se formant, ont admis la propriété dès la plus haute antiquité ; les préceptes divins mêmes l'ont consacrée, puisque Dieu, dans les commandements donnés à son peuple par le ministère de Moïse, défend de prendre ou de retenir le bien d'autrui.

La propriété, chez les peuples primitifs, était bien différente assurément de ce que l'a faite la civilisation moderne : elle a marché avec le progrès, elle a varié, elle s'est modifiée selon les temps et les lieux. Les législateurs l'ont tantôt étendue et tantôt restreinte ; les révolutions l'ont souvent attaquée et parfois ébranlée, mais elle est restée debout, parce que la propriété est le principe vital des sociétés, comme elle est le but et la récompense du travail, le signe, enfin, de la supériorité de l'homme, qui seul, parmi les êtres créés, est capable d'acquérir, de posséder en maître.

Sans la propriété, point de société ni de patrie, point de cette noble ardeur qui porte l'homme à défendre, au péril de sa vie, son foyer ou le champ de ses pères. Et vers quel but marcheraient ces apôtres du travail, ces chefs de famille zélés et industrieux, s'ils n'étaient animés par l'espoir de léguer à leurs enfants, à leurs proches, le fruit de leurs labeurs!

Mais notre but n'est point de discuter ici sur la légitimité de la propriété; à toute époque, des hommes éminents se sont chargés de la défendre; les faits accomplis sont le meilleur enseignement en toutes choses; le passé est un livre qui nous apprend l'avenir, car les principes restent les mêmes, la forme seule se modifie.

La propriété, germe informe à l'origine, s'est développée avec les sociétés, qu'elle constituait en quelque sorte; puis, soutenue à son tour et consolidée par elles, la propriété est devenue une institution et presque partout une puissance; quelquefois même ses développements ont pu paraître abusifs, mais la faute en a été aux législations et non pas au principe.

Rappelons seulement ce fait, que la propriété s'est établie dès la plus haute antiquité. Selon l'historien Josèphe, l'usage de marquer les limites de ses possessions avec des arbrisseaux ou des pierres paraît avoir existé en Egypte; Hérodote rapporte que Sésostris partagea les terres entre tous les citoyens; nous retrouvons aussi chez les Hébreux le partage des terres entre les diverses tribus par Josué, leur chef; Sparte, Athènes, Corinthe, nous offrent le même exemple du partage des terres, de la division de la propriété territoriale, de son organisation.

Mais c'est à Rome que la propriété fut établie sur des bases vraiment larges et solides, parce que ses éminents jurisconsultes avaient fait de cette branche importante du droit un examen sérieux et approfondi: *juris sacerdotes sumus*, s'écriaient-ils dans l'élan de leur amour pour cette étude. Les législations modernes ont puisé à cette source féconde. Nos jurisconsultes, ayant à leur tour élaboré et médité les hautes questions qui ont agité les peuples, ont salué la vérité partout où elle leur est apparue, qu'elle vînt de l'Orient ou de l'Occident, car la science est du domaine universel, et les principes sont les mêmes partout. Enfin, quant aux règles sur la propriété, après bien des phases et des revirements, la France est restée tributaire de la législation romaine, dont elle a emprunté le fond et presque la forme.

Notre but, à nous, dans ce traité, n'a pas été seulement de mettre en évidence les principes de la propriété ; nous avons voulu rapprocher les règles du droit naturel et du droit romain de celles du droit français ; nous avons voulu les comparer ensemble, montrer leurs points de ressemblance et de différence ; nous avons développé les diverses dispositions de la législation française sur la *distinction des biens*, sur *la propriété* et sur *les différentes manières d'acquérir ;* nous nous sommes appliqué surtout à l'examen des grandes questions qui divisaient les anciens jurisconsultes, et sur lesquelles sont encore loin de s'accorder les interprètes de nos Codes ; nous l'avons toujours fait avec une scrupuleuse attention, en citant les auteurs anciens et modernes, les décisions judiciaires, les opinions émises jusqu'alors dans tous les sens ; en un mot, nous nous sommes efforcé de montrer toutes les sources, et nous avons quelquefois essayé d'émettre notre sentiment personnel, de proposer une solution nouvelle ; puissent nos efforts éclaircir quelque point douteux, et notre but sera atteint !

DE
LA PROPRIÉTÉ
AVEC SES DÉMEMBREMENTS.

PREMIÈRE PARTIE.
DE LA PROPRIÉTÉ SUIVANT LE DROIT NATUREL.

1. A l'origine, tout ce qui compose le monde que nous habitons, c'est-à-dire le sol, ses produits, ses richesses, les animaux qui peuplent la terre, vivent dans l'eau, volent dans les airs, toutes les œuvres enfin de la création étaient dans un état complet d'indépendance. Mais toutes ces richesses ne pouvaient garder long-temps leur liberté primitive : elles étaient destinées à l'homme, à ses besoins, à ses jouissances, et bientôt ce roi de la création conquit sur la nature tout ce qui pouvait soutenir son existence, améliorer sa condition ; il avait besoin du sol pour se nourrir, lui et sa famille, et le sol, pour fructifier, devait être labouré, ensemencé. L'homme, en choisissant un morceau de terre, en se l'appropriant pour lui faire produire des fruits, usait d'un droit naturel, remplissait les vues de la Providence, qui lui a fait du travail un devoir et une nécessité ; et ce droit naturel se légitima, acquit une nouvelle force à mesure que l'homme, par son labeur, ses soins et son intelligence, sut augmenter la fertilité du sol, l'importance de ses produits ou de l'objet assujetti ; s'il lui eût suffi de cueillir sans cultiver, il n'aurait pas eu besoin de s'approprier un morceau de terre : le premier maître du sol fut donc le premier laboureur.

1

2. Cet assujettissement, cette conquête de l'homme sur la matière, est ce qu'on appelle *occupatio*. L'occupation implique, d'une manière inséparable, l'idée de possession, car on ne peut assujettir que par le désir de posséder et de s'approprier une chose qui, étant du domaine commun, n'appartient encore à personne. La propriété s'acquit ainsi par la première occupation [1]. Mais souvent le droit de propriété n'était qu'éphémère, il ne survivait pas à la possession, il disparaissait avec le moyen qui l'avait fait naître, la chose redevenait libre en reprenant son état primitif, et elle pouvait être appréhendée par un autre, qui en devenait maître à son tour [2].

3. Lorsque peu à peu le droit d'appropriation fut consacré et ramené à une institution organisée, un grand nombre de choses des plus usuelles, principalement le sol, se fixèrent dans certaines mains, elles constituèrent des patrimoines privés, et cette patrimonialisation empêcha désormais d'acquérir ces choses par l'occupation, excepté quand le maître les avait délaissées en abdiquant son droit, parce qu'alors elles redevenaient indépendantes et étaient affranchies de la conquête.

4. Mais il est des espèces, des êtres que la nature a favorisés d'une liberté constante ou susceptible de se renouveler fréquemment, il est des choses qui résistent à une appropriation souveraine et perpétuelle : tels sont les bêtes sauvages, les oiseaux, les poissons, et généralement tous les animaux qui peuplent la terre, la mer et les airs ; ne pouvant être soumises au joug absolu de la propriété organisée, ces choses, acquises par l'occupation comme une conquête de l'homme sur la brute, redeviennent souvent libres, parce qu'elles recouvrent facilement leur indépendance [3]. Bien plus, la mer et ses rivages, l'eau courante et l'air, destinés à l'usage commun de tous les êtres de la création, sont affranchis du droit

---

[1] L. 1, § 1, *de Adq. vel. am. poss.* Dig.

[2] V. Pothier, *Tr. du dr. de dom. de propr.*, part. 1, ch. 2, sect. 1.

[3] L. 1, § 1, L. 3, 5, 55, *de Adq. rer. dom.*; L. 1, § 1, *de Adq. vel. am. poss.*

de propriété privée par leur nature incompatible avec toute appropriation exclusive [1].

5. Ce qui était d'ordre naturel dans les premiers siècles du genre humain a dû se renouveler à l'origine des sociétés, et se perpétuer d'âge en âge par une sorte d'accord des nations entre elles : aussi voyons-nous tous les peuples appeler *res communes, res nullius,* les choses qui n'ont pas de maître, et les attribuer privativement à quiconque s'en empare avec la volonté de les avoir à soi [2].

6. Qu'est-ce donc que la première occupation?

C'est l'assujettissement de la matière par l'homme, c'est le fait qui soumet une chose libre et indépendante à la domination d'un maître; dire qu'une chose est occupée, c'est exprimer l'idée qu'elle a perdu sa liberté primitive, qu'elle est actuellement soumise à la propriété, empreinte de ce caractère.

7. L'occupation s'opère par la prise de possession, ou plutôt c'est la prise de possession; occuper, c'est posséder. Quand la possession existe-t-elle?

Lorsque la chose est au pouvoir, en la puissance de l'occupant, c'est-à-dire quand celui-ci la détient physiquement avec l'intention d'en être propriétaire [3]; prendre possession d'une chose, c'est donc l'appréhender avec l'intention de se l'approprier : sans la détention matérielle la chose resterait libre et indépendante; sans l'intention il n'y aurait pas d'appropriation, car la maîtrise implique nécessairement l'idée de volonté. Conçoit-on qu'une chose devienne mienne sans que je le veuille! Ce serait la négation complète du libre arbitre! autant vaudrait dire qu'un oiseau est propriétaire du nid qui l'abrite. Aussi faut-il se garder de confondre la possession acquisitive avec la simple détention corporelle, telle que celle qui a lieu quand un individu, guidé par la curiosité, ramasse

---

[1] L. 1, § 1, L. 3 pr., L. 5, § 2, L. 7, § 3, L. 14, *de Adq. rer. dom.*; L. 2, § 1, L. 3, *de Div. rer.* — V. Cicer., *de Offic.,* lib. 1, n° 51.

[2] L. 3 pr., *de Adq. rer. dom.*

[3] L. 1, § 1, L. 3, § 1, *de Adq. vel. am. poss.*

un objet et le rejette ensuite. En un mot, pour conduire à la propriété, la détention doit être accompagnée de l'intention positive d'avoir à soi la chose dont on s'empare [1].

8. La prise de possession est donc, en droit naturel, le fait d'appréhender une chose qui n'a pas de maître avec l'intention d'en être propriétaire ; le fait peut exister chez autrui [2], tandis que l'intention est personnelle [3]. Quand je veux occuper pour moi-même, acquérir une chose pour moi, je puis la faire appréhender matériellement par autrui, par exemple, en envoyant un serviteur à la chasse ou à la pêche, et ce serviteur prendra utilement possession pour moi à mon insu [4], autrement l'âge, la maladie, une absence, mille accidents, m'exposeraient à être privé de ce qui m'est nécessaire ; mais l'intention d'avoir la chose à *moi*, l'*animus domini*, doit nécessairement exister chez *moi*.

9. Dans tous les cas, quiconque prend possession pour soi ou pour autrui doit avoir l'intelligence et la conscience de ce fait [5] ; et comme il n'y a que l'homme qui soit doué de la faculté de posséder, lui seul peut concourir efficacement à l'acquisition de la propriété. En outre, celui qui appréhende une chose pour autrui doit en avoir l'intention [6] ; s'il le faisait pour son propre compte, il acquerrait pour lui-même la possession et la propriété [7].

10. Le résultat immédiat et direct de la prise de possession est de mettre une chose de plus dans le domaine privé, de la soumettre à la propriété privée de l'occupant : aussi *acquérir* est-il synonyme de *devenir propriétaire* : c'est faire entrer dans son patrimoine une chose qui n'y était pas encore. J'acquiers les fruits que je cueille sur un terrain qui n'a pas de maître, mais je n'acquiers pas en percevant les fruits du champ qui est à moi, parce que je n'obtiens rien

---

[1] V. Pothier, *ad Pandectas*, tit. *de Adq. rer. dom.*
[2] L.20, § 2, L.37, § 6, *de Adq.rer.dom.*
[3] L. 1, § 5, 22, L. 2, § 12, *de Adq. vel am. poss.*
[4] L. 1, *eod.* Cod.
[5] L. 1, § 3, 9, *cod.* Dig.
[6] § 20, *ib.*
[7] § 1, 20, *ib.*

que je n'aie déjà, je ne prends pas, à vrai dire, possession de fruits que je possédais déjà avec le fonds, la séparation ne fait que scinder et diviser une chose qui m'appartenait entièrement en bloc.

11. La propriété une fois établie peut-elle s'effacer?

Assurément, oui : car, si devenir propriétaire est avoir une chose de plus dans son patrimoine, avoir une chose de moins sera cesser de l'être. Quand donc a-t-on une chose de moins?

Cela arrive bien évidemment lorsque la chose n'existe plus ou qu'elle a recouvré sa liberté naturelle, parce qu'alors il n'y a plus occupation [1].

12. Une chose a cessé d'exister non-seulement quand ses éléments primitifs sont anéantis et réduits en atomes, mais aussi quand sa matière première a revêtu une nouvelle forme, de sorte que cette chose n'est plus reconnaissable [2]. Quelle que soit la cause de son anéantissement, nul doute que, si mon bloc de marbre est pulvérisé, même à mon insu, je perds la possession, et par suite la propriété du marbre en tant que bloc, malgré mon intention d'en rester maître, parce que, le bloc n'existant plus, j'ai cessé de le détenir; il en est de même quand mon marbre a été taillé en bas-relief, parce qu'en créant une nouvelle chose (qui s'acquiert *occupatione primâ*), la transformation a détruit le bloc et m'en a ôté la propriété avec la possession [3]. V. nos n°s 110-128.

13. Une chose a recouvré sa liberté naturelle lorsqu'elle n'est plus assujettie; ce qui a lieu quand une chose animée s'est échappée sans esprit de retour [4], quand le maître d'une chose animée ou inanimée l'a délaissée avec l'intention de ne plus l'avoir à soi [5], ou bien quand tout souvenir de propriété sur cette chose s'est effacé [6]. Mon oiseau quitte la

---

[1] L. 3, § 2, *de Adq. rer. dom.*; L. 30, § 4, *de Adq. vel am. poss.*
[2] *Ibid.*
[3] V. Cujac, *ad Leg.* 50, § 1, *de Reiv. Dig.*
[4] L. 5, *de Adq. rcd. dom.*
[5] L. 1, 5, § 1, *Pro derel.*
[6] L. 25 pr., *de Adq. vel am. poss.;* L. 31, § 1, *de Adq. rer. dom.*

volière et ne revient plus; en cessant de le détenir j'en perds
la propriété contre mon gré; de même si mon coquillage
tombe au fond de la mer, si je perds un objet quelconque sans
pouvoir le reconnaître, tandis que la propriété m'échappe par
la cessation de la détention et de l'intention lorsque j'abandonne volontairement ce qui est à moi.

14. De là il résulte que, d'après la raison naturelle, le
droit de propriété privée ne peut commencer que par l'occupation, qu'il dure nécessairement autant qu'elle sans pouvoir lui survivre, qu'il s'efface aussitôt qu'elle disparaît. Cette
extinction de la propriété tient à la fiction du *postliminium*,
dont le résultat est de faire considérer la chose comme n'ayant
jamais été appropriée, d'effacer toute trace de la conquête
faite sur l'ordre primitif, par conséquent de faire réputer
comme n'ayant jamais existé toute occupation précédente et
tout droit de propriété privée, de rendre cette chose *res nul-*
lius, sans maître, et susceptible d'être réacquise à quiconque
s'en emparera [1].

15. Il est tout naturel que je perde la propriété avec la
possession quand je repousse une chose de fait et d'intention,
parce qu'alors elle devient *res pro derelicto habita*, et qu'en
reconquérant sa liberté primitive, elle est censée n'avoir jamais eu de maître [2]. En est-il de même quand, ne voulant
plus de la propriété, je continue cependant de détenir *corpore*
solo ?

Non, parce que la chose ainsi détenue corporellement n'a
point recouvré sa liberté, qu'elle est toujours sous ma main,
occupée, appropriée, et que la propriété une fois établie dure
autant que l'occupation et ne peut s'effacer qu'avec elle [3].

16. La perte de la propriété se comprend lorsque l'occupation a cessé par la volonté du maître, mais il paraît contraire à l'équité qu'il soit privé de sa propriété par cela seul
qu'elle échappe à sa garde, et que le nouvel occupant lui soit

---

[1] V. L. 6 pr., *de Div. rer.*
[2] L. 1, 5, *Pro derel.*

[3] V. L. 15, § 1, *de Adq. vel am. poss.*

préféré ! Et cependant ce résultat tient à la nature même des choses : si l'oiseau était resté la propriété privée du maître malgré sa rentrée parmi les autres volatiles, comment le reconnaître, comment le distinguer [1] ? et, même en le supposant affecté d'un signe qui le rende reconnaissable, comment le maître exercera-t-il son droit de propriété ? comment le fera-t-il respecter ? que deviendra le droit de chasse ?... que deviendra le droit de pêche ?... Il faut avouer que, s'il y a une fiction dans le postliminium, cette fiction ressemble bien à la réalité.

17. De ce que je n'acquiers *primâ occupatione* qu'autant que la chose est appréhendée matériellement par moi ou par quelqu'un en mon nom, il ne résulte pas que, pour conserver la propriété, je doive continuer à détenir moi-même ou par quelqu'un pour moi : l'intention seule me suffit pour retenir la propriété tant que ma chose reste occupée [2], n'importe dans quelles mains elle se trouve, autrement la propriété se confondrait avec la détention, elle serait le prix de l'adresse, de la force et de la rapine. Si le serviteur que j'envoie à la pêche jette le filet pour lui au lieu de le jeter pour moi, le poisson lui appartiendra malgré son infidélité, parce que l'occupation première s'est accomplie de fait et d'intention pour l'agent même, qu'à vrai dire il ne me fait pas tort, et que je ne puis revendiquer ce qui n'a jamais été à moi. Si au contraire ce même serviteur de bonne ou de mauvaise foi s'empare du poisson qui m'appartient, il ne réussira pas à se l'approprier, ou bien il s'enrichirait à mes dépens ; le poisson reste mien et je puis le revendiquer tant qu'il est occupé : d'où la conséquence qu'on ne peut être privé de sa propriété contre son gré que par la cessation de l'occupation.

---

[1] Si la revendication m'est permise quand ma chose est à l'état d'occupation, quoique détenue par autrui, tandis qu'elle ne peut point avoir lieu quand la chose a cessé d'être occupée, cela tient non-seulement aux raisons que nous venons de développer, mais encore à ce que la chose est reconnaissable dans le premier cas, et ne l'est pas dans le deuxième. Remarquons même, à cet égard, qu'en fait la chose n'est plus reconnaissable ou que la poursuite en est devenue impossible, toutes les fois que la propriété échappe au maître malgré lui.

[2] L. 44, *de Reg. jur.*

18. Mais n'y a-t-il que la cessation de l'occupation qui fasse perdre la propriété; le droit naturel n'autorise-t-il pas le maître à la transmettre à autrui?

Nous avons vu que la propriété une fois née dure nécessairement autant que l'occupation : une chose ne peut donc rester sans maître tant qu'elle est occupée, puisque la propriété n'existe qu'à la condition de reposer sur la tête d'un individu; mais aussi nous avons reconnu que je suis libre d'abandonner la chose qui m'appartient, que je puis le faire purement et simplement en rejetant cette chose, en lui restituant son indépendance primitive, de manière qu'elle redevienne *res nullius*, et soit réacquise à quiconque s'en emparera : pourquoi ne pourrais-je pas abdiquer en faveur d'une personne déterminée? J'ai à moi un coquillage et un oiseau; j'ouvre la volière et l'oiseau s'envole, je jette le coquillage dans la mer; un voisin parvient à les reprendre après quelques efforts, avec quelque travail, et il en devient maître à son tour [1] : quoi de plus naturel que je lui épargne cette peine, que je lui évite les incertitudes et les difficultés de la chasse et de la pêche, en livrant directement à mon voisin le coquillage et l'oiseau [2]? Cette livraison constituera la tradition, c'est-à-dire le délaissement de tous les droits de maître sur une chose en faveur d'un autre qui en devient maître à son tour [3].

19. La tradition est donc au fond un acte complexe : c'est, du côté du *tradens*, un délaissement complet, *res pro derelicto habita*, de manière que la chose est censée redevenir *res nullius* pendant un instant de raison; du côté de l'*accipiens*, c'est une nouvelle prise de possession, *occupatio prima*, qui le rend maître à son tour. Aussi ne suffirait-il pas de leur intention pour opérer la tradition, pour transmettre de l'un à l'autre la propriété avec la possession, il faut joindre le fait à l'intention [4], de sorte que le premier maître conserve la

---

[1] L. 1, *Pro derel.*

[2] L. 9, § 3, *de Adq. rer. dom.*; L. 1, *de Contrah. empt.*

[3] L. 9, § 3; L. 31 pr., *de Adq. rer. dom.*

[4] L. 9, § 4, *eod.*; L. 1, § 20, *de Adq. vel am. poss.*

propriété, même en ne la voulant plus, tant qu'il continue à détenir corporellement [1].

20. De même qu'une *res nullius* est acquise à deux ou plusieurs personnes qui en prennent simultanément possession [2], de même une chose privée est acquise à plusieurs personnes qui en reçoivent simultanément la tradition [3]; mais ce que n'admet pas le droit naturel, c'est que le maître cesse d'occuper sa chose pour une partie indivise, telle que la moitié, ou qu'il fasse tradition à autrui d'une partie indivise [4], par la raison que le délaissement corporel, indispensable pour la validité de ces deux opérations, ne peut être effectué.

21. Le droit naturel n'admet pas davantage la transmission de la propriété à temps [5] ou sous condition [6] : ainsi, en vue de vous rendre propriétaire de ma chose dans une année ou à l'arrivée de tel événement incertain, je vous la livre dès aujourd'hui, je n'en conserve pas moins la propriété, l'*animus domini* reste chez moi, le *factum corporale* est chez vous, je n'ai fait que la *nuda traditio*, qui vous confère la *nuda detentio* [7], puis à l'événement de la condition ou du terme, ma volonté de transmettre, se réunissant à la détention physique et à votre intention d'acquérir, vous fera obtenir tout à la fois la propriété avec la possession. Il n'y a qu'une organisation civile de la propriété qui puisse la rendre transmissible à terme ou sous condition, et en dessaisir éventuellement le maître actuel [8].

22. La propriété, enfin, se présente à nous naturellement comme un droit absolu et sans partage; le maître d'une chose a la faculté d'en retirer tous les avantages, en excluant quiconque voudrait y prendre part sans son adhésion. C'est ainsi que tous les fruits d'un fonds appartiennent au

---

[1] L. 17, § 1, *cod.*—V. Cujac, *Ad leg.* 45, *cod.*—V. L. 54, *de Pact.* Dig.
[2] L. 7, § 8, *de Adq. rer. dom.*
[3] L. 25, § 6, *de Usufr.*
[4] L. 3, *Pro derel.*

[5] Vat. frag., § 283.
[6] L. 29, *de Mort. caus. donat.*; L. 4, *de In diem addict.*
[7] L. 31, pr., *de Adq. rer. dom.*
[8] L. 38, § 1, *de Adq. vel am. poss.*

maître de ce fonds, qu'il peut s'opposer à ce qu'un autre les recueille, de même qu'il peut empêcher un voisin de passer sur ce fonds, d'y appuyer une construction ou d'en user autrement ; en un mot, la propriété naît sans autre gêne, sans autres entraves que celles qui résultent de la nature même des choses, comme l'écoulement naturel des eaux du fonds supérieur sur le fonds inférieur [1], et si la propriété est parfois soumise à des démembrements, ils ne peuvent être qu'une création de la loi civile.

23. On voit, par ce qui précède, qu'il y a deux moyens naturels d'acquérir la propriété : l'un primitif, l'occupation, l'autre dérivé, la tradition ; et il ne peut y en avoir d'autre, car une chose a un maître ou n'en a pas : si elle n'en a pas, elle sera acquise au premier occupant ; si elle en a un, elle ne peut passer à autrui sans qu'il la lui livre. On voit également qu'il n'y a que deux causes naturelles de perte de la propriété, la cessation de l'occupation qui efface l'appropriation [2], et la tradition qui l'ôte à l'un pour la donner à l'autre [3].

24. La légitimité du droit d'appropriation et de transmission une fois reconnue, les législateurs organisèrent la propriété, l'érigèrent en institution en la façonnant aux mœurs et aux besoins des peuples ; puis ils imaginèrent des moyens propres à chaque nation suivant son génie, pour transporter les choses de particulier à particulier, pour transmettre le droit de propriété, presque toujours pour le perpétuer ; c'est ce qu'on appelle modes d'acquisition et de transmission du droit civil.

25. Ce que nous avons dit du fait corporel et de la volonté, qui doivent concourir à l'acquisition et à la transmission de la propriété par le mode primitif, s'applique également aux modes dérivés. Par conséquent, pour être rationnel et philosophique, tout mode civil d'aliénation ou d'acquisition doit

---

[1] L. 1, de Aqua et aquæ ; L. 55, de Reg. jur.

[2] L. 1, 2, Pro derel.; L. 5, de Adq. rer. dom.

[3] L. 11, de Reg. jur.

comporter l'idée d'intention jointe à un fait physique [1]. Tout ce qu'on peut admettre, c'est que le législateur aille quelquefois jusqu'à supposer ces deux conditions accomplies, pourvu que l'équité ne soit pas froissée ; nous ne verrions même aucun inconvénient à ce qu'une loi positive attribuât à un homme une chose à son insu ou contre son gré [2], dès qu'il aurait la libre faculté d'en faire l'abandon [3].

26. De là il résulte que la propriété ne peut advenir que par un fait actif de l'homme ou par la volonté attributive de la loi ; qu'un fait purement passif ne sera jamais seul une cause rationnelle d'acquisition. Le fait actif de l'homme ne peut être que la prise de possession, qui suppose toujours l'intention, et qui se manifeste tantôt sous une forme, tantôt sous une autre, quelque dénomination qu'on lui donne. Quant à la volonté attributive de la loi, elle peut suppléer à la volonté du nouveau maître et recevoir des dénominations diverses.

---

[1] L. 34, *de Pact.*, Dig.; L. 20, *eod.*, Cod.; L. 11, *de Reg. jur.*, Dig.

[2] L. 17, § 1, *de Adq. vel. am. poss.*

[3] V. L. 34, *de Adq. rer. dom.*; Gai., 2, §§ 152-158. — A Rome l'héritier *sien et nécessaire*, de même que l'héritier *nécessaire*, acquiert forcément l'hérédité, il est, bon gré mal gré, le continuateur de la personne du défunt, et les biens héréditaires lui appartiennent forcément comme conséquence de son titre d'héritier, mais il a la faculté d'abandonner ceux de ces biens qui ne sont pas vendus sous son nom pour payer les dettes du défunt. — V. n⁰ˢ 504, 506.

DEUXIÈME PARTIE.

DE LA PROPRIÉTÉ ET DE SES DÉMEMBREMENTS SUIVANT LE DROIT ROMAIN.

——◆——

27. Après avoir essayé d'esquisser les principes du droit de propriété suivant la raison de la nature, nous allons voir comment à Rome on avait compris ces principes, en prenant pour guide de notre travail le texte des Institutes de Justinien, et en le colligeant avec celui du Digeste et du Code.

INSTITUTES DE JUSTINIEN. — LIVRE DEUXIÈME.

Titre Iᵉʳ. — *De la division des choses.*

Pr.

28. Dans son acception propre, le mot *res* exprime tout ce qui est dans la nature [1], sans distinction des choses qui peuvent ou non tomber sous la main de l'homme.

Dans le sens juridique, ce mot indique les objets, c'est-à-dire les choses que l'homme peut s'approprier pour exercer sa puissance, pour en retirer les avantages et l'utilité qu'elles sont susceptibles de procurer [2]. V. n° 395.

29. La nature elle-même a divisé les choses en mobiles et immobiles; et bien que les jurisconsultes romains n'aient pas consacré cette distinction par un titre particulier, ils ne pouvaient pas ne point la reconnaître [3]; mais ils donnaient plus spécialement aux *res immobiles* la qualification de *res soli* [4], *res quæ solo continentur* [5], et ils appelaient les autres

---

[1] V. Vinn., *h.* §.
[2] L. 5, pr., *de Verb. signif.*
[3] Ulp., 19, § 6; L. 63, *de Procur.*; L. 1, § 1, *de Reiv.*; L. 93, *de Verb. signif.*
[4] L. 7, pr., *de Usufr.*: L. 15, pr., § 1, qui *Satisd. cog.*; L. 1, § 1, *Commod.*; L. 1, pr., *de Ædil. edict.*; L. 1, § 8, *Uti poss.*
[5] L. 1, § 1, *de Reiv.*

choses *res mobiles* seu *moventes* [1]. V. nos n°ˢ 396, 399, 400, 418.

30. D'après Justinien, la principale division des choses est en *res* (*quæ vel in nostro patrimonio vel extra patrimonium nostrum habentur* [2]), c'est-à-dire en choses qui sont dans le commerce et choses qui sont hors du commerce des hommes. V. n°ˢ 431, 432.

Sont dans notre patrimoine les choses soumises à notre droit privé. On les appelle *res singulorum*, *res privatæ* [3], *bona* [4], *pecunia* [5]. V. n° 395.

Sont hors de notre patrimoine les choses communes, les choses publiques, les choses d'université, les *res nullius* [6]. V. n° 50 et la note.

§ 1ᵉʳ.

31. Dans la langue du droit, on appelle *res communes* les choses dont l'usage est commun à tout le monde, et que leur nature empêche d'être assujetties à la propriété privée [7], « *omnium rerum quas ad communem usum natura genuit est servanda communitas* [8]. » V. n°ˢ 5, 41.

Sont communs à tous l'air, l'eau courante, la mer [9]. La nature même de ces choses empêche qu'elles soient acquises en masse, mais on peut les acquérir par fragments. Les rivages suivent la même condition que la mer, ils sont communs par elle et à cause d'elle [10] : aussi l'accès n'en est-il interdit à

---

[1] L. 93, *de Verb. signif.*, Dig.; L. 13, *de Servit. et aquâ*, Cod.

[2] V. Gai., 2, § 1.—Justinien ne suit pas ici la division en *res divini juris* et *res humani juris*, que Gaius présentait comme principale dans le cum. 2, § 2, de ses Institutes, et cependant il a, sinon adopté, du moins indiqué cette division dans la L. 1, pr., *de Div. rer.*, au Dig.

[3] L. 1, pr., L. 2, *de Div. rer.*; Gai., 2, § 11.

[4] « ...*Bona ex eo dicuntur, quod beant, id est, quod beatos faciunt : beare enim est prodesse* (L. 49, *de Verb. signif.*; Dig).

[5] L. 5, 88, 178, 222, *de Verb. signif.*

[6] Inst. Just., § 7, *h. tit.*; L. 1, pr., L. 2, pr., *de Div. rer.*

[7] L. 1, § 1, L. 3, pr., § 1, L. 5, § 2, L. 7, § 3, L. 14, *de Adq. rer. dom.*; L. 3, *de Div. rer.*

[8] Cicer., *de Offic.*, lib. 1, n° 51.

[9] L. 2, § 1, *eod.* — V. L. 13, § 7, *Comm. præd.*

[10] L. 2, § 1, *de Div. rer.*: L. 3, *Ne quid in loco publ.*

personne, chacun est libre de s'y arrêter pour pêcher [1]. Bien
plus, chacun peut, avec la permission du magistrat [2], bâtir
sur la plage ou dans la mer, et acquérir sur le sol un droit de
propriété, qui dure autant que les constructions, et s'efface
avec elles, « *quasi jure postliminii* [3]. » Dans tous les cas, on
doit s'abstenir de toucher aux maisons de campagne, aux mo-
numents et aux édifices, qui ne sont pas, comme la mer, du
droit des gens [4], puisque le terrain occupé par ces constructions a cessé d'être chose commune et est devenu propriété
privée. V. nº 4.

§ 3.

32. Le rivage de la mer comprend tout l'espace que couvrent les vagues de la plus haute marée d'hiver (*est autem
littus maris quatenùs hyvernus fluctus maximus excurrit* [5]). V. nº
434 et la note.

§ 2.

33. On appelle *res publicæ* les choses qui appartiennent au
peuple pris collectivement, dont l'usage est commun à tous
les membres de la nation, et que leur destination empêche
d'être soumises à la propriété privée [6]. V. nº 437.

Les choses publiques diffèrent des choses communes en
ce qu'elles sont plus particulièrement affectées aux besoins de
la nation [7], et qu'elles deviennent parfois susceptibles de
propriété privée, par le changement de destination, ou bien
en vertu d'une décision de l'autorité [8]. V. nºˢ 77-85, 437.

---

[1] L. 4, pr., *de Div. rer.*; L. 3, § 7, *de Inj.*

[2] L. 50, *de Adq. rer. dom.*; L. 3, § 7, *Ne quid in loco publ.*; L. 1, § 7, *de Flum.*

[3] L. 5, § 1, L. 6, *de Div. rer.*; L. 14, pr., L. 30, § 4, *de Adq. rer. dom.*

[4] L. 4, pr., *de Div. rer.*

[5] Telle est la définition qui, au rapport de Cicéron et de Celse, en a été donnée par Marcus-Tullius (Cicér., top. 7;
L. 96, *de Verb. signif.*).

[6] Gai., 2, § 11; L. 14, pr., L. 15, *de Adq. rer. dom.*; L. 9, *de Usurp.* — Consulter l'*Hist. du dr. civ. de Rome et du dr. fr.*, liv. 1, ch. 4, sect. 3, par M. Laferrière, et les *Recherches sur le dr. de propr.*, par M. Giraud.

[7] L. 3, pr., *Ne quid in loco publ.*

[8] L. 24, *de Damn. inf.*; L. 14, pr., L. 15, *de Adq. rer. dom.*

Parmi les choses publiques sont les ports et la plupart des cours d'eau [1]; d'après le droit des gens, la faculté d'y pêcher est commune à tous les hommes [2], plus particulièrement aux nationaux. V. nº 434.

§ 4.

34. L'usage des rives (*riparum usus*) est également public et du droit des gens, comme celui du cours d'eau [3]; chacun est libre d'y faire aborder un navire, d'amarrer ses câbles aux arbres qui y croissent, d'y déposer son chargement, aussi bien que de naviguer sur le fleuve [4], pourvu qu'il ne fasse rien de contraire à l'usage public [5]. Mais la propriété de ces rives appartient au maître dont elles bordent le terrain, avec la propriété des arbres qui y poussent [6] : d'où il résulte que celui qui y bâtit ne devient propriétaire des constructions que si le sol de la rive est à lui [7]. V. nºs 37, 38, 465.

§ 5.

35. Quelquefois les jurisconsultes romains appellent publiques les choses communes, bien que cette dénomination n'appartienne exactement qu'aux choses qui sont communes au peuple romain [8]. C'est ainsi qu'Aristote, Nératius et Pomponius donnaient cette qualification à la mer et à ses rivages, quoiqu'ils leur reconnussent le caractère de choses communes, en attribuant au constructeur la propriété de l'emplacement sur lequel il avait bâti [9]. V. nº 434.

36. Partant de la même idée, Justinien travestit la disposition relative à l'usage des rives du fleuve, en décidant ici que l'usage des rivages (*littorum usus*) est public d'après le

---

[1] L. 4, § 1, *de Div. rer.*; L. 1, § 3, *de Flum.*
[2] L. 13, § 7, *de Inj.*
[3] L. 1, § 5; L. 3, § 1, *de Flum.*
[4] L. 7, pr., *de Div. rer.*; L. 24, *de Damn. inf.*; L. 13, § 7, *de Inj.*
[5] L. 4, *Ne quid in loco publ.*
[6] L. 5, pr., *de Div. rer.*; L. 30, § 1, *de Adq. rer. dom.*
[7] L. 15, *cod.*
[8] L. 15, *de Verb. signif.*; L. 6, § 1, *de Div. rer.*; L. 14, pr., *de Adq. rer. dom.*
[9] L. 10, *de Div. rer.*; L. 14, 50, *de Adq. rer. dom.*

droit des gens ; ce qui, dans sa pensée, signifie indubitablement que cet usage est commun à tous les hommes, abstraction faite de leur nationalité : aussi l'empereur ajoute-t-il : *sicut ipsius maris*, et nous savons que l'usage de la mer est commun et non public [1]. Par conséquent, chacun est libre de bâtir une cabane sur le rivage pour s'abriter, d'y déposer et sécher ses filets après les avoir retirés de l'eau [2].

37. Quant à la propriété du rivage, à vrai dire, elle n'appartient à personne, elle est du même droit que la mer et le sable qu'elle recouvre [3]. Il ne faudrait pas, cependant, croire que, sous Justinien, le rivage de la mer a cessé d'être acquis au premier occupant, comme pourrait le faire supposer notre texte : le constructeur acquiert toujours la propriété de l'emplacement sur lequel il bâtit, et il la conserve tant que les constructions existent [4] ; c'est seulement avant l'occupation que cette portion du sol n'appartient à personne. V. n°s 4, 7, 14, 434.

38. Au résumé, quand notre texte met sur la même ligne l'usage des rives et l'usage des rivages , en considérant l'un et l'autre comme publics, il faut faire une distinction. L'usage des rives d'un fleuve est réellement public , il est destiné à tous les membres de la nation, sans qu'aucun puisse acquérir un droit privé sur partie ou sur le tout ; mais l'usage du rivage est naturellement commun aussi bien que la mer et à cause de la mer, il est destiné à tout le monde, abstraction faite de la nationalité, chacun acquiert un droit privatif sur la portion qu'il occupe : si donc le rivage de la mer rentre quelquefois dans la classe des choses publiques, c'est à raison de ce que le peuple dont il borde le territoire l'assujettit à des règlements qui en limitent l'usage et l'appropriation privée [5]. V. n° 461.

---

[1] L. 14, *eod.*; L. 5, *de Div. rer.*

[2] Les mots *et ex mari reducere* ont évidemment été interpolés dans la L. 5, pr., *de Div. rer.*, qui est de Gaius ; ce jurisconsulte aurait dit : *et ex flumine reducere*, puisqu'il parlait de l'usage des rives du fleuve.

[3] L. 2, 4, *de Div. rer.*

[4] L. 6, pr., *eod.*; L. 14, *de Adq. rer. dom.*

[5] L. 3, 4, *Ne quid in loco publ.*; L. 112, *de Verb. signif.*

§ 6.

39. On appelle *res universitatis* les choses qui appartiennent à une corporation prise collectivement, dont l'usage est commun à tous les membres de cette corporation, mais qui ne sont pas soumises à la propriété privée à cause de leur destination [1]. V. nos 431, 437.

Les choses d'université ont donc identiquement les mêmes caractères légaux que les choses publiques; elles deviennent également susceptibles de propriété privée, en vertu d'une décision de l'autorité ou par le changement de destination; une seule différence existe entre elles touchant l'étendue de la collection qui en use : les *res publicæ* servent au peuple tout entier, les *res universitatis* à une cité, à un collége ou à toute autre association légalement constituée [2]. V. nos 33, 431, 439.

Sont choses d'université les théâtres, les stades, les places, les cirques, les bains, les rues et autres lieux semblables [3], tandis que les grandes routes toujours ouvertes à la nation sont choses publiques [4]. V. nos 434, 437.

40. Les choses d'université et les choses publiques sont *in usu publico* [5], et par conséquent *extra patrimonium nostrum*. Mais une nation, une corporation peut, comme un particulier, avoir aussi *in patrimonio* [6], *in pecuniá* [7], certaines choses privées, des forêts, des maisons, qu'elle exploite, qu'elle loue, qu'elle vend, et dont les produits tombent dans la caisse de la communauté, sans que l'usage de ces choses soit à la disposition de chaque membre [8]. V. nos 431, 438, 439.

---

[1] L. 6, § 1, *de Div. rer.*: Gaï., 2, § 11; L. 9, *de Usurp.*

[2] L. 1, *Quod cuj. univ.* — V. tit. *de Colleg. et corp.*, Cod. — V. De Fresquet, Tr. élém. de droit rom., t. 1, p. 209.

[3] L. 6, § 1, *de Div. rer.*

[4] L. 51, *de Contrah. empt.*

[5] L. 6, pr., *eod.*

[6] L. 72, § 1, *cod.*

[7] L. 6, pr., *cod.*

[8] L. 6, 7, *Quod cuj. univ.*; L. 15, *de Verb. signif.*: L. 72, § 1, *de Contrah. empt.*; L. 11, § 1, *de Public.*; L. 3, § 1, *de Admin. rer.*: L. 1, § 15, *Ad sc. trebell.*

§ 7.

41. Les *res nullius* sont, comme l'indique cette expression, les choses qui n'appartiennent à personne; en d'autres termes, ce sont les choses sans maître, celles qui, susceptibles de propriété privée, n'ont pas encore été occupées par l'homme, par exemple, les bêtes sauvages, les oiseaux, les poissons, les coquillages, ou bien celles que le propriétaire a délaissées parce qu'il n'en veut plus.

Ces choses sont parfois appelées *res communes* par les jurisconsultes et les interprètes, parce que, étant susceptibles de devenir la propriété du premier qui s'en emparera, on dit qu'elles sont accessibles à l'occupation de chacun[1]; Nératius va même jusqu'à dire que les rivages de la mer ne diffèrent pas, sous ce rapport, des poissons et des animaux sauvages[2]. Mais, ainsi que nous l'avons vu, il n'y a de *res communes* proprement dites que les choses dont la masse ne peut jamais appartenir à personne à titre de propriété privée, c'est-à-dire l'eau courante, la mer et ses rivages, de manière que ces choses ne sont communes entre tous les hommes que pour l'usage, tandis que les choses abandonnées par le maître, de même que les bêtes sauvages, les oiseaux, les poissons, et généralement toutes les choses individuelles qui sont « *in libertate naturali* », deviennent la propriété privée du premier occupant[3]. Aussi notons bien qu'aucun texte du droit romain n'applique à ces dernières choses la qualification de *res communes*; tous les appellent *res nullius*[4]; puis ils les assimilent aux *res communes* à raison de ce qu'elles s'acquièrent *primâ occupatione*[5]. V. nᵒˢ 31, 511 et suiv.

Notre texte applique spécialement la qualification de *res nullius* aux *res divini juris*, c'est-à-dire aux choses sacrées, re-

---

[1] V. Ducaurroy, *Instit. trad. et expliq.*, nº 340.
[2] L. 14, pr., *de Adq. rer. dom.*
[3] Instit. Just., § 12-16, *h. tit.*; L. 1, § 1, *de Adq. rer. dom.*: L. 3, § 14, *de Adq. vel. am. poss.*

[4] Instit. Just., § 12, 22, *h. tit.*; L. 3, pr., *de Adq. rer. dom.*
[5] L. 2, 3, *de Div. rer.*; L. 1, § 1, L. 3, § 1, L. 5, 31, § 1, *de Adq. rer. dom.*; L. 1, 5, § 1, *Pro derel.*

ligieuses et saintes, qui ne sont dans le patrimoine de personne, « *quæ in nullius bonis sunt* [1] ». V. n° 437.

42. On appelle *sacrées* les choses qui ont été consacrées aux dieux supérieurs, « *Diis superis* » ; — *religieuses*, les choses qui ont été dédiées aux dieux inférieurs, « *Diis manibus* [2] » ; — *saintes*, les choses placées spécialement sous la protection de la loi [3].

§ 8.

43. La consécration des choses sacrées s'est toujours faite avec le concours de l'autorité, « *publicè, non privatè* [4] ». Depuis le règne des empereurs chrétiens, les choses sacrées sont celles qui ont été consacrées à Dieu *rectè et* (*ritè*) : *rectè*, en vertu d'une disposition législative [5]; *ritè et per pontifices*, solennellement par les pontifes ; sans l'accomplissement de cette double condition, la chose reste profane et privée, malgré les efforts de celui qui voudrait la rendre sacrée [6].

Ont le caractère sacré les temples, les offrandes (*donaria*), et les vases dédiés au culte de la Divinité. Ce caractère est si fortement imprimé qu'il reste attaché au sol après la destruction de l'édifice [7], et que la chose ne peut redevenir profane qu'en vertu d'une nouvelle disposition législative, qui la fasse rentrer parmi les *res humani juris* [8].

44. Les temples et les lieux sacrés furent inaliénables et placés en dehors du commerce dès les temps les plus reculés [9]. En outre Justinien, étendant et renouvelant une prohibition ancienne, défend par sa constitution d'aliéner les choses consacrées au culte divin ; il permet cependant de vendre, engager et hypothéquer les vases, les ornements et

---

[1] L. 6, § 2, *de Div. rer.*—Gaius, 2, § 9, rangeait parmi les *res nullius* les biens d'une hérédité, tant que l'héritier (qui n'était ni sien ni nécessaire) ne s'était pas présenté.

[2] Gai., 2, § 4.

[3] L. 8, pr., L. 9, § 3, *de Div. rer.*

[4] L. 6, § 3, *cod.*; Gai., 2, § 5, 7.

[5] L. 9, § 1, *cod.*

[6] L. 6, § 3, *cod.*

[7] L. 73, *de Contrah. empt.*; Vat. frag. § 5.

[8] Gai., 2, § 9, 10.

[9] L. 9, § 5, *de Div. rer.*; L. 23, 1, *de Reiv.*: L. 4, 6, 51, 73, *de Contrah. empt.*

autres objets sacrés, pour le rachat des captifs et pour la nourriture des pauvres en temps de famine [1].

§ 9.

45. Chacun peut à son gré rendre un terrain religieux en y plaçant une dépouille mortelle, sans avoir besoin de l'intervention du pouvoir législatif. Pour cela, il faut que le terrain soit pur, c'est-à-dire non encore sacré, religieux ni saint [2], qu'on y inhume à perpétuité [3] les restes mortels d'un homme libre ou esclave [4], qu'on soit seul maître de ce terrain, ou bien qu'on ait le consentement de tous ceux qui en ont la copropriété ou autre droit réel [5]. Bien plus, on rend religieux le terrain d'autrui en y inhumant avec la permission du propriétaire; on peut également y inhumer à son insu même contre sa volonté, et, pourvu qu'il vienne à ratifier, le terrain sera religieux [6].

Le jurisconsulte Gaius exigeait davantage pour qu'un lieu devînt religieux : il voulait non-seulement que le terrain nous appartînt, mais encore que nous fussions obligés aux funérailles, afin de pouvoir donner nos soins au tombeau [7].

Tout le champ ne devient pas religieux, mais l'emplacement seul qu'occupent les dépouilles mortelles [8] et tant qu'elles y restent [9], de sorte que le monument vide n'a pas le caractère religieux.

46. Encore bien qu'un lieu religieux ne soit la propriété de personne, qu'il ne puisse être aliéné ni engagé [10], quiconque lui a communiqué ce caractère a dessus une sorte de droit particulier, qui s'explique par cela que le tombeau peut reprendre son caractère privé en devenant vide [11], et que, dans

---

(1) L. 21, *de Sacr. eccl.*, Cod. — Plus tard, Justinien autorisa la vente des vases sacrés et des objets mobiliers, pour l'acquit des dettes de l'Eglise ou d'un établissement pieux (Nov. 120, cap. 10).
(2) L. 2, § 4, L. 6, § 1, *de Relig.*
(3) L. 40, *eod.*
(4) L. 2, pr., L. 44, pr., *cod.*
(5) L. 2, § 1, 7, 8, 9, L. 3, *cod.*

(6) L. 6, § 4, *de Div. rer.*
(7) Gai., 2, § 6.
(8) L. 2, § 5, *de Relig.*; L. 23, *de Reiv.*
(9) L. 44, § 1, *de Relig.*
(10) L. 6, § 1, *cod.*; L. 4, 6, *de Contrah. empt.*
(11) L. 44, § 1, *de Relig.* — V. L. 6, § 1, *de Div. rer.*

tous les cas, ce tombeau, intransmissible seul et isolément, est transmissible avec le terrain qui le renferme [1]. Quelquefois aussi un édifice a été consacré pour l'usage d'une famille; ce qui confère à cette famille une sorte de droit privé, transmissible comme accessoire du fonds dans lequel il est enclavé [2].

§ 10.

47. On entend par choses saintes celles qui, n'étant ni sacrées ni profanes, sont protégées par une sanction pénale [3]. Cette dénomination vient de *sancire*, sanctionner, mettre à l'abri de l'injure des hommes [4]; et la sanction est cette partie de la loi qui punit celui qui transgresse ses dispositions [5].

Parmi les choses saintes on place les portes, les fossés d'enceinte et les murs de Rome ou d'une ville municipale [6]. On ne doit commettre aucun acte de violation contre elles, *cùm illud hostile et abominandum sit*, s'écrie le jurisconsulte Pomponius, qui cite à cette occasion le fait de Rémus tué par son frère Romulus, pour avoir voulu franchir l'enceinte de Rome [7]. Les lois et les ambassadeurs sont aussi rangés parmi les choses saintes [8].

48. Les choses saintes, de même que les choses religieuses ou sacrées, sont en dehors du commerce; en principe elles ne peuvent être engagées, aliénées ni usucapées [9].

Mais il n'y a que les choses sacrées et religieuses qui soient réellement *res divini juris*; puis les choses saintes leur sont assimilées, « *quodammodo divini juris sunt* [10] », à cause du caractère qui leur est imprimé par la cérémonie religieuse de leur inauguration, et aussi parce que, sous le paganisme, les portes

---

[1] L. 9, § 5, *cod.*; L. 10, *de Relig.*; L. 22, 24, *de Contrah. empt.*; L. 9, § 1, *Ad l. Jul. pecul.*; L. 53, § 1, *de Act. empt.*

[2] *Ibid.*; ibid.

[3] L. 9, § 3, *de Div. rer.*; L. 11, *de Pœn.*; L. 2, *Ne quid in loco sacr.*

[4] L. 8, pr., *de Div. rer.*

[5] L. 9, § 3, *cod.*

[6] L. 8, §, 2, L. 9, § 3, *cod.* —V. Plutarch., *Quœst. rom.*, cap. 17.

[7] L. 11, *cod.*

[8] L. 9, § 3, *cod.*; L. 17, *de Legation.*

[9] L. 9, *de Usurp.*

[10] Gai., 2, § 8.

et les murailles des villes étaient ordinairement consacrées aux demi-dieux.

49. Notons enfin qu'en tombant au pouvoir des ennemis, les lieux religieux ou sacrés perdent ce caractère, et qu'ils ne le recouvrent qu'en rentrant au pouvoir du peuple romain « *quasi postliminio* [1] ». Quant aux tombeaux des ennemis, « *sepulcra hostium* », ils ne sont pas *res religiosæ* pour les Romains [2].

§ 11.

50. Occupons-nous maintenant des *res singulorum*, des choses qui sont dans notre patrimoine et dans la liberté du commerce, transmissibles à volonté par les voies légales [3]. V. nᵒˢ 440, 441, 444.

A côté des deux modes d'acquisition du droit des gens, de l'occupation, mode primitif, de la tradition, mode dérivé [4], il existe à Rome cinq moyens du droit civil, qui sont : la mancipation, la *cessio in jure*, l'adjudication, l'usucapion et la loi [5]. V. nᵒˢ 6, 18, 504-506.

Il convient de commencer par le droit le plus ancien ; et tel est évidemment le droit des gens, qui a été créé par la nature en même temps que le genre humain, tandis que le droit civil n'a paru que lorsqu'on a commencé à fonder des cités, à créer des magistrats, à rédiger des lois [6]. V. nᵒˢ 504, 506.

§ 12.

51. Nous avons vu que la propriété n'a pas eu d'autre origine que la prise de possession [7] ; en d'autres termes, la première occupation est le moyen naturel d'acquérir la pro-

---

(1) L. 36, *de Relig.*
(2) L. 4, *de Sepulcr. viol.*
(3) Par exception, les *res dotales*, bien que placées *in patrimonio nostro*, étaient frappées d'inaliénabilité de la manière la plus absolue dans le dernier état du droit romain (L. un., § 15, *de Rei uxor. Cod.*).
(4) Gai., 2, § 66.
(5) Ulp., 19, § 2 ; Gai., 2, § 65.
(6) L. 1, pr., *de Adq. rer. dom.* — V. Cicer., *de Off.*, 11, 21.
(7) L. 1, § 1, *de Adq. vel am. poss.*

priété des *res nullius*, comme les bêtes sauvages, les oiseaux, les poissons, et tous les autres animaux qui peuplent la terre, la mer et les airs [1], « *quod enim nullius est, id naturali ratione occupanti conceditur* [2] ». V. nos 1-9, 478, 511 et suiv.

52. Du reste, n'étant la propriété de personne, les *res nullius* n'appartiennent point au maître du terrain sur lequel elles reposent, et peuvent y être appréhendées par autrui : aussi la chasse et la pêche sont-elles permises à tout le monde en tout lieu : peu importe donc que l'on ait pris les bêtes sauvages, les oiseaux, les poissons, sur son fonds ou sur le fonds d'autrui, peu importe que celui-ci ait permis ou défendu d'entrer dans son domaine ; le chasseur, comme le pêcheur, acquiert toujours le gibier et le poisson [3], « *quoniam relictæ sunt in libertate naturali* [4] » ; mais, s'il ne se retire pas malgré l'injonction à lui faite avant qu'il ait saisi l'animal, le maître du terrain aura contre lui l'action d'injures, en réparation de la violation de sa propriété [5]. V. nos 1-10, 511 et suiv.

53. La propriété se perdant toujours par la cessation de l'occupation, l'animal que vous avez pris est à vous tant que vous le détenez en votre pouvoir ; mais, dès qu'en vous échappant il reprend sa liberté naturelle, l'assujettissement disparaît par une sorte de *postliminium* [6], il est réputé avoir toujours été libre, et il redevient la propriété du premier occupant (*rursùs occupantis fit*). On décide d'après les circonstances que l'animal a recouvré sa liberté quand, s'étant échappé, vous l'avez perdu de vue, ou même quand vous l'apercevez encore, mais dans une position telle que la poursuite en est difficile, en ce sens que vous n'êtes pas sûr de l'atteindre à volonté [7]. V. nos 13, 14, 511 et suiv.

54. De même que l'occupation s'accomplit *animo et cor-*

---

[1] L. 1, § 1, *de Adq. rer. dom.*; Gaï., 2, § 66.
[2] L. 3, pr., *cod.*
[3] L. 3, § 1, L. 55, *de Adq. rer. dom.*
[4] L. 3, § 14, *de Adq. vel am. poss.*

[5] L. 13, § 7, *de Inj.*
[6] L. 6, pr., *de Div. rer.*
[7] L. 3, § 2, L. 4, 5, pr., *de Adq. rer. dom.*; Gaï., 2, § 67.

pore [1], l'intention chez vous [2], le fait corporel chez vous ou chez autrui agissant pour vous [3], de même la propriété acquise par ce moyen se conserve *animo et corpore* [4] ou plutôt *animo solo* [5], et cette propriété ne se perd jamais *animo solo*, d'après le droit civil, conforme au droit naturel [6]. Ainsi, quand une fois vous avez acquis une bête sauvage par la prise de possession, elle est *res privata*; et si, dans cet état, quelqu'un s'en emparait de bonne ou de mauvaise foi, l'animal ne continuerait pas moins de vous appartenir; vous seriez fondé à le revendiquer contre le détenteur, parce que l'animal a continué d'être occupé, et que, suivant le droit naturel, la cessation de l'occupation est la seule cause qui puisse vous ravir la propriété contre votre gré [7]; ce qui serait également vrai, si vous aviez acquis une chose quelconque par la tradition ou par tout autre mode dérivé. V. nᵒˢ 7, 14-19, 504 et suiv.

§ 13.

55. On a controversé sur la question de savoir si la bête sauvage que vous avez blessée de manière à pouvoir la prendre, vous appartient tout aussitôt. Trébatius était d'avis que l'animal devenait vôtre à l'instant même, et qu'il continuait de vous appartenir tant que vous le poursuiviez; que si vous cessiez de le poursuivre, il cessait d'être à vous pour être de nouveau acquis au premier occupant [8]; mais la plúpart des jurisconsultes, particulièrement Proculus et Gaius, pensaient que vous n'en seriez propriétaire qu'après l'avoir pris, « *quam si eam ceperis* » [9].

Justinien confirme cette dernière opinion, en considérant

---

[1] L. 8, *de Adq. vel am. poss.*; L. 153, *de Reg. jur.*

[2] L. 1, § 5, 22, L. 3, § 12, *de Adq. vel am. poss.*—A Rome, il suffit même que l'intention, jointe au fait de possession, existe chez une personne placée sous votre puissance paternelle ou dominicale, parce que vous acquérez bien par vos fils de famille et vos esclaves (Gai., 2, § 86).

[3] L. 20, § 2, L. 37, § 6, L. 53, *de Adq. rer. dom.*

[4] L. 8, 18, *de Adq. vel am. poss.*; L. 153, *de Reg. jur.*

[5] L. 3, § 7, *de Adq. vel am. poss.*

[6] L. 17, § 1, *eod.*

[7] L. 11, *de Reg. jur.*

[8] L. 5, § 1, *de Adq. rer. dom.*

[9] L. 5, § 1, L. 55, *eod.*

que mille circonstances peuvent vous empêcher de saisir l'animal, qui, libre et encore inoccupé malgré sa blessure, n'a pas cessé d'être *res nullius* [1]. V. n° 513.

56. Est-ce à dire que vous deviendriez propriétaire, avant de l'avoir saisi, de l'animal que vous auriez tué?

Non, d'après la rigueur des principes; il ne suffirait pas de dire que cet animal a perdu sa liberté naturelle, qu'il ne peut vous échapper, puisqu'il est mort : la condition indispensable pour qu'il devienne vôtre, c'est que vous joigniez le fait de détention à l'intention, et le fait vous manque. *Stricto jure* vous n'en deviendrez même pas propriétaire par cela que votre chien l'aura saisi, tant que vous ne l'aurez pas appréhendé ou fait appréhender par une personne pour vous; il faut « *intellectum possidendi* », et chez vous, et chez l'agent pour lequel vous voulez posséder [2] : par conséquent l'homme seul est doué de la faculté de posséder, et il n'y a que lui qui puisse concourir efficacement à l'acquisition de la propriété. Il en est de même de l'animal sauvage tombé dans votre filet; tant que vous ne l'avez pas appréhendé corporellement, cet animal n'est pas à vous [3]; mais cette rigueur des principes doit quelquefois fléchir devant l'équité et l'utilité [4]. V. n°s 9, 513.

§ 14.

57. Encore bien que les abeilles aient l'habitude d'aller et de revenir, elles sont sauvages par leur nature : aussi l'essaim qui n'est à personne appartiendra-t-il au premier occupant. Vous n'êtes donc pas propriétaire d'un essaim par cela qu'il s'abat sur votre arbre ou sur votre habitation. Il ne vous appartient pas plus que l'oiseau qui ferait son nid sur le même arbre. Tant que vous n'avez pas pris cet essaim, le premier individu qui le recueillera en deviendra proprié-

---

[1] L. 5, § 1, *eod.*; Inst. Just., *h.* §.
[2] L. 1, § 3, 9, *de Adq. vel am. poss.*
[3] L. 55, *de Adq. rer. dom.*
[4] L. 1, § 21, L. 51, *de Adq. vel am.*

poss.; L. 13, *de Donation.* — V. Cujac, ad *h.* §, obs. IV, 2; Vinn., *eod.*, § 1; Puffendorf, liv. 4, ch. 6, n° 10.

taire [1]. De même, les rayons de miel que ces abeilles ont déposés sur l'arbre peuvent être emportés par le premier venu [2]. V. nᵒ 514.

58. Toutefois, avant qu'un étranger se soit emparé des rayons ou des abeilles (*integrâ re*), vous, propriétaire de l'arbre, pouvez lui défendre d'entrer sur votre fonds [5] ou lui ordonner d'en sortir; et si, au mépris de cette injonction, il saisit l'essaim ou les rayons, ils lui sont acquis, mais vous avez contre lui l'action d'injures en réparation de la violation de votre droit de propriété sur le terrain [4].

59. Quant à l'essaim qui s'envole de votre ruche, il reste vôtre tant que vous l'apercevez et que la poursuite n'en est pas difficile : autrement il devient la propriété du premier occupant [5], parce qu'il a cessé d'être *sub custodiâ tuâ* [6]. V. nᵒˢ 481, 514.

§ 15.

60. Les paons, les pigeons et les cerfs, sont, comme les abeilles, des animaux sauvages. Leur nature ne change pas lors même qu'ils sont apprivoisés; et si, malgré leur absence, ils continuent d'appartenir à leur maître, c'est qu'ils ont conservé l'esprit de retour (*animum revertendi habeant*).

Qu'est-ce donc que l'esprit de retour ?

C'est l'instinct qui pousse un animal apprivoisé à revenir chez son maître, après s'en être éloigné momentanément. V. nᵒ 478.

61. Les animaux ont l'esprit de retour tant qu'ils en ont l'habitude (*ut ire et redire soleant*). Dès qu'ils ont perdu cette habitude, ils ont reconquis leur liberté naturelle, l'occupation a cessé, et avec elle le droit de propriété s'est éteint pour renaître au profit du premier qui s'en emparera [7]. On juge

---

[1] L. 5, § 2, *de Adq. rer. dom.*; L. 26, *de Furt.*
[2] *Ibid.*
[3] *Ibid.*
[4] L. 13, § 7, *de Inj.*

[5] L. 5, § 4, *de Adq. rer. dom.*
[6] L. 3, § 13, *de Adq. vel am. poss.*
[7] L. 4, 5, § 5, *de Adq. rer. dom.*; Gai., 2, § 68; L. 3, § 15, 16, *de Adq. vel am. poss.*

qu'un animal a perdu l'habitude du retour quand il est resté sans revenir plus longtemps qu'il ne reste ordinairement.

§ 16.

62. De même les poules et les oies sauvages, une fois apprivoisées, restent vôtres tant qu'elles ont l'esprit de retour, mais elles redeviennent *res nullius*, susceptibles d'être acquises à un nouvel occupant, dès qu'elles perdent l'habitude de revenir, parce que le *postliminium* les fait considérer comme ayant toujours été libres et ne vous ayant jamais appartenu [1]. V. n°s 14, 478.

63. Quant aux poules et aux oies non sauvages, elles continuent de vous appartenir partout où elles se trouvent, détournées, égarées ou effrayées par quelque accident [2]. D'où vient cette différence? De ce que les animaux domestiques n'appartenant point par leur nature à la liberté naturelle, ils ne peuvent rentrer parmi les *res nullius*, et échapper au domaine privé, que par l'abandon volontaire du maître [3] ou par la perte qu'il en fait sans pouvoir prouver son droit [4]. V. n° 478.

64. Ce n'est pas à dire pour cela qu'un individu serait fondé à effaroucher et mettre en fuite un animal apprivoisé : l'auteur d'un pareil fait serait responsable envers vous par une action *in factum*, si, *misericordiâ ductus*, il vous avait ainsi enlevé la propriété de l'animal en le rendant à sa condition naturelle, par l'action *furti* et la *condictio furtiva*, s'il avait agi *non misericordiâ ductus* [5]. Serait également poursuivi comme voleur quiconque retiendrait *lucrandi animo* un animal domestique ou apprivoisé [6]. V. n° 480.

§ 17.

65. Suivant le droit des gens secondaire [7], les prison-

---

[1] L. 3, § 2, *de Adq. rer. dom.*

[2] L. 5, § 6, *cod.*

[3] L. 3, § 7, *de Adq. vel am. poss.*; L. 11, *de Reg. jur.*

[4] L. 25, pr., *de Adq. vel am. poss.*

[5] L. 7, § 7, *de Dol. mal.*: L. 55, *de Adq. rer. dom.*; L. 37, 50, § 4, L. 54, § 3, *de Furt.*

[6] L. 5, § 6, L. 44, *de Adq. rer. dom.* L. 8, § 1, *Fam. erc.*

[7] L. 4, § 3, *de Stat. homin.*

niers faits sur l'ennemi, *bello publicè decreto* [1], deviennent les
esclaves et la propriété du peuple ou du soldat qui s'en
empare, et le butin suit le même sort [2], parce que la guerre
des hommes entre eux ressemble, sous quelques rapports, à
celle que les hommes font aux bêtes sauvages. De même, est
considéré comme esclave l'enfant qui naît pendant la capti-
vité de sa mère chez l'ennemi [3]. V. n°s 435, § 8, 519.

66. Puis, quand celui qui est né captif, ou qui a été fait
prisonnier, revient en dedans de sa frontière ou bien sur un
territoire allié ou ami [4], soit spontanément, soit par rachat,
soit qu'il ait été repris sur l'ennemi, toutes les fois, en un
mot, qu'il échappe à l'occupation sans esprit de retour [5], il
recouvre son état primitif (*pristinum statum*), par la fiction du
postliminium, qui le fait considérer comme ayant toujours été
libre [6]. Mais on n'accorde le bénéfice du *postliminium* ni
aux transfuges, ni à ceux qui, pris les armes à la main, se
sont rendus à l'ennemi [7]. On refuse également ce bénéfice
aux armes perdues à la guerre, « *quod turpiter amittantur* »,
tandis qu'on l'accorde pour tous autres objets repris sur
l'ennemi, en les rendant à leur ancien maître [8]. V. n° 14.

§ 18.

67. Le premier occupant acquiert aussi les pierres précieuses, les perles, les coquillages et autres objets semblables
qu'il trouve sur le rivage ou dans la mer, parce que ce sont
res nullius [9]. Mais ces choses cessent d'appartenir à l'inventeur dès qu'elles reviennent à leur état primitif, soit qu'il les
jette dans la mer, soit qu'elles y tombent sans sa volonté,

(1) L. 24, *de Capt.*; L. 118, *de Verb.
signif.*; L. 13, pr., *Qui test. fac. poss.*
(2) L. 5, § 7, L. 51, § 1, *de Adq. rer.
dom.*; L. 1, § 1, *de Adq. vel am. poss.*;
l.. 24, *de Capt.*; Gai., 2, § 69.
(3) L. 15, § 1, *Ex quib.*
(4) L. 19, § 3, *de Capt.*; L. 25, *eod.*;
L. 15, pr., § 1, *Ex quib.*
(5) L. 5, § 3, L. 26, *de Capt.*

(6) L. 5, 24, *de Capt.*; L. 7, pr., *de
Adq. rer. dom.*; Gai., 1, § 129; Paul., 2,
sent. 25, § 1.
(7) L. 14, *Ex quib.*; L. 17, 19, § 4, *de
Capt.*
(8) L. 2, 14, 30, *de Capt.*; L. 9, *de
Legat.*, 1°.
(9) L. 3, *de Div. rer.*; L. 1, § 1, *de Adq.
vel am. poss.*

parce qu'elles sont redevenues libres, et qu'il faudrait un nouveau travail pour les reconquérir [1]. V. n°s 4, 5, 11, 13, 512 et suiv.

68. Au résumé, toute chose animée ou inanimée, qui n'a pas de maître et qui est susceptible de propriété, s'acquiert *primâ occupatione;* la propriété privée, une fois établie, dure autant que l'occupation, et disparaît avec elle; une chose a cessé d'être occupée quand elle s'est échappée, quand elle a été abandonnée, ou bien quand elle a été perdue sans que le maître puisse prouver son droit; ce dernier, en cessant d'occuper, perd la propriété de sa chose, qui redevient *res nullius*, susceptible d'être acquise au nouvel occupant. V. n°s 1-17, 511 et suiv.

§ 19.

69. Le part des animaux soumis à votre domaine vous est acquis *eodem jure*, dit le texte [2] : mais est-il vrai que vous ayez acquis quelque chose ?

Tant que le part est à l'état de fœtus, « *mulieris portio est vel viscerum* [3] », il suit la condition de la mère, quel que soit le mâle qui l'a fécondée [4]; il est possédé par le même maître, il lui appartient avec elle, formant un seul tout avec elle et non une chose distincte, il n'y a point à s'en occuper individuellement comme d'un objet de droit. C'est seulement à la naissance et par la séparation que le croît devient *res individua*, c'est alors seulement que se présente la question de savoir s'il y a acquisition. On a coutume de répondre qu'étant un produit de la mère, le croît nouvellement né appartient au même maître d'après le droit des gens. Soit : mais est-il vrai que le maître ait acquis quelque chose par le fait de la séparation ?

En s'appuyant sur deux fragments du jurisconsulte Floren-

---

[1] L. 3, § 2, *de Adq. rer. dom.:* Gai., 2, § 67.
[2] Inst. Just., *h. s.*
[3] L. 4, § 1, *de Insp. ventr.*
[4] L. 5, § 2, *de Reiv.*

tinus, qui sont au Digeste [1], quelques interprètes modernes y voient une acquisition. La naissance, disent-ils, ajoute un nouvel objet à la création, le maître de la mère compte une chose de plus dans son patrimoine, il a donc acquis le croît; il l'a acquis par un moyen qui a tous les caractères de l'occupation, car, en possédant la mère, il possédait le croît non encore séparé, il le possédait *corpore et animo*, la volonté d'en être propriétaire ne l'a pas abandonné au moment de la naissance, la séparation n'a fait que confirmer et fortifier la détention matérielle, en procurant au maître de la mère le moyen d'appréhender distinctement le croît par lui ou par les siens. V. n° 451, 452.

70. Nous ne pouvons adopter ce système, et nous croyons fermement qu'il n'y a là aucune acquisition. Qu'est-ce, en effet, qu'acquérir? C'est devenir propriétaire, c'est obtenir une nouvelle chose, un objet qu'on n'avait pas encore : on n'acquiert pas une seconde fois ce qu'on a déjà. Bien que je compte numériquement une chose de plus dans mon patrimoine, je n'ai rien acquis, si déjà elle y était adhérente à une autre chose qui m'appartenait au moment de la séparation : lorsque les épis de mon champ sont coupés, j'ai autant de choses que d'épis : direz-vous que j'ai fait autant d'acquisitions? Non assurément; la moisson n'est qu'un produit du champ, produit qui m'appartenait avant la séparation et qui continue de m'appartenir après; et ce qui est évident pour les épis ne l'est pas moins pour le croît des animaux. Ce croît, qui avant la naissance faisait corps avec sa mère, en était une partie intégrante et appartenait au même maître, ne fait que continuer de lui appartenir au même titre à la naissance; la séparation n'a fait que mettre en évidence, et le part, et le droit antérieur du maître sans y rien changer; avant cette séparation, le maître avait la propriété de la partie, parce qu'il était propriétaire de toute la chose, la séparation n'a fait que scinder sa propriété en scindant sa chose, sans lui

---

[1] L. 2, 6, *de Adq. rer. dom.*

faire acquérir ce qui déjà était à lui, elle n'a rien mis dans son patrimoine qui n'y fût déjà [1]. Si d'ailleurs le croit s'acquérait *primâ occupatione*, c'est qu'il serait *res nullius*, et pour en priver le maître de la mère, pour l'empêcher d'être premier occupant par lui ou les siens, il suffirait que le premier venu fît furtivement la séparation des viscères en s'emparant du croît pour lui-même. L'équité ne réprouve-t-elle pas un résultat semblable! En y réfléchissant un instant, et c'est là qu'est le point vital de la question, on reconnaît que le croît n'est *res nullius*, ni durant la gestation, ni à la naissance, ni dans le moment qui suit; la conscience nous dit que ce croît n'a pas cessé d'appartenir au maître de la mère. Que serait pour lui une brebis sans ses agneaux? Comment remplacerait-il la brebis qui vieillit? Comment renouvellerait-il le troupeau?

Il est vrai que les LL. 2 et 6, *de Adq. rer. dom.*, semblent appuyer le système de l'acquisition du croît par l'occupation, mais ces lois ont été interpolées par Tribonien, et l'on ne peut y avoir une grande confiance. Suivons les fragments du Digeste. Après avoir, dans la L. 1, § 1, posé en principe que tous les animaux qui vivent libres appartiennent aux premiers occupants, « *capientium fiunt* », on interrompt le texte de Gaius, pour intercaler la L. 2, de Florentinus, et lui faire dire que le croît des animaux né chez nous s'acquiert de la même manière, mais rien ne prouve que telle fût la pensée de Florentinus, car la loi 2 ne renferme ni le mot *capientium*, ni un mot analogue. De même, après avoir, dans la L. 5, § 7, posé en principe que toutes les choses prises sur l'ennemi sont aussitôt acquises aux premiers occupants, selon le droit des gens, « *jure gentium statim capientium fiunt* », le texte de Gaius est interrompu de nouveau, pour intercaler la L. 6, de Florentinus, et lui faire dire que le croît des animaux né chez nous est soumis à notre domaine « *eodem jure* ». C'est de cette L. 6 que Justinien a fait le § 19 du titre *de Div. rer.*, aux

---

[1] L. 66, *de Adq. rer. dom.*, Dig.; L. 12, *de Rein.*

Institutes, immédiatement après avoir parlé des coquillages
qui sont acquis à l'occupant, selon le droit naturel [1]. Remarquons que les mots *eodem jure* signifient, dans le Digeste,
d'après le droit des gens secondaire, et, dans les Institutes, *d'a-
près le droit des gens primitif;* on peut même soutenir que le
sens des Institutes est celui-ci : le part des animaux soumis
à votre domaine vous est acquis *eodem jure*, d'après le même
droit qui vous a acquis ces animaux.

71. Tant de tâtonnements montrent combien la question
est délicate, et combien elle a occupé les esprits les plus
éminents : aussi peut-on dire en toute humilité : *errare huma-
num est.*

Quoi qu'il en soit, et malgré notre respect pour nos pré-
cepteurs, nous n'en persistons pas moins dans notre opinion.
Veut-on à toute force que vous, maître de la mère, ayez
acquis le croît, et que cette acquisition reçoive un nom particulier, en soutenant que tout ce qui compose votre patrimoine y est entré par acquisition, nous sommes prêt à lui
appliquer la même dénomination que pour la mère, en disant
que c'est l'occupation, si vous avez acquis la mère *primâ occupatione*, la tradition, si vous l'avez acquise *traditione*, mais
nous n'admettons pas que *secatio* soit synonyme de *accessio*.

72. Quelque parti que l'on prenne sur cette question,
tenons pour certain qu'il n'y a pas là accession acquisitive,
comme le soutiennent encore quelques interprètes; et voyons
ce que c'est que cet autre moyen naturel d'acquérir, cette
théorie de l'accession, à l'aide de laquelle on prétend expliquer, non-seulement notre texte actuel, mais encore plusieurs
textes qui vont suivre.

Ces interprètes placent à côté de l'occupation un autre
moyen, qui consiste en ce qu'une chose principale acquiert
naturellement à son maître tout ce qui vient s'attacher à
cette chose; ils donnent à ce mode le nom d'*accession* [2].
V. nᵒˢ **448** et suiv.

---

[1] Instit. Just., § 18, *h. tit.*
[2] V. la dissertation de M. Ortolan, dans son *Traité sur les Instit.*, § 18, *de Div. rer.*

Et d'abord, quel est, dans la langue juridique, le sens de cette locution : *acquérir par accession ?*

Acquérir étant synonyme de *devenir propriétaire d'une chose*, *acquérir par accession* sera *devenir propriétaire d'une chose par sa réunion avec une autre* ; en d'autres termes, j'aurai acquis par accession lorsqu'une chose sera devenue mienne par son annexe avec une autre qui m'appartenait déjà.

Plus brièvement c'est *acquérir par adhérence.*

Puisqu'il s'agit d'apprécier la valeur de quelques dispositions de droit romain, constatons avant tout l'existence des textes qui paraissent appuyer le système de l'accession.

« *Superficies solo cedit* » la superficie cède au sol, dit le jurisconsulte Gaius, dans le Com. 2, § 73, de ses Institutes [1].

« *Necesse est ei rei cedi quòd sine illâ esse non potest* » il est nécessaire qu'une chose cède à une autre chose sans laquelle elle ne peut pas exister, dit le jurisconsulte Paul dans la L. 23, § 3, *de Reiv.*, au Dig.

Et Paul est plus précis dans la même L. 23, § 4 : « *In omnibus igitur istis in quibus mea res per prævalentiam alienam rem trahit meamque efficit, si eam rem vindicem, per exceptionem doli cogar pretium ejus quod accessit dare* » ; c'est-à-dire, dans tous les cas où, à raison de sa plus grande importance, une chose entraîne la chose d'autrui et la fait mienne, si je revendique cette chose, je serai forcé par l'exception de dol de payer le prix de la chose accessoire.

A la lecture de ces textes et de quelques autres [2], on ne peut nier que les jurisconsultes romains n'aient quelquefois vu dans la réunion de deux choses une perte ou un évanouissement de la propriété pour l'un des deux maîtres, une acquisition pour l'autre ; on ne peut nier que le mot *accessio* ne se soit quelquefois trouvé sous leur plume comme fait acquisitif ou comme cause d'acquisition. Est-ce à dire que ces

---

[1] L. 3, § 7, *Uti possid.*; L. 21, *de Pign. act.* | *exhib.*; L. 7, § 10, 12, 13; L. 9, pr., § 1, 2, *de Adq. rer. dom.*
[2] Gai., 2, § 70-79; L. 7, § 2, *Ad.*

jurisconsultes aient généralisé l'accession acquisitive à tous les cas où une chose adhère à une autre plus importante?

Certains commentateurs répondent affirmativement, en citant la L. 19, § 13, *de Auro arg.* Mais il faut remarquer que les expressions : *accessio cedat principali*, qui, dans cette loi, tendaient à interpréter la volonté du testateur sur l'importance d'un legs, n'ont été étendues par les jurisconsultes romains qu'aux dispositions conventionnelles ou intentionnelles, quand il s'agit d'en déterminer la portée pour les exécuter [1] ou pour les anéantir [2] ; c'est-à-dire que, d'après cette maxime, quand on cherche à quels objets s'applique un legs ou une autre disposition, la chose accessoire y est toujours comprise avec la chose principale, à moins d'une exception positive.

La maxime : *accessio cedat principali*, est sans doute équitable et naturelle, quand il s'agit d'exécuter ou d'anéantir une disposition de l'homme, d'interpréter la volonté d'un testateur ou de cocontractants : celui qui a légué de la vaisselle d'or ou d'argent a vraisemblablement entendu léguer aussi les pierres précieuses qui y sont incrustées; l'objet principal et l'objet accessoire appartenant au même maître, on suppose tout naturellement qu'il n'a pas voulu donner l'un sans l'autre [3]. Mais quelle différence l'esprit rencontre quand, à l'aide de la même maxime, il s'agit de faire acquérir au maître d'une chose la propriété de la chose d'autrui, et cela par le seul fait, souvent dû au hasard, du rapprochement de ces deux objets ! Rien de moins équitable qu'un pareil résultat érigé en principe ! Il suffira donc qu'un envieux m'enlève une pierre précieuse, qu'il l'attache à une pièce de vaisselle, et qu'il réponde à ma réclamation : *accessio cedat principali*, en m'offrant ou en ne m'offrant pas une indemnité pécuniaire. Si les jurisconsultes ont parfois admis un

---

[1] L. 47, 48, 49, 78, pr., *de Contrah. empt.*; L. 15, 16 et seq., *de Act. empt.*; L. 15, *de Trit. vin.*; L. 20, § 7, *de Instruct.*; L. 19, *de Aur. arg.*

[2] L. 2, *de Pecul. leg.*; L. 43, *de Solut. et lib.*

[3] L. 19, *de Aur. arg.*

résultat analogue, qu'on n'aille pas jusqu'à dire qu'ils l'ont élevé à la hauteur d'un principe, pour preuve la L. 23, § 4, *de Reiv.*, qui parle *des cas* dans lesquels ce résultat arrive [1].

Un texte paraît à la vérité appuyer le système de la généralisation de l'accession acquisitive, c'est le § 3 de la même **L. 23,** suivant lequel « *necesse est ei rei cedi quòd sine illâ esse non potest* ». Mais ce texte est spécieux, il consacre moins une règle de droit qu'une vérité de fait : « il est nécessaire qu'une chose cède à une autre chose sans laquelle elle ne peut subsister. »

Tout en croyant que les Romains apercevaient une cause d'acquisition dans l'accession, nous sommes loin d'admettre que la maxime : *accessio cedat principali,* fût reçue par eux comme règle générale en matière de propriété, car il n'est pas un texte, pas un document qui le dise. Nous n'admettons pas davantage qu'elle y fût reçue comme renfermant un moyen naturel et particulier, car nous avons vu que les seuls modes naturels d'acquisition sont l'occupation et la tradition. Si donc l'accession est un moyen naturel, c'est qu'il se confond avec l'un de ces deux derniers : l'homme peut faire de l'arbitraire, il ne réussira jamais à changer les lois de la nature. V. nos 23, 26, 71, 449.

73. Mais, au fond, l'accession est-elle bien un moyen d'acquérir, et les jurisconsultes qui ont prononcé le mot ont-ils mis la chose ?

Pas toujours, comme le prouve la L. 23, § 5, *de Reiv.*, qui pose en principe que le maître de l'accessoire a le droit de le faire exhiber et de le revendiquer, ce qui montre que le maître du principal n'a pas acquis l'accessoire [2]. Où donc les jurisconsultes ont-ils vu une acquisition *per accessionem ?* Ça ne peut être que dans le cas où l'accessoire est conservé par le maître du principal. Eh bien ! en nous plaçant dans cette dernière hypothèse, voici, selon-nous, ce qui ressort des

---

[1] V. Vinn., Instit., § 20 et seq., *de Div. rer.;* Heinec., *Elementa juris,* 562. — V. aussi Bentham, *Tr. des législ. civ.*

et pén., 2ᵉ part., ch. 1, § 3-10. [2] L. 33, *de Condict. indeb.*

3.

textes qui traitent de l'accession : — ou la chose accessoire
n'appartient à personne , et alors elle est acquise au maître
de la chose principale par un moyen , qui n'est autre que
l'occupation [1] ; — ou bien c'est un débris de la propriété
d'autrui, sans que le maître puisse prouver sa propriété, et
il est également acquis au principal par l'occupation [2] ; —
ou bien enfin la chose accessoire appartient à autrui et est
reconnaissable; alors le maître peut la faire détacher et la
revendiquer; s'il ne le fait pas , il est présumé abandonner
cette chose, elle devient *res nullius* , et elle est encore acquise
à la chose principale par l'occupation [3]. V. n° 87.

74. Notons que les jurisconsultes qui ont énuméré les modes d'acquisition, particulièrement Gaius, Com. 2, §§ 65 et
suiv., de ses Institutes, et Ulpien, tit. 19, § 2, de ses Règles,
n'ont point parlé de l'accession, et que chacun des modes indiqués par eux a un caractère propre, soit qu'il ne s'applique
qu'à certaines choses comme la tradition et la mancipation, soit
qu'il frappe les sens, soit qu'il révèle la volonté du premier
maître d'aliéner sa chose, comme la tradition, la mancipation, la *cessio in jure*, soit qu'il suppose l'abandon de la propriété
comme l'usucapion , soit enfin qu'il puise sa force dans le
pouvoir du juge ou dans la volonté du législateur, comme
l'adjudication et la loi? Or, quel est le caractère de l'accession?
En consultant la L. 23, § 5, *de Reiv.*, qui, par exception,
refuse l'action *ad exhibendum* et la revendication au maître
d'une statue dont le bras a été joint à la statue d'autrui par
la *ferruminatio*, nous y trouvons l'exemple le plus saillant
d'accession, le seul peut-être, s'il en existe. Y a-t-il là l'expression de la volonté du maître d'abdiquer sa propriété, ou
bien y a-t-il une émanation du pouvoir judiciaire? Non. Qu'y
a-t-il donc? Le résultat forcé de la nature des choses qui ,
propter confusionem, attribue au maître de l'objet principal un
accessoire, qui y est joint *per ferruminationem* par une telle

---

[1] L. 1, § 7, *de Flum.*
[2] L. 7, § 1, *de Adq . rer. dom.*

[3] L. 58, *eod.*

adhérence, une telle intimité, qu'il n'y a pas possibilité de distinguer l'un d'avec l'autre. V. n°s 12, 16 et la note, 107, 449-502.

75. Mais là où les interprètes ont cru voir un moyen, il n'y a le plus souvent qu'une conséquence forcée du droit de propriété antérieurement acquis, une modification de la chose principale et non acquisition. La question préalable est toujours de savoir s'il y a ou non dans le patrimoine du maître principal une chose qui n'y était pas encore; s'il n'y en a pas, il ne faut point parler d'acquisition, parce qu'il n'y a que modification; s'il y a une chose nouvelle, par quel moyen l'a-t-il acquise? Nous verrons avec les textes que c'est rarement par l'accession. Nous constaterons à cette occasion que le rapprochement de deux ou plusieurs choses, qui appartiennent à des maîtres distincts, peut amener des résultats différents en fait et en droit : —ou bien l'incorporation, sans être complète, est telle que l'une de deux choses absorbe l'autre, *major species trahit ad se minorem* [1], il n'y a pas *res nova*, pas d'acquisition possible, mais amélioration de la chose prédominante, modification qui profite au maître comme conséquence forcée de son droit de propriété préexistant [2]; —ou bien une fusion complète enlève à chacune son individualité, pour former *res nova*, alors il y a spécification, et le nouvel objet est acquis *primâ occupatione* au spécificateur [3], surtout quand l'une des choses confondues était à lui [4]; —si l'union a peu d'intimité et laisse à chaque objet son individualité, il revient à son maître [5], à moins que, par raison d'utilité, il n'y ait lieu de décider que l'un est prédominant et entraîne l'autre [6], ou bien que le nouvel objet appartient aux deux maîtres *pro indiviso* [7]. V. n°s 11, 12, 16 et la note, 110-128, 482-502.

---

[1] L. 19, § 13, *de Aur. arg.*
[2] L. 33, *de Cond. indeb.*
[3] L. 7, § 7, *de Adq. rer. dom.*
[4] L. 5, § 1, *de Reiv.*; L. 27, § 1, *de Adq. rer. dom.*

[5] L. 5, pr., *de Reiv.*
[6] L. 23, § 5, *eod.*
[7] L. 5, pr., *eod.*; L. 7, § 8, 9, *de Adq. rer. dom.*

76. Enfin, quand on parle d'accession acquisitive, se présente toujours la question de savoir si le maître de la chose
accessoire a cessé d'être propriétaire, et s'il ne peut plus exercer la revendication, qui est la sanction du droit de propriété.
Les principes purs répondent qu'un maître peut revendiquer
sa chose tant qu'elle existe en nature et qu'elle est reconnaissable : de là est née la maxime : *res non extinctæ vindicari
possunt ; res extinctæ vindicari non possunt* [1]; pour que l'équité
soit respectée, il faut donc que le maître accessoire puisse
faire séparer et revendiquer ce qui est susceptible de séparation [2], ou qu'il conserve la faculté de revendiquer quand la
séparation s'opérera, s'il n'y a pas renoncé [3]. L'équité veut
aussi que celui qui est privé involontairement de sa chose en
soit indemnisé par celui qui en profite, et qui s'enrichirait
aux dépens d'autrui sans cette restitution [4]. Mais là encore
le législateur devra quelquefois s'interposer pour faire un rè-
glement eu égard aux circonstances. Essayons de développer
ces principes [5].

§ 20.

77. A Rome, on distingue « *flumen* » la rivière « *à rivo* »
du ruisseau, par la grandeur et par la dénomination que lui
donnent les habitants de la contrée [6]; puis on sous-distingue
flumen publicum et *flumen privatum*. Un cours d'eau public est
celui qui coule toujours, et qu'on appelle, pour cette cause,
flumen perenne, tandis qu'un cours d'eau privé est celui que
forment accidentellement les pluies torrentielles, et qu'on
appelle *flumen torrens* [7]. Enfin, un cours d'eau public peut
être navigable, comme il peut ne l'être pas [8]. V. n° **472.**

---

[1] Gai., 2, § 79; L. 49, § 1, *de Reiv.*
[2] L. 2, 7, § 2, *Ad. exhib.*
[3] L. 7, § 10, *de Adq. rer. dom.*
[4] L. 7, § 12, L. 9, *eod.* ; Gai., 2, § 76 et seq.
[5] V. Pothier, *Tr. du dr. de dom. de propr.*, part. 1, ch. 2, sect. 3.
[6] L. 1, § 1, *de Flum.*
[7] L. 1, § 2, 3, *eod.*

[8] L. 1, § 2, *Ne quid in flum. publ.*— A Rome, le mot *flumen* indiquait une rivière en général ; il ne signifiait pas, comme en France, un cours d'eau qui se jette dans la mer. Et dans cette partie des Instituts de Justinien il est toujours question d'un cours d'eau public, autrement appelé rivière publique, navigable ou non navigable indistinctement. V. n°° 78-92, 472.

Lorsque vous possédez un terrain sur la rive d'un cours d'eau public, navigable ou non, ce terrain peut croître en étendue par le charriage du sable et du limon ou par la retraite des eaux vers la rive opposée, sans qu'il soit possible de reconnaître de combien et à quel moment votre champ augmente. Cet accroissement, résultat ordinaire d'un progrès insensible (*incrementum latens*), se nomme *alluvion* [1]; et pour en faire l'attribution, la loi distingue entre les fonds limités et les fonds non limités, n'importe que la rivière soit navigable ou non. V. n° 465.

78. On appelle *agri limitati* les champs dont les bornes sont invariables. Dans l'origine, c'étaient des terres concédées ou adjugées au nom du peuple pour un nombre de mesures déterminé *certos modos* [2]. En faisant l'assignation, le *censitor* traçait du Septentrion au Midi une ligne ou sentier d'une certaine largeur, et d'Orient en Occident une autre à angle droit, puis il tirait des lignes parallèles aux deux premières [3]. On obtenait ainsi un champ de forme carrée, qui renfermait exactement le nombre de mesures concédées, de manière que l'excédant du terrain restait public [4]. A l'époque de Justinien, les *agri limitati* sont tous les terrains auxquels l'homme a assigné une limite quelconque. Bornés invariablement, la retraite des eaux sera un événement indifférent aux propriétaires limités, leurs fonds ne pouvant s'étendre au dehors de la ligne tracée [5] : par conséquent, ces riverains ne profitent pas des atterrissements qui se forment contre leur champ [6]; ces atterrissements semblent au premier abord choses publiques, comme l'était la partie du lit du cours d'eau dont ils occupent la place, et nul doute que dans l'origine la nation n'en devînt propriétaire [7]; plus tard, on a vraisemblablement

---

[1] L. 7, § 1, *de Adq. rer. dom.* Dig.; L. 1, *de Alluv.* Cod.

[2] L. 7, *Fin. reg.*; L. 16, *de Adq. rer. dom.*

[3] L. 30, § 3, *de Adq. rer. dom.*—On appelait *Cardines* les lignes tracées du Septentrion au Midi, *Decumani* celles d'Orient à l'Occident (Frontin., *de Limit. agror.*, p. 38).

[4] L. 16, *de Adq. rer. dom.*

[5] L. 7, *Fin. reg.*; L. 16, *de Adq. rer. dom.*

[6] L. 16, *eod.*

[7] L. 65, § 4, *eod.*; L. 15, *de Verb. signif.*

considéré que le lit n'est public qu'à raison de la masse d'eau qui le couvre [1], qu'il cesse d'être tel partout où l'eau cesse de couler [2] : dès lors, l'alluvion est devenue *res nullius*, et est acquise au premier occupant [3], l'usage seul reste public, s'il en est besoin pour servir de rive ; de même l'île qui surgit au-dessus des eaux et le lit desséché sont des choses sans maître, qui appartiennent au premier occupant et non aux fonds limités [4]. V. n°s 13, 14, 465, 469.

79. Par opposition à ces premiers fonds, il y a des terrains non limités, ceux que borne naturellement un cours d'eau, une forêt ou une montagne, et que les commentateurs nomment *agri arcifinii*, id est, *quorum fines arcentur*, dont les limites peuvent se reculer [5]. Suivant notre texte et la L. 7, § 1, *de Adq. rer. dom.*, au Dig., si vous possédez un champ de cette nature sur la rive d'un cours d'eau public, l'alluvion vous est acquise d'après le droit des gens (*jure gentium tibi adquiritur*). Néanmoins, malgré cette assertion, les interprètes discutent encore aujourd'hui à savoir si vous avez réellement acquis quelque chose, ou bien si vous ne faites que reprendre ce qui est à vous. A l'examen des fragments du Digeste, on reconnaît que les jurisconsultes romains ont fini par tomber d'accord que l'alluvion appartient au riverain, mais ils paraissent avoir toujours différé sur la cause de cette propriété, et ils ont légué à leurs successeurs un sujet d'étude que les remaniements de Justinien ont entouré de confusion. Le même doute existe pour l'île qui croît dans un cours d'eau public ; essayons de l'éclairer. V. n°s 470, 472.

80. Voici comment raisonnent ceux qui pensent que vous n'acquérez pas en obtenant l'île, l'alluvion ou le lit desséché. L'*incrementum latens*, disent-ils, n'ajoute pas une chose à votre patrimoine, vous ne devenez pas propriétaire d'un nouveau champ, vous restez propriétaire du vôtre, qui a grandi insen-

---

[1] L. 1, § 7, *de Flum*.
[2] *Ibid.*
[3] *Ibid.*

[4] L. 1, § 6, 7, *eod.*
[5] Isidor., lib. 15, c. 13, *Origin.*

siblement sans qu'on ait pu mesurer l'accroissement de chaque jour [1]; il est vrai que, dans l'intérêt général, l'usage du cours d'eau est considéré comme public pour les besoins de la navigation, mais le lit caché sous la masse d'eau est et ne cesse d'être une dépendance du fonds riverain qui vous appartient; ce lit est à vous dans toute l'étendue formée par la réunion de la ligne tracée au milieu du cours d'eau, parallèlement à ses rives, avec les deux lignes tracées aux deux extrémités de votre terrain, et qui viennent tomber perpendiculairement sur cette première ligne [2]; tant que ce lit reste submergé, le droit de propriété que vous avez dessus sommeille, puis il se réveille quand l'eau disparaît en reculant la limite naturelle de votre champ; de manière que vous reprenez l'exercice d'un droit antérieur, sans en acquérir un nouveau, *quia res non extinctæ vindicari possunt* [3].

Cette théorie s'appuie sur la L. 5, pr., *de Div. rer.*, d'après laquelle l'usage des rives « *riparum usus* » est public, comme l'usage du cours même « *sicut ipsius fluminis* » : donc, dit-on, l'usage seul est public, tandis que le sol reste privé. Mais on peut objecter que ce texte de Gaius n'exclut pas l'idée que le lit est public, pour preuve la L. 7, § 5, *de Adq. rer. dom.*, du même jurisconsulte, qui reconnaît littéralement ce caractère au lit, pour preuve encore la L. 4, § 1, *de Div. rer.*, de Marcien, qui dit que presque tous les cours d'eau « *flumina* » sont publics; et l'on fait remarquer aussi que ces deux dernières lois, consignées au Digeste, ont été placées l'une à côté de l'autre par Justinien, sous les §§ 2 et 4 du même titre, *de Div. rer.*, aux Institutes. Ajoutons que, d'après le texte de la L. 24, pr., *de Damno infect.*, au Dig., l'usage des routes publiques est public, de même que l'usage des cours d'eau publics, ce qui assurément n'exclut pas le caractère public qui appartient au sol de ces routes [4]. Citons enfin la L. 3, pr., *de Flumin.*, suivant

---

[1] Instit. Just., *h.* § ; L. 7, § 1, *de Adq. rer. dom.*; Gai., 2, § 70. — V. Instit. expliq. et trad. par M. Ducaurroy, § 18 et seq., *h. tit.*

[2] L. 29, *de Adq. rer. dom.*

[3] L. 34, *de Reiv.*

[4] V. tit. *de Loco et itin. publ*, Dig.

laquelle «*flumina publica, quæ fluunt, ripæque eorum, publicæ sunt.*»

Ce premier système invoque encore la L. 30, § 1, *de Adq. rer. dom.*, qui, après avoir dit que le sol de la rive est chose privée et l'usage public, ajoute que le lit devient la propriété des riverains quand il est desséché, parce qu'alors le peuple ne s'en sert plus, « *proximorum fit, quia jam populus eo non utitur* ». A quoi l'on répond que le jurisconsulte Pomponius ne s'est occupé que de l'usage de la rive, et non de savoir si le cours d'eau est public ou seulement son usage. Puis, reposant sur l'idée que les riverains reprennent ce qui leur a toujours appartenu, qu'ils exercent un droit préexistant, ce système est contredit par divers fragments du Digeste, qui supposent une véritable acquisition ; il est combattu notamment par la L. 7, § 5, *de Adq. rer. dom.*, qui partage entre les riverains le lit nouvellement desséché, que l'eau s'était creusé dans un terrain sur lequel ils n'avaient aucun droit ; par la L. 38, qui attribue au voisin tout le terrain découvert par la retraite des eaux, quoique ce terrain appartînt à autrui lors de son envahissement ; par la L. 7, § 2, qui décide que, si un morceau de votre champ est porté contre le mien par la violence des eaux, il continue d'être vôtre, tandis que logiquement ce terrain devrait m'appartenir jusqu'au milieu du cours d'eau, si j'étais réellement propriétaire du sol sur lequel il vient s'asseoir ; enfin, par la L. 56, qui renferme plusieurs exemples d'extension de la propriété du riverain au delà des deux lignes tirées perpendiculairement aux extrémités de son terrain, tandis que cette propriété devrait être resserrée dans ces deux lignes, si tous les riverains avaient un droit proportionnel et préexistant sur le lit caché par la masse d'eau.

81. Indépendamment de ces objections, ceux qui pensent que vous faites une acquisition en obtenant l'île, l'alluvion ou le lit, en d'autres termes, les partisans du système de l'accession, combattent à l'aide de textes nombreux [1]. Il est, disent-ils, dans la nature d'un cours d'eau public de changer le

---

[1] L. 3, § 17, L. 30, § 3, *de Adq. vel am. poss.*

caractère du terrain qu'il occupe ou qu'il abandonne, de convertir le premier en chose publique, le second en chose privée, comme le prouve la L. 30, §§ 2 et 3, *De adq. rer. dom.* : « *Natura fluminis hæc est ut, cursu suo mutato, alvei causam mutet :....... flumina enim censitorum vice funguntur, ut ex privato in publicum addicant, et ex publico in privatum.* » Ce principe, adopté par Pomponius, est également professé par Ulpien dans la L. 1, § 7, *de Flumin.*, « *quia impossibile est ut alveus fluminis publici non sit publicus* » : aussi dans la L. 24, pr., *Quib. mod. ususfr.*, Javolenus dit-il, en parlant du terrain devenu public par l'envahissement des eaux « *neque in pristinum statum restitui posse* ». D'où la conséquence que, dans la pensée des jurisconsultes romains, le sol du lit ne reste pas la propriété de l'ancien maître, *nam res extinctæ vindicari non possunt.* Cela devient évident par le rapprochement de la L. 7, § 6, *de Adq. rer. dom.*, de Gaius, qui conserve au maître la propriété du fonds inondé par les eaux fluviales, « *neque enim inundatio fundi speciem commutat, et ob id palam est fundum ejus permanere cujus et fuerat* », parce que l'inondation ne change pas la nature du fonds ; et aussi par le rapprochement de la L. 7, § 2, qui maintient également au maître la propriété du morceau de terrain déplacé par la violence des eaux, « *palam est eam tuam permanere* » ; ce terrain continuant d'appartenir à son premier maître, par la raison que son caractère privé n'a point changé, il est clair que celui qui a changé de nature, en devenant cours d'eau public, a cessé d'appartenir au premier maître. Alors que deviendra le lit de ce cours nouveau quand il sera desséché, que deviendra l'île, que deviendra l'alluvion ? Logiquement, chacune de ces choses devrait entrer *in patrimonio populi*, devenir chose privée du peuple, ou au moins rester chose publique ; et l'on peut croire que l'île était en effet regardée comme publique dans les premiers temps, à en juger par l'opinion de Labéon, consignée dans la L. 65, § 4, *de Adq. rer. dom.* Cependant la plupart des jurisconsultes, Alfenus-Varus, Gaius, Pomponius, en considérant le fonds comme public,

seulement à raison de la masse d'eau qui le couvre, procla-
mèrent que le lit avait perdu ce caractère partout où l'eau
avait cessé de couler (L. 7, §§ 3, 5; L. 30, §§ 2, 3; L. 38,
de Adq. rer. dom.), et attribuèrent l'alluvion, l'île ou le lit
desséché, aux riverains non limités (LL. 7, 30, 65, *eod.*; L.
1, *de Flumin.*). En présence de tant de lois concordantes, nul
doute, disent les partisans de l'accession, que cette attribution ne procure une acquisition aux riverains, selon l'expression textuelle de la L. 7, § 1, *de Adq. rer. dom.*, et que cette
acquisition n'ait lieu *ratione vicinitatis*, suivant la locution de
Gaius.

82. On ne saurait, en effet, sans nier l'évidence, mécon-
naître que le voisinage a paru aux jurisconsultes romains une
cause d'acquisition de la propriété dans certains cas; c'est
Gaius qui nous le dit dans la L. 7, § 5, *de Adq. rer. dom.* Ce
jurisconsulte suppose qu'un cours d'eau public, en chan-
geant de lit, a envahi un champ tout entier, qu'il est ensuite
rentré dans son premier lit en laissant ce dernier à sec, que
l'ancien propriétaire du fonds envahi n'a plus de terrain sur
la rive du second lit, maintenant desséché, et il se demande
à qui appartiendra ce lit. D'après la stricte logique « *stricta
ratione* », répond-il, l'ancien propriétaire n'a rien à y reprendre, parce que son fonds a cessé d'exister en perdant sa forme
primitive, « *quia et ille ager qui fuerat desiit esse, amissâ pro-
priâ formâ* » , et que, n'ayant plus de champ riverain, il ne
peut obtenir, pour cause de voisinage, aucune partie du lit
desséché, « *quia vicinum prædium nullum habet, non potest ratione vicinitatis ullam partem in eo alveo habere* ». Il est donc
bien positif qu'au sentiment de Gaius la cause de l'acquisition du lit desséché est dans la contiguité, quoique ce jurisconsulte trouve ce résultat trop rigoureux ; ce qui le fait s'é-
crier en terminant : « *sed vix est ut id obtineat* [1] » !

---

[1] Dans la L. 30, § 3, *de Adq. rer. dom.*, Pomponius semble faire céder la rigueur du principe à l'équité, en restituant le terrain découvert à l'ancien propriétaire qui n'est plus riverain ; cependant on ne voit pas bien s'il y est question d'un champ devenu partie du fleuve ou seulement inondé « *inundatione* » ; et il ne faut retenir que le principe proclamé par cette loi. — La L. 38 renferme le mot *accessisse.*

Mais aussi, il est évident que, dans la pensée de ces jurisconsultes, le voisinage n'était pas une cause *naturelle* et primitive d'acquisition de la propriété, autrement ils en auraient généralisé l'action à toute espèce de fonds, ils auraient attribué l'alluvion et le lit desséché aux riverains propriétaires des *agri limitati*, tout aussi bien qu'aux *agri arcifinii*, tandis qu'ils l'attribuent au premier occupant lorsque ce sont des *agri limitati*, comme l'indique Ulpien dans la L. 1, §§ 6 et 7, *de Flumin.*

83. Si la différence qui existe entre les *agri arcifinii* et les *agri limitati* sert à expliquer pourquoi le lit desséché n'appartient pas à ces derniers, elle n'explique pas pourquoi ce lit ne retourne point aux anciens propriétaires. Pomponius dit bien qu'il est dans la nature d'un cours d'eau public de changer le caractère du terrain qu'il occupe ou qu'il abandonne, de convertir le premier en chose publique, le second en chose privée [1] : mais par quelles considérations philosophiques les jurisconsultes ont-ils été admis à adopter cette règle ?

C'est apparemment parce qu'en général les anciennes limites du terrain envahi par les eaux ne sont plus reconnaissables après leur retraite, que la délimitation sera d'autant plus difficile que l'occupation fluviale aura duré plus longtemps, que souvent le lit se sera étendu aux dépens des terrains riverains, qu'après de longues années il règnera une confusion complète sur toutes ces limites, qu'il vaut mieux éviter toute contestation relative à leur reconnaissance, enfin, parce qu'il y a présomption que ce lit a jadis fait partie des fonds riverains. Aussi arrivera-t-il quelquefois que, toute trace et tout souvenir de limitation d'un terrain étant effacés, il n'y aura plus en fait de distinction possible entre les *agri limitati* et les *agri arcifinii* quant à l'acquisition de l'île, de l'alluvion et du lit. V. n° 16 et la note.

84. Malgré les savantes dissertations et les discussions laborieuses que cette lutte à engendrées, une grande incerti-

---

[1] L. 30, § 2, 3, *de Adq. rer. dom.*

tude règne encore et l'antagonisme n'a pas cessé. S'il nous est permis d'émettre notre opinion, nous pensons que la solution de la question est dans le rapprochement de la L. 1, §§ 6 et 7, *de Flumin.*, avec la L. 30, §§ 2 et 3, *de Adq. rer. dom.*

Nous voyons, en effet, par cette dernière loi, qu'il est dans la nature d'un cours d'eau naturel de changer le caractère du terrain qu'il occupe ou qu'il abandonne, de convertir le premier en chose publique et le second en chose privée : mais ce caractère privé, le terrain découvert l'acquiert-il immédiatement? Non pas toujours immédiatement, puisque la L. 1, *de Flumin.*, attribue l'île ou le lit desséché au premier occupant « *occupantis* », quand le fonds riverain est limité : c'est donc que, dans l'opinion d'Ulpien (et l'on ne voit pas qu'il y ait eu controverse), le terrain desséché a recouvré sa liberté primitive, qu'il est susceptible d'acquisition par la prise de possession, c'est donc qu'il reste momentanément sans maître, après être passé subitement de l'état de chose publique à l'état de *res nullius*. Cela prouve que, d'après le sentiment d'Ulpien et des autres jurisconsultes, le peuple perd subitement tout droit public sans acquérir de droit privé, qu'il abdique toute prétention sur ce terrain. Puisqu'il en est ainsi, quand le riverain est un fonds limité, jugé indigne de faveur par le législateur, il doit en être de même, à plus forte raison, quand c'est un fonds non limité, toujours vu plus favorablement : on ne comprendrait pas que la nation fût moins désintéressée en présence d'un propriétaire non limité qu'elle ne l'est devant un propriétaire limité : par conséquent, en face de riverains non limités, le lit desséché devient *res nullius* au moins pendant un instant de raison, et, s'il est dévolu à ces riverains, c'est qu'ils sont censés en avoir les premiers pris possession par leur propre terrain, selon la présomption établie par le législateur. D'où nous concluons que le lit desséché est *res nullius* devant un riverain limité ou illimité, qu'il s'acquiert toujours *primâ occupatione;* que, dans ce cas, le mode, appelé accession par quelques interprètes, n'est pas autre chose que l'occupation, abrégée par le législateur en considération de la contiguité du fonds non limité.

Cette solution nous paraît seule concorder avec l'esprit du droit romain, qui tend à généraliser la fiction du *postliminium*, toujours vue avec faveur. V. nᵒˢ 13, 15, 23, 24, 472.

85. Au résumé, lorsqu'un terrain est envahi par des eaux fluviales, il perd le caractère privé et devient public, par conséquent il cesse d'appartenir au premier maître. Est-il abandonné ensuite par la retraite des eaux, il cesse d'être public ; il entre ou est susceptible d'entrer dans un autre patrimoine que celui de l'ancien propriétaire : donc ce patrimoine renferme une chose qu'il n'avait pas auparavant, et il acquiert. Comment et au profit de qui s'opère cette acquisition ? Au profit du premier occupant par la prise de possession, quand les riverains sont des fonds limités, parce que le lit desséché est devenu sans maître ; quand au contraire les fonds ne sont point limités, c'est à eux que le lit desséché est acquis « *jure gentium* » ; ce que quelques-uns traduisent par l'*accession*, ce que nous traduisons par l'*occupation,* parce que nous voyons toujours une chose sans maître dans le lit délaissé par le fleuve ; et s'il y avait ici un mode d'acquisition différent de la prise de possession, c'est qu'il appartiendrait au droit civil, et nous l'appellerions *loi.* V. nᵒˢ 448, 506, 507.

§ 21.

86. Qu'arrive-t-il, si une portion de votre terrain détachée par la violence du cours d'eau est entraînée contre le champ voisin ?

Palam est eam tuam permanere, dit Gaius, il est certain que ce terrain reste vôtre (à la condition, bien entendu, qu'il soit reconnaissable) ; et cette réponse, conçue dans les mêmes termes que la L. 7, § 6, *de Adq. rer. dom.,* du même jurisconsulte, dérive également du principe qui conserve au maître la propriété du terrain inondé par les eaux fluviales sans être dénaturé, et repose sur la maxime : *res non extinctæ vindicari possunt.* V. n°s 16 et la note, 475.

87. Notre texte décide ensuite que, si votre morceau de terrain reste attaché au champ voisin pendant un temps plus ou moins long, et que les arbres emportés avec lui finissent par étendre leurs racines dans ce champ, ils sont dès ce moment acquis au voisin. Est-ce que ce voisin acquiert seulement vos arbres, ou bien acquiert-il aussi votre terrain ?

La raison de douter se tire de la différence de rédaction qui existe entre le § 21, des Institutes, et la L. 7, § 2, *de Adq. rer. dom.*, au Dig. : cette loi portant *videtur adquisita*, les uns y voient une acquisition de la portion de terrain, tandis que d'autres voient une acquisition des arbres seuls dans les mots *videntur adquisitæ* du § 21. Ces deux textes sont évidemment copiés l'un sur l'autre avec une différence de quelques lettres; mais, en présence de la paraphrase de Théophile, qui confirme la leçon des Institutes, nous inclinons à adopter cette leçon, qui ne fait acquérir au voisin que les arbres; ce résultat est d'ailleurs plus conforme au principe qui vous maintient tout d'abord la propriété du terrain déplacé et non dénaturé, surtout quand nous voyons le même jurisconsulte Gaius, dans le Com. 2, § 71, de ses Institutes, vous conserver cette propriété sans condition et sans éventualité [1].

Selon nous, en adoptant même la rédaction du Digeste qui accorde le terrain au voisin, celui-ci acquerrait *primâ occupatione* une chose devenue *res nullius* par l'abandon que vous seriez présumé avoir fait en négligeant de maintenir votre possession : car, si vous êtes resté possesseur du terrain déplacé, il est impossible que, dans l'opinion des jurisconsultes, l'enracinement de quelques arbres sur la ligne séparative soit une cause de perte de la propriété de ce terrain, que les principes vrais vous conservent primitivement, malgré le déplacement, l'acquisition par le voisin ne pouvant se comprendre et se justifier que par l'abandon du propriétaire [2]. V. n° 475.

[1] L. 7, *de Adq. rer. dom.*   [2] L. 58, *eod.*

88. Gardons-nous de confondre l'exemple de notre texte avec celui de la L. 9, § 2, *de Damno inf.*, dans laquelle il s'agit d'une couche de terre, qui, en glissant sur un sol incliné, se détache et vient couvrir le fonds inférieur. En s'incorporant à ce dernier, cette couche de terre appartient au même propriétaire conformément au principe : *superficies solo cedit ;* mais il n'y a pas acquisition, le propriétaire ne comptant pas une nouvelle chose dans son patrimoine : il y a modification du sol, pas toujours amélioration profitable ; et si l'ancien propriétaire de cette couche superficielle n'est pas admis à la revendiquer, c'est que la poursuite en est devenue impossible sans léser le droit du propriétaire du sol. V. n⁰ˢ 10, 16 et la note.

§ 22.

89. L'île née dans la mer, étant chose commune, appartient au premier occupant, « *quoniam id quod nullius sit occupantis fit* [1] » ; et il est aisé de comprendre qu'une semblable acquisition ne peut guère profiter qu'à une nation assez puissante pour la conserver. V. n⁰ 4.

90. L'île qui naît dans une rivière publique n'est pas autre chose qu'une alluvion à distance, c'est une portion du lit, souvent accrue par le charriage et qui reprend le dessus des eaux. Cette île est régie par les mêmes principes que l'alluvion et le lit desséché ; par conséquent elle est acquise au premier occupant lorsque les terrains contigus sont limités, et aux propriétaires riverains quand leurs terres sont non limitées [2]. L'île qui occupe le milieu du cours d'eau appartient à ceux qui, sur chaque bord, possèdent des fonds non limités, selon l'étendue de chacun le long de la rive ; que, si l'île se trouve plus près d'un bord sans s'étendre jusqu'au milieu, elle appartient exclusivement aux riverains de ce bord [3] ;

---

[1] L. 30, § 4, *de Adq. rer. dom.*
[2] L. 1, § 6, 7, *de Flum.*

[3] L. 7, § 3, *de Adq. rer. dom.;* Gai., 2, § 72.

c'est-à-dire qu'en traçant une ligne médiane, qui suit le cours
d'eau dans sa longueur et ses sinuosités, les propriétaires riverains prennent la partie de l'île ou l'île entière qui est de
leur côté en dedans de cette ligne[1], « *non pro indiviso communis fit, sed regionibus quoque divisis* [2] ». V. n°s 77-79, 469,
471, 472.

91. Mais si, en se divisant sur un point pour se réunir plus
bas, les eaux fluviales coupent en forme d'île le champ voisin,
ce champ continue d'appartenir au même propriétaire, d'après la maxime : *res non extinctæ vindicari possunt* [3]. V. n° 473.

§ 23.

92. Conformément aux mêmes principes, lorsqu'un cours
d'eau, abandonnant entièrement son lit naturel, vient à couler d'un autre côté, le lit délaissé rentre dans le patrimoine
des riverains qui, sur chaque bord, possèdent des terrains,
proportionnellement à l'étendue de chacun le long de la rive.
Quant au nouveau lit, il suit la condition de la masse d'eau,
il devient public et conserve ce caractère tant qu'il reste submergé ; puis, si après un certain temps les eaux retournent
à leur lit primitif ou prennent un autre cours, le second lit
desséché revient à son tour aux riverains qui possèdent des
fonds sur ses bords [4], sans distinguer s'ils en ont été autrefois propriétaires ou non. V. n°s 77-85, 474.

§ 24.

93. Le cas est bien différent lorsqu'un champ se trouve
inondé en totalité ; ce champ ne perd pas son caractère privé,
même momentanément, sous la masse d'eau, parce que l'inondation ne change point la nature du fonds (*neque cum inundatio fundi speciem commutat*). Aussi ce fonds reste-t-il au

---

[1] L. 7, § 3, *de Adq. rer. dom.*
[2] L. 29, *eod.*

[3] L. 7, § 4, *eod.*, Dig.; L. 1, *de Alluv.*
Cod.
[4] L. 7, § 5, *de Adq. rer. dom.*, Dig.

même maître; et nulle difficulté, non-seulement pour qu'il le reprenne après l'écoulement des eaux [1], mais encore à ce qu'il exerce son droit de propriété durant la submersion, par exemple, en opérant le desséchement, ce qu'un riverain n'a pas le droit de faire sur le cours d'eau public. V. nos 1-13, **476.**

94. Enfin, quant aux étangs et aux lacs, conservant toujours les mêmes limites malgré l'abaissement ou l'élévation de leurs eaux, l'alluvion n'a lieu ni à leur profit ni à leur préjudice : les fonds voisins ne perdent rien en étendue, et réciproquement ils ne gagnent rien [2]. V. nº **477.**

§ 29.

95. Toujours à l'occasion des *res quæ solo continentur*, il y a incorporation toutes les fois que des matériaux ont servi à bâtir sur un terrain, n'importe qu'ils appartinssent ou non au maître du sol, qu'ils aient été volés ou non; ainsi, celui qui bâtit sur son terrain avec les matériaux d'autrui est propriétaire de l'édifice, « *quia omne quod inædificatur solo cedit* [3] ». V. nº 458.

Est-ce à dire que ce constructeur ait fait une acquisition ? Non; il n'a point acquis un édifice, il n'a toujours que son terrain modifié par des constructions, et d'ailleurs ces constructions n'ont jamais été au maître des matériaux [4]. Il n'a pas acquis davantage des matériaux; car, dit notre texte, celui à qui ils appartenaient ne cesse point pour cela d'en être propriétaire; ce qui signifie que le propriétaire du sol est aussi propriétaire de l'édifice en masse « *universitas* », mais non des matériaux considérés isolément « *singulæ res* [5] »; par conséquent, le maître de ces matériaux conserve le droit de les revendiquer, si, en recouvrant un jour leur existence

---

[1] L. 7, § 6, *cod.*

[2] L. 12, pr., *cod.*; L. 24,§ 3, *de Aqua et aquæ.*

[3] L. 7, § 10, *de Adq. rer. dom.*: L. 49, pr., *de Reiv.*

[4] L. 33, *de Condict. indeb.*

[5] L. 7, § 11, *de Adq. rer. dom.*

4.

individuelle assoupie momentanément, ils redeviennent reconnaissables [1]. V. n⁰ **16.**

96. Si la loi des Douze Tables, développée par des dispositions postérieures, défend au maître des matériaux d'exercer
l'action *ad exhibendum* tant qu'ils sont incorporés au bâtiment,
si elle s'oppose à ce qu'il fasse démolir [2], c'est pour protéger
le constructeur contre une perte trop considérable, la circu-
lation contre les dangers des projectiles, l'art monumental et
l'aspect des villes contre la destruction « *ne ruinis urbs defor-
metur* » [3]. Mais en échange, les Douze Tables offrent au
maître dépossédé l'action de *tigno juncto*, qui le met à même
de faire condamner le constructeur, quel qu'il soit, à lui payer
le double de la valeur des matériaux [4]. En exerçant cette
action, il renonce à son droit de propriété; en ne l'exerçant
pas, il pourra toujours faire exhiber, puis revendiquer les
matériaux quand ils seront revenus *ad rudem materiam* par la
chute ou la démolition de l'édifice [5]; il a en outre, dans tous
les cas, l'action *furti* contre le constructeur qui s'est rendu
coupable de vol [6]. Enfin, toutes les fois que le constructeur a
agi de mauvaise foi, le maître des matériaux, au lieu d'exercer
l'action de *tigno juncto*, peut agir *ad exhibendum*, non pour le
forcer à démolir, mais pour le faire condamner à une réparation pécuniaire [7]. V. n⁰ **462.**

§ 30.

97. Si, à l'inverse, quelqu'un avec ses matériaux construit
une maison sur le sol d'autrui, cette maison appartient également au propriétaire du sol, *quia superficies solo cedit* [8]. Mais
en ce qui concerne la reprise des matériaux ou l'indemnité

---

[1] L. 23, § 7, *de Reiv.*
[2] L. 7, § 10, *de Adq. rer. dom.* —V.
L. 63, *de Don. inter. vir. et ux.*
[3] L. 7, *Ne quid in loc. publ.*; L. 1,
pr., *de Tign. junct.*; L. 52, *de Contr.
empt.*; L. 41, § 1, *de Legat.* 1, Dig.; L. 2,
de Ædif. priv., Cod. La même prohibition
s'appliquait aux échalas des vignes, *ne
« vinearum cultura turbetur* » (L. 1. pr.,
de Tign. junct., Dig.).

[4] L. 6, *Ad exhib.*: L. 7, § 10, *de Adq.
rer. dom.*; L. 1, *de Tign. junct.*—V. Cujac., *Ad tit. de Tigno junct.*
[5] Instit. Just., *h.* §.
[6] L. 54, § 3, *de Furt.*
[7] L. 23, § 6, *de Reiv.*; L. 1, § 2, *de
Tign. junct.*; L. 3, § 11, *Ad exhib.*
[8] Gai., 2, § 73; L. 7, § 12, *de Adq.
rer. dom.*; L. 33, *de Condict. indeb.*

due à leur occasion, il faut aller plus loin que le texte, il faut distinguer entre le constructeur qui savait et celui qui ne savait pas que le terrain fût à autrui, entre le constructeur qui possède et celui qui ne possède pas ce terrain.

98. Lorsque le maître des matériaux a bâti sans savoir que le terrain fût à autrui, et qu'il continue à posséder, le propriétaire du sol qui revendique la maison doit lui offrir le prix des matériaux et de la main-d'œuvre, si la plus-value du terrain atteint le chiffre de la dépense, ou seulement la plus-value, si elle est inférieure [1]; sinon le constructeur lui opposera qu'il est de mauvaise foi, et le repoussera victorieusement par l'exception de dol [2]. V. nos **460, 464.**

99. Quand, au contraire, le maître des matériaux a bâti sciemment sur le fonds d'autrui, rigoureusement il en perd pour toujours la propriété, parce qu'il est censé les avoir gratuitement aliénés au profit du maître du terrain [3], qu'il est d'ailleurs en faute d'avoir témérairement bâti sur un sol qu'il savait n'être pas à lui, et il n'a aucune action ni exception pour se faire indemniser ou reprendre les matériaux, soit qu'il possède, soit qu'il ne possède pas le terrain [4].

Telle est la rigueur du principe exposé dans les Institutes; mais cette sévérité avait été adoucie dès avant Justinien par diverses décisions des jurisconsultes et des empereurs, qui permettent au constructeur de mauvaise foi de revendiquer ses matériaux après la démolition, s'il n'est prouvé qu'il ait bâti « *donandi animo* [5] », qui obligent le propriétaire, revendiquant le fonds, à indemniser ce constructeur des dépenses nécessaires qu'il a faites [6], et qui accordent à ce dernier l'exception de dol, si le propriétaire ne lui laisse pas enlever tout ce qui peut l'être sans dégradation, ou ne lui en offre pas la valeur vénale [7]. V. nos **18, 461, 464.**

100. Puis, quand le maître des matériaux a construit de

---

[1] L. 38, de Reiv.
[2] L. 7, § 12, de Adq. rer. dom.: L. 14, de Dol. mal.
[3] L. 39, de Reiv.
[4] L. 7, § 12, de Adq. rer. dom.

[5] L. 2, de Reiv., Cod.; L. 59, eod., Dig.
[6] L. 5, eod., Cod.
[7] L. 37, 38, eod., Dig.; L. 5, eod., Cod.

bonne foi, et que c'est le propriétaire du sol qui possède, ce constructeur n'a rigoureusement que le droit de revendiquer les matériaux après la démolition [1]; mais il va sans dire qu'il profite des adoucissements qui ont été introduits en faveur du constructeur de mauvaise foi [2]. V. n° 460.

101. Ajoutons que le constructeur n'a jamais la *condictio*, à raison des matériaux qu'il a placés sur le terrain d'autrui, parce qu'aucune opération n'a été faite entre le maître et lui « *quia nullum negotium contraheretur* » ; que, même en livrant la possession de l'édifice au maître du terrain, le constructeur ne lui transmet aucune propriété « *quia nihil accipientis faceret, sed suam rem dominus habere incipiat* ». Telle est la disposition textuelle de la loi 33, *de Condict. indeb.*, au Dig., qui exclut bien évidemment toute idée d'acquisition dans l'espèce. Ce constructeur n'a pas davantage l'action *de tigno juncto* [3].

§ 31.

102. Quel est le sort de l'arbre planté dans le terrain d'autrui ? Les jurisconsultes Varus, Nerva, Paul et Gaius sont tombés d'accord qu'il appartient au propriétaire de ce terrain, du moment où il y a pris racine [4], en s'arrêtant à la pensée que la nouvelle alimentation de cet arbre est une cause de transformation, « *nam credibile est alio terræ alimento aliam factam* [5] ». V. n° 104.

Justinien consacre cette opinion. Par conséquent, si Titius a mis dans son terrain la plante de Mævius, elle lui appartient ; si, en sens inverse, il a mis sa plante dans le terrain de Mævius, elle appartient à Mævius ; pourvu, dans l'un et l'autre cas, qu'elle ait pris racine ; car, jusque-là, elle reste au même maître, « *plantæ quæ terra coalescunt solo cedunt* [6] ». V. n° 462.

103. D'après cela, si l'arbre du voisin envahit le fonds de

---

[1] L. 48, *de Reiv.*; L. 33, *de Condict. indeb.*; L. 14, *de Dol. mal.*
[2] L. 37, 38, *de Reiv.*, Dig.; L. 2, 5, *eod.*, Cod.
[3] Tit., *de Tign. junct.*, Dig.

[4] L. 7, § 13; L. 26, § 2, *de Adq. rer. dom.*; L. 5, § 3, *de Reiv.*; Gai., 2, § 74.
[5] L. 26, § 2, *de Adq. rer. dom.*
[6] L. 9, pr., L. 26, § 2, *cod.*

Titius en y portant toutes ses racines, il accroît à ce dernier fonds [1]; et conséquemment l'arbre placé près des limites séparatives devient commun, dès que ses racines s'étendent partiellement dans le champ de Titius. Tel est l'avis professé par Gaius et adopté ici par Justinien [2], contrairement à l'opinion de Pomponius, qui maintenait la propriété entière au maître du terrain d'où sort le tronc [5].

104. N'en concluons pas que le maître du sol fasse une *acquisition* dans le sens propre du mot, qu'il acquière la plante, il ne fait que conserver son terrain accru d'un arbre, sans avoir une chose de plus dans son patrimoine; si la propriété échappe à l'ancien maître, c'est que l'arbre primitif est *res extincta* par l'effet de sa transformation, qu'il ne reviendra jamais à son premier état [4]. V. n°s 11, 12, 463.

§ 32.

105. Le principe qui attribue au propriétaire du sol la propriété des plantes qui s'y incorporent en prenant racine, lui attribue également les grains qu'on y a semés, du moment qu'ils poussent leur germe [5]. V. n°s 11, 12, 406 et la note.

106. Du reste, en ce qui concerne la reprise des arbres, des plantes, des semences, ou l'indemnité due à leur occasion, il faut distinguer entre celui qui a planté dans son terrain ou dans le terrain d'autrui, entre celui qui a agi de bonne ou de mauvaise foi, entre celui qui possède ou ne possède pas.

Quand Titius a planté ou ensemencé, sans savoir que le terrain fût à autrui, et que Titius possède, le propriétaire qui revendique son terrain doit lui offrir le prix des plantes et de la main-d'œuvre, si la plus value atteint le chiffre de la dépense, et seulement la plus-value, si elle est inférieure [6], sinon il sera repoussé par l'exception de dol [7]. V. n°s 460, 464.

---

[1] L. 5, § 3, *de Reiv.*
[2] L. 7, § 13, *de Adq. rer. dom.*; Gai., 2, § 74.—V. art. 672, 673, Cod. Nap.
[3] L. 6, § 2, *de Arb. furt. cæs.* — V. art. 673, Cod. Nap.

[4] L. 26, § 2, *de Adq. rer. dom.*
[5] L. 9, pr., *cod.*; L. 25, *de Usur.*; Gai., 2, § 75.
[6] Gai., 2, § 76; L. 38, *de Reiv.*
[7] L. 9, pr., *de Adq. rer. dom.*

107. Quand, au contraire, Titius savait que le fonds était à autrui, il a rigoureusement perdu la propriété des arbres, étant censé les avoir gratuitement aliénés au profit du maître du terrain, et il n'a ni action ni exception pour se faire indemniser, soit qu'il possède, soit qu'il ne possède pas [1]. Mais par adoucissement il lui est permis, s'il n'a planté *donandi animo*, de revendiquer l'arbre qui n'a pas encore pris racine et qui peut être enlevé sans détérioration, à moins qu'on ne lui en offre la valeur [2], ou de repousser par l'exception de dol le propriétaire qui, avant ou après l'enracinement, réclame son terrain sans lui offrir le remboursement des dépenses nécessaires [3]. V. nᵒˢ **461, 464.**

108. Enfin, quand Titius a mis dans son terrain la semence ou la plante d'autrui, celui-ci peut la faire exhiber et la revendiquer tant qu'elle n'a point pris racine [4]; après l'enracinement il a, pour se faire indemniser, l'action *in rem* utile [5]. En cas de vol, il peut, à son choix, exercer, avant l'enracinement, soit la *rei vindicatio* et l'action *furti*, soit la *condictio* et l'action *furti* [6], après l'enracinement, soit l'action *in rem* utile et l'action *furti*, soit la *condictio* et l'action *furti* [7]. Mais à la place de la *condictio*, le premier maître de la plante peut exercer l'action *ad exhibendum*, pour se faire indemniser avant comme après l'enracinement, toutes les fois qu'il y a mauvaise foi chez celui qui a planté [8]. V. nᵒˢ **11, 12, 406, 460, 464.**

109. Ajoutons que le propriétaire d'une plante n'a jamais d'action analogue à celle *de tigno juncto*; il a l'action *in rem* directe avant l'enracinement, et l'action utile après l'enracinement [9]; par conséquent, même après sa chute, l'arbre qui a pris racine ne revient à son premier maître dans aucun cas, parce qu'on le considère comme un autre arbre composé de nouvelles substances [10]. V. nᵒ **12.**

---

[1] L. 7, § 12, *eod.*
[2] L. 2, 5, *de Reiv.*, Cod.; L. 37, 38, *eod.*, Dig.
[3] L. 5, *de Reiv.*, Cod.
[4] L. 5, § 3; L. 23, § 5, *de Reiv.*
[5] L. 5, § 3, *eod.*

[6] L. 54, § 3, *de Furt.*; Paul., 2, sent. 31, § 13.
[7] *Ibid.*; L. 5, § 3, *de Reiv.*
[8] L. 5, 7, *Ad. exhib.*
[9] L. 5, § 3, *de Reiv.*
[10] L. 26, § 2, *de Adq. rer. dom.*

§ 25.

110. Toutes les fois qu'une chose nouvelle est créée par la transformation de la matière, ce qui arrive ordinairement quand la chose prend un nouveau nom, il y a *species aliqua facta* [1] par une opération que les commentateurs ont nommée *spécification*. Si le spécificateur a ainsi métamorphosé sa propre matière, nulle difficulté : il est propriétaire du nouvel objet, comme premier occupant d'une chose qui n'avait pas de maître, « *quia quod factum est anteà nullius fuerat* [2] », indépendamment de la légitimité de son droit antérieur sur la matière première. V. n° 12, 482, 502.

111. Mais lorsqu'avec la matière d'autrui, quelqu'un a fait en son propre nom une chose nouvelle « *cùm quis ex alienâ materiâ speciem aliquam suo nomine fecerit* », lequel en est propriétaire, d'après le droit naturel, ou de celui qui l'a confectionnée, ou du maître de la matière ? Par exemple, on a fait du vin, de l'huile, avec le raisin, les olives d'autrui, un vase avec l'or, l'argent ou l'airain d'autrui, du mulsum en mêlant le vin et le miel d'autrui; ou bien avec les médicaments d'autrui on a préparé un emplâtre, un collyre, avec la laine d'autrui on a fait un vêtement, avec les planches d'autrui on a construit un navire, fabriqué une armoire, un siége; tous exemples dans lesquels il y a changement de forme, changement de nom : *quid juris* [3] ?

Cette question a engendré de longues discussions parmi les jurisconsultes; elle a soulevé une grave controverse parmi les Sabiniens et les Proculéiens (*multam Sabinianorum et Proculianorum ambiguitatem* [4]). Les deux écoles étaient bien d'accord sur la maxime : *res extinctæ vindicari non possunt*, mais elles différaient sur son application. Les Proculéiens, s'attachant surtout à la forme substantielle et caractéristique des

---

[1] Instit. Just., h. §.
[2] L. 7, § 7, de Adq. rer. dom.
[3] Ibid.: L. 30, 31, de Don. inter.

vir. et ux.; L. 30, § 4, de Adq. vel am. poss.
[4] Instit. Just., h. §.

choses, à la forme déterminative de leur destination individuelle, n'hésitaient pas à décider qu'une chose était éteinte
dès qu'elle avait changé de forme, et ils attribuaient le nouvel objet au spécificateur, « *quia quod factum est anteà nullius
fuerat* [1] ». Les Sabiniens, au contraire, considérant que la
forme n'a point d'existence propre et indépendante, attribuaient le produit de la spécification au maître de la matière,
comme si l'objet primitif eût continué de subsister tant que
la matière existait sous une forme quelconque, « *quia sine
materiá nulla species effici possit* [2] ». V. nᵒˢ 11, 12, 482.

Il est aisé de voir que ce raisonnement cachait deux doctrines opposées : d'après les Proculéiens, souvent progres-
sistes, la matière devait accéder à la forme et à l'industrie ;
tandis que, suivant les Sabiniens, plus matérialistes et plus
stationnaires, la matière devait l'emporter sur la forme et
l'industrie. Puis chacune de ces doctrines résolvait différem-
ment la question de savoir lequel est le principal, lequel
est l'accessoire, du travail ou de la matière. V. nᵒˢ 493,
494.

Plus tard prévalut une distinction (*media sententia*), qui
trancha la controverse des deux écoles, tout en se rapprochant
davantage de l'opinion des Sabiniens : on admit que, si le
nouvel objet pouvait revenir à son état primitif (*ad materiam,...
ad rudem massam*), il appartiendrait au maître de la matière,
que, s'il ne pouvait être ramené à son premier état, cet objet
appartiendrait au spécificateur ; ainsi, un vase fondu pouvant
redevenir lingot d'airain, d'or ou d'argent, est au maître de
la matière, tandis que le vin et l'huile ne pouvant redevenir
raisins ni olives, le mulsum ne pouvant se décomposer en vin
et en miel, ils appartiennent au spécificateur [3]. Cette distinction, qui n'est pas autre chose qu'une transaction avec

---

[1] L. 7, § 7, L. 26, *de Adq. rer. dom.*
[2] L. 7, § 7, *cod.;* Gai., 2, § 79; L.
14, § 3, *de Condict. furt.;* L. 61, *de Reiv.;*
L. 6, § 4, *de Act. empt.*—En d'autres termes, les Sabiniens invoquaient ici l'un des

principes de leur école : *forma dat esse rei.*
[3] Pothier, dans son *Tr. du dr. de
dom. de propr.*, part. 1, ch. 2, sect. 3,
critique cette solution, en tant qu'elle est
avancée par le jurisconsulte Gaius.

les principes, a été consacrée par Justinien dans le § 25 du titre de *Div. rer.*, de ses Institutes, et dans la L. 7, § 7, *de Adq. rer. dom.*, au Dig. [1]. V. n°s 493-495.

Tel est le résultat quand le nouvel objet a été confectionné sans le consentement du maître de la matière, n'importe que le spécificateur ait été de bonne ou de mauvaise foi, qu'il ait trouvé la matière première ou l'ait soustraite [2]; de manière que le voleur même devient maître du mulsum qu'il a composé avec votre miel et votre vin, « *quia quod factum est anteà nullius fuerat* [3] »; mais à titre de réparation, celui qui a été dépouillé a contre le voleur l'action *ad exhibendum* ou la *condictio furtiva*, indépendamment de l'action *furti* [4].

112. Si, au contraire, le maître de la matière a consenti à sa transformation, il faut consulter l'intention commune, voir si une société a été établie entre le spécificateur et lui, s'il y a eu vente de la matière, louage d'industrie [5]; et lorsqu'il résulte de cet examen que le nouvel objet leur appartient en commun, chacun d'eux a l'action *communi dividundo* pour en faire opérer le partage [6]. V. n°s 497, 499.

113. La spécification et la confusion ont beaucoup de ressemblance, lorsqu'avec sa matière et celle d'autrui quelqu'un a fait un nouvel objet (ce qu'on appelle *confusion* ou *mélange*), par exemple de l'œnomel avec son vin et le miel

---

[1] Cette L. 7, tirée de l'ouvrage de Gaius, *Rerum cottidianarum seu aureorum*, mentionne textuellement la distinction *media sententia*, qui finit par prévaloir, tandis que ce jurisconsulte ne fait qu'indiquer la controverse dans le § 79, du Com. 2, de ses Institutes; ce qui laisse à penser que cette distinction fut admise dans les dernières années de la vie de Gaius, vers la fin du ii° siècle de l'ère chrétienne. Notre conjecture peut s'appuyer sur la L. 12, § 1, *de Adq. rer. dom.*, de Callistrate, qui écrivait au commencement du iii° siècle. Et néanmoins, on voit encore percer dans l'avenir des traces de l'ancienne controverse, comme le montrent la L. 4, § 20, *de Usurp.*, et la L. 12, § 3, *Ad exhib.*, de Paul, qui florissait vers le milieu du iii° siècle.

Le peu de connaissances des Romains dans la chimie et la métallurgie a dû exercer une grande influence sur les discussions auxquelles se sont livrés les jurisconsultes, touchant la propriété des choses formées par la conversion de matières premières; et l'on peut croire qu'ils auraient moins controversé si ces sciences eussent été plus avancées (V. L. 5, § 1, *de Reiv.*; L. 12, *de Adq. rer. dom.*).

[2] Gai., 2, § 79; L. 7, § 7, *de Adq. rer. dom.*

[3] L. 7, § 7, *cod.*

[4] L. 23, § 5, *de Reiv.*; Gai., 2, § 79; Instit. Just., § 5, 19, *de Oblig. quæ ex delict. nasc.*, § 15, *de Action.*

[5] L. 25, *de Adq. rer. dom.*

[6] L. 2, pr., *Comm. divid.*

d'autrui, un emplâtre ou un collyre avec ses médicaments et
ceux d'autrui, un vêtement avec sa laine et celle d'autrui, s'il
l'a confectionné de sa seule autorité, le spécificateur en est seul
propriétaire, « *quoniam suam speciem pristinam non continet* [1] ».
Cette solution n'est pas douteuse (*dubitandum non est*), dit
notre texte, puisque le spécificateur a fourni non-seulement
son travail, mais encore une partie de la matière [2]; et cependant cela n'est vrai que quand les matières confondues
ensemble ne peuvent pas revenir *ad pristinam materiam*, car,
si elles peuvent y revenir, le maître évincé a le droit de faire
séparer et reprendre la sienne, « *quia utraque materia, etsi con-
fusa, manet tamen* [3] ». V. nᵒˢ **482, 491.**

§ 27.

114. Il en est autrement quand les deux maîtres ont volontairement confondu leurs matières : qu'elles soient ou
non de même espèce, que la séparation soit facile ou non,
le nouvel objet est commun entre eux, et leur est acquis à
tous deux en même temps, *tanquam primi occupantes*, parce
qu'il n'appartenait auparavant à personne, par exemple, s'ils
ont mélangé leurs vins, fondu ensemble des lingots d'or ou
d'argent, s'ils ont avec du vin et du miel fait de l'œnomel,
avec de l'or et de l'argent de l'électrum [4]. V. nᵒˢ **491, 497.**

Si la confusion de substances semblables ou différentes est
due au hasard, *idem juris esse placuit*, dit notre texte [5], on
est tombé d'accord que le nouvel objet est commun entre
les divers propriétaires; ce qui est vrai seulement lorsque
les substances ne peuvent pas revenir *ad rudem materiam*, autrement chacun peut faire séparer les matières et revendiquer la sienne [6]. V. nᵒ **497.**

Dans l'un et l'autre cas, le nouvel objet devenu commun

---

[1] L. 5, § 1, *de Reiv.*
[2] Instit. Just., *h. §.*
[3] L. 5, § 1, *de Reiv.*: L. 12, § 1, *de Adq. rer. dom.*

[4] L. 7, § 8, *de Adq. rer. dom.*
[5] L. 7, § 9, *eod.*
[6] L. 12, § 1, *eod.*

appartient aux propriétaires à proportion de la quantité que chacun a fournie [1] ou de sa valeur [2]. V. n° 498.

115. Notons enfin que le spécificateur est toujours celui qui a fait ou fait faire la nouvelle chose pour lui-même, et non celui qui a travaillé comme ouvrier ou comme artiste [3].

§ 28.

116. On ne fait point du froment avec des épis; le battage du blé en détache les grains, sans qu'il y ait *species aliqua facta;* cette opération ne change point la substance du froment, ainsi que Gaius le fait fort bien remarquer [4]; elle n'en change pas non plus le nom. C'est donc inexactement qu'on en a parlé, dans le § 25 de notre titre, comme d'une spécification; et sans aucun doute, d'après le droit naturel, le froment continue d'appartenir au maître des épis.

117. Lorsque le froment de Titius a été mêlé au vôtre, il s'opère un rapprochement, nommé *mélange*, qui n'empêche pas chaque grain de conserver sa substance, sa forme et son nom primitif (*singula corpora in suâ substantiâ durant*); de même que les brebis de deux troupeaux mêlées ensemble conservent chacune son existence individuelle; et la revendication est possible, conformément à la maxime : *res non extinctæ vindicari possunt*. Si donc le mélange a été opéré par le hasard ou par Titius, sans votre volonté, et que l'un de vous retienne la totalité du froment, l'autre a la *rei vindicatio* pour réclamer ce qui est à lui [5]; mais comme il lui est impossible de reprendre identiquement chaque grain de blé, puisqu'il n'est plus reconnaissable, il entre dans l'*arbitrium judicis* d'apprécier, selon la quantité du froment de chacun (*pro modo frumenti*) et suivant la qualité, quelle mesure le possesseur doit restituer au réclamant s'il veut éviter une

---

[1] L. 3, § 2, *de Reiv.*
[2] L. 4, *eod.*
[3] L. 7, § 7, L. 25, 27, § 1, *de Adq.*

rer. dom.; L. 31, pr., § 1, *de Don. inter. vir. et ux.*
[4] L. 7, § 7, *de Adq. rer. dom.*
[5] Instit. Just., *h. §;* L. 5, pr., *de Reiv.*

condamnation pécuniaire [1]. Si au contraire le mélange a été fait avec votre consentement mutuel, le tas de blé devient commun entre vous par une sorte de tradition réciproque, et vous avez l'un contre l'autre l'action *communi dividundo* pour en faire opérer le partage [2]. V. nᵒˢ 490, 498.

§ 26.

118. Entre le mélange et l'adjonction il n'y a pas plus de différence qu'entre le mélange et la spécification. L'union de deux corps solides peut être telle que leur séparation individuelle soit possible, l'un n'ayant pas absorbé l'autre ; c'est ce que l'on nomme *adjonction*. Justinien donne pour exemple le cas où quelqu'un a cousu à son manteau la pourpre d'autrui : il n'y a pas spécification, création d'une chose de nouvelle espèce, comme dans le cas de confection d'un vêtement avec la laine d'autrui, le manteau ne change pas de nom, la pourpre ne change pas de substance, et, quoique plus précieuse, elle suit le manteau [3] ; de même, quand vous avez enchâssé le diamant d'autrui dans une coupe d'or, le diamant accède au vase, « *ei enim cedit cujus major est species* », il en devient l'accessoire « *rei ornandæ causâ* [4] » ; de même encore quand des emblèmes en or rehaussent un vase d'argent, c'est l'or qui accède à l'argent comme complément du vase, « *quoniam argento cedit, quod ad speciem argenti junctum est* [5] ». Mais en général, pour distinguer laquelle est accessoire de deux matières réunies en un seul objet, il faut en considérer la physionomie, juger à la vue et d'après l'usage auquel l'employait le père de famille, « *visu atque usu rei consuetudinis patrisfamilias* [6] ». V. nᵒˢ 482, 485, 486.

119. Notre § 26 ajoute que, si sa pourpre lui a été volée, l'ancien maître a l'action *furti* et la *condictio* pour se faire indemniser, n'importe que le manteau ait été fait par le vo-

---

(1) Instit. Just., *h.* §; L. 4, *de Rciv.*   (4) L. 19, § 13, *de Aur. arg.*

(2) L. 5, pr., *cod.;* Instit. Just., *h.* §.   (5) L. 19, § 5, *cod.*

(3) Instit. Just., *h.* §.   (6) L. 29, § 1, L. 32, § 5, *cod.*

leur ou par tout autre, « *nam extinctæ res, licet vindicari non possint, condici tamen a furibus et quibusdam aliis possessoribus possunt* [1] » .

Quel est le sens de cette dernière proposition ?

C'est que, par l'action *furti*, le maître de la pourpre fera condamner le voleur à lui payer à titre de peine deux ou quatre fois *quanti suá interest* [2], qu'il obtiendra, en outre [3], la restitution de la pourpre ou la plus haute valeur qu'elle a eue depuis le fait du vol, en agissant par la *condictio furtiva* contre le voleur [4], ou par la *condictio* contre quelques autres possesseurs (*et quibusdam aliis possessoribus*), c'est-à-dire contre les héritiers et les autres successeurs du voleur [5]; mais il a le choix entre la *condictio* et l'action *ad exhibendum* [6].

120. Les commentateurs critiquent généralement l'application, faite par Justinien, de la maxime : *extinctæ res* à la pourpre cousue au manteau, parce que cette pourpre n'est pas éteinte. Cette critique est-elle fondée ?

Oui assurément ; et voici, ce nous semble, d'où vient la confusion. Justinien a puisé l'exemple de la pourpre cousue au manteau dans la L. 7, § 2, *Ad exhibend.*, au Dig., qui permet au maître de faire exhiber sa pourpre non dénaturée et non éteinte ; puis il fait suivre cet exemple d'une règle empruntée au § 79, Com. 2, des Instit. de Gaius, qui appliquait cette règle à divers cas où la chose accessoire était dénaturée et éteinte. Ce rapprochement est donc illogique, et l'on chercherait en vain à ramener à un même ordre d'idées les deux fragments accolés l'un à l'autre par Justinien. Pour rester dans le vrai et d'accord avec les principes,

---

[1] Instit. Just., *h.* ; L. 46, pr., *de Furt.*

[2] L. 27, 46, § 2 ; L. 80, § 1, *cod.*—V. L. 50, *cod.*

[3] L. 54, § 3, *cod.*; L. 7, § 1, *de Condict. furt.*

[4] L. 7, § 2, *cod.*; Instit. Just., § 19, *de Oblig. quæ ex delict.*

[5] Théoph., *Paraphr.* (trad. franç., par B. J. Legat).—Quelques éditions des Institutes portent : *et quibusque aliis possessoribus*; ce qui signifierait que la *condictio* s'exerce contre le voleur et contre tous possesseurs. Mais le mot *quibusdam* se trouve lisiblement écrit dans le manuscrit des Institutes de Gaius, Com. 2, § 79.

[6] L. 7, § 3, *de Condict. furt.*

disons que la pourpre cousue étant susceptible de revenir *ad rudem materiam*, le maître la revendiquera si elle vient à être détachée du manteau ; si, au contraire, ayant été tissée avec le manteau, la séparation est impossible, le maître n'aura plus la revendication, d'après la règle : *extinctæ res vindicari non possunt...;* et pour faire détacher la pourpre ou seulement essayer de la faire détacher, il peut, dans tous les cas, agir par l'action *ad exhibendum* contre tout détenteur, tant qu'il n'a pas opté pour la *condictio* [1]. V. n° 487.

§ 33.

121. Tous les jurisconsultes romains s'accordent à décider que l'écriture, fût-elle en lettres d'or, suit immédiatement le parchemin, de même que les constructions cèdent au sol. Si donc Titius écrit sur votre papier ou votre parchemin des vers, une histoire ou un discours, c'est vous qui serez propriétaire du manuscrit et non Titius ; vous pourrez revendiquer votre papier ou votre parchemin, en ayant soin d'offrir à Titius les frais d'écriture, autrement il vous repoussera par l'exception de dol s'il possède de bonne foi et non s'il possède de mauvaise foi ; que, si c'est vous qui possédez, Titius n'a droit à aucune indemnité, n'importe qu'il ait su ou ignoré que vous étiez propriétaire [2]. V. n° 496.

L'écriture ne pouvant pas être séparée du parchemin, il est évident que cet exemple participe tout à la fois de la spécification, de l'adjonction et de la confusion. Dans ce cas particulier les jurisconsultes romains oubliaient que l'écrivain avait fourni son travail, son intelligence et une partie de la matière, pour s'attacher à ce fait, que le parchemin n'est point *res extincta* sous l'écriture, et que chacun de ces deux éléments ne peut pas revenir *ad pristinam materiam;* puis ils étayaient

---

[1] L. 23, § 5, *de Reiv.*—V. L. 2, § 6. *Vi bon. rapt.*

[2] Gaï., 2, § 77 ; L. 9, § 1, *de Adq. rer. dom.;* L. 3, § 14, *Ad exhib.*—Pothier critique avec raison la décision des jurisconsultes romains, dans son *Tr. du dr. de dom. de propr.*, part. 1, sect. 3, art. 5.

là-dessus une règle secondaire, suivant laquelle, de deux choses inséparables, celle qui peut continuer de subsister par elle-même est principale, attire et retient, comme accessoire, celle qui ne peut exister sans elle, « *necesse est ei rei cedi quod sine illá esse non potest* », et de là ils concluaient que l'écriture cède au parchemin [1]. V. n° 496.

Il va sans dire qu'il s'agit ici de la propriété des signes calligraphiques, et non de la propriété intellectuelle. V. n° 425.

§ 34.

122. Les jurisconsultes ont controversé sur le point de savoir à qui appartient le tableau qu'un artiste a peint sur la planche d'autrui; et cette question s'est ressentie tout naturellement de la controverse qui divisait les Sabiniens et les Proculéiens, touchant la spécification; les uns attribuaient la peinture au maître de la planche, *quia* « *necesse est ei rei cedi quod sine illá esse non potest* », tandis que d'autres l'attribuaient au peintre « *propter pretium picturæ* » [2].

D'où peut naître la raison de douter, en présence de l'opinion unanime adoptée pour l'écriture ? Elle vient évidemment de ce que la peinture, en modifiant la planche, en fait *species nova*, change sa forme et son nom, tandis que, sous l'écriture, le parchemin est à peine altéré et ne change pas de nom; elle vient principalement de ce que la valeur de la peinture l'emporte sur celle de la planche comme objet d'art et de commerce, tandis que, au point de vue des Romains, l'écriture n'a par elle-même qu'une valeur modique.

Dans le ii° siècle, l'opinion la plus accréditée attribuait le tableau au peintre [3], bien que Gaius avouât qu'il ne voyait pas de raison suffisante pour justifier cette différence avec l'écriture [4]; puis un siècle plus tard, Paul, adoptant le sentiment de Gaius, n'hésite pas à attribuer la peinture au

---

[1] L. 23, § 3, *de Reiv.* — V. de Fresquet, t. 1, p. 281.
[2] L. 23, § 3, *de Reiv.*

[3] L. 9, § 2, *de Adq. rer. dom.*
[4] Gai., 2, § 78.

maître de la toile [1]. Mais Justinien tranche la controverse
en décidant que la planche cède à la peinture : il serait ridi-
cule, dit-il, qu'un tableau d'Appelles ou de Parrhasius suivît
comme accessoire la plus vile planche [2]. Dès lors, il faut distinguer par qui le tableau est possédé.

123. Quand le maître de la planche a la possession, le
peintre peut revendiquer le tableau, en ayant soin d'offrir au
possesseur la valeur de la planche, autrement ce dernier lui
objectera sa mauvaise foi et le repoussera victorieusement par
l'exception de dol. Si c'est, au contraire, le peintre qui possède, l'équité veut qu'on donne contre lui au maître de la
planche une action utile, qui le mette à même de réclamer la
planche, en ayant soin d'offrir le prix de la peinture, s'il veut
éviter que le peintre le repousse par l'exception de dol.

De cette manière, le peintre a la revendication directe,
pour contraindre le maître de la planche à lui rendre le
tableau qu'il possède, à la condition de lui payer la planche.
Réciproquement, le maître de la planche a la revendication
utile, c'est-à-dire indirecte, pour obtenir du peintre, possesseur, la planche ou sa valeur : il ne revendique pas le tableau,
il revendique sa planche, et il doit offrir le prix de la peinture pour éviter l'exception de dol ; mais la propriété du tableau donnant régulièrement au peintre seul le droit de le
conserver, il a l'option d'accepter le prix de la peinture qui
lui est offert et de rendre la planche ou bien d'indemniser le
maître de la planche et de garder le tableau ; et il appartient
au juge de fixer l'indemnité en vertu de l'*arbitrium*, qui lui
confère un pouvoir discrétionnaire à cet égard. C'est ainsi
que se trouve justifiée la présence dans une même cause de
la même action accordée alternativement aux deux adversai-
res, à l'un pour lui assurer la propriété et la possession de
son tableau, à l'autre pour lui faire avoir une indemnité convenable ; ce qui prouve que la *rei vindicatio utilis* n'est ici

---

[1] L. 23, § 3, *de Reiv.* | [2] Instit. Just., *h. s.*

qu'une fiction, imaginée par les jurisconsultes pour concilier les deux intérêts.

Telle est la solution admise pour le cas où le peintre a été de bonne foi ; que si au contraire il a détourné la planche, il encourt les peines du vol avec toutes ses conséquences légales [1]. V. n° 496.

124. Quel serait enfin le sort du tableau qu'un artiste aurait peint sur une colonne ou sur un plafond ?

Nul doute que cette peinture appartiendrait au maître de l'édifice, qu'elle y accéderait *ornandæ causâ* [2]. V. n° 496 et la note.

125. De la règle suivant laquelle personne ne doit s'enrichir aux dépens d'autrui, il faut tirer la conséquence que, dans tous les cas où le propriétaire de la chose principale la revendique contre le propriétaire de la chose accessoire qui a la possession du tout, ce dernier peut le repousser par l'*exceptio doli*, si le premier n'offre de lui rembourser le prix de ce qui a accédé [3]. V. n°ˢ 486, 490, 492, 493, 495, 500, 501.

126. Règle générale : quand le maître d'une chose n'a pas adhéré à sa transformation ou à son union avec un autre corps, il peut agir par l'action *ad exhibendum* tant qu'il n'a pas exercé la *condictio*; si l'exhibition a lieu, que le nouvel objet revienne *ad rudem materiam* ou que l'union cesse sans altération notable, le maître obtient l'action *in rem* pour revendiquer sa chose [4] ; si au contraire, par le dol ou la faute du défendeur, l'exhibition n'a pas lieu, ce dernier est condamné à payer au demandeur *quanti suâ interest* [5]. Par l'action *ad exhibendum*, le maître dépouillé peut donc arriver à la *rei vindicatio* ou obtenir une indemnité qui excède la valeur de sa chose, tandis que par la *condictio* il n'obtient jamais plus que la valeur [6], sans pouvoir, bien entendu, cumuler ces deux actions.

---

[1] L. 9, § 2, *de Adq. rer. dom.*
[2] L. 17, § 3, *de Act. empt.*; L. 19, § 13, *de Aur. arg.*; L. 38, *de Reiv.*
[3] L. 23, § 4, *cod.*

[4] L. 23, § 5, *cod.*; L. 7, § 1, *de Condict. furt.*
[5] L. 5, 7, *Ad exhib.*
[6] L. 7, § 1, *de Condict. furt.*

127. D'importantes raisons peuvent néanmoins empêcher l'exercice de l'action *ad exhibendum* ; la L. 23, § 5, *de Reiv.*, au Dig., en fournit un exemple. Paul suppose qu'un bras étranger a été ajouté à ma statue par l'opération de la *ferruminatio*, c'est-à-dire sans soudure, ou plutôt sans interposition d'un autre métal, et il décide que ce bras est absorbé par ma statue, que l'ancien maître ne pourra le revendiquer, s'il vient à se casser : d'où la conséquence qu'il ne pourra pas le faire détacher ; il aura seulement une action *in factum* pour se faire indemniser ; mais le jurisconsulte décide qu'il en est autrement quand le bras a été soudé par le plomb.

Quelle est la raison de cette différence ? « *Quia ferruminatio per eamdem materiam facit confusionem : plumbatura non idem efficit* ». Par la *ferruminatio* le bras a été forgé avec la statue, il y a été uni sans interposition d'un métal étranger, l'union est si intime, qu'on ne peut reconnaître le point de jonction : qu'il vienne à casser, il n'y a plus possibilité pour l'ancien maître de le revendiquer, parce qu'il est éteint « *per confusionem* », qu'il s'est transformé par son incorporation avec la statue « *unitate majoris partis consumi* », tandis que la soudure de plomb n'établissant pas entre la statue et le bras qui sont d'airain une alliance inséparable comme la soudure d'airain, cette union permet de reconnaître l'individualité du bras, de le faire exhiber et de le revendiquer [1].

Cette disposition sert principalement de point d'appui aux partisans de l'accession acquisitive, qui en trouvent un exemple incontestable dans la *ferruminatio*, tandis que nous y voyons, nous, le moyen de la loi civile, si l'on n'admet pas que ce soit le résultat forcé de la nature des choses. V. n° 74.

128. Au résumé, en ce qui concerne le système de l'accession des choses mobilières à Rome, une règle générale, plutôt de procédure que de fond, gouverne tout à la fois la spécification, le mélange et l'adjonction : *res extinctæ vindicari non possunt ; res non extinctæ vindicari possunt* ; — spécialement

---

[1] V. L. 23, § 2, *de Reiv.* ; L. 26, § 1, *de Adq. rer. dom.*

au fond par la spécification : suivant les Proculéiens, la matière, partie accessoire, accédait à la forme et à l'industrie, partie principale, *quia quod factum est anteà nullius fuerat ;* suivant les Sabiniens, la matière, partie principale, l'emportait sur le travail et la forme, *quia sine materiâ nulla species effici possit ;* puis une opinion moyenne a fini par distinguer si l'objet de la spécification peut ou non revenir *ad pristinam materiam,* pour l'attribuer au spécificateur ou au maître de la matière ; pour le mélange on distingue également si chaque matière confondue peut revenir *ad rudem materiam,* sinon l'objet nouveau reste au spécificateur, *quoniam suam speciem pristinam non continet ;* — dans l'adjonction, l'on considère comme principale la chose la plus importante, et comme accessoire celle qui y est unie *rei ornandæ causa,* et qui lui cède, *ei enim cedit cujus major est species ;* — plus particulièrement l'écriture, qui participe des trois moyens d'accession mobilière, cède au parchemin, parce que, dit-on, *necesse est ei rei cedi quod sine illâ esse non potest ;* ce qui n'empêche pas que la peinture l'emporte sur la toile, *propter pretium picturæ,* raison qui est d'accord avec l'opinion des Proculéiens, qui faisaient prévaloir la forme et le travail sur la matière ; — tous cas dans lesquels le maître de la matière unie ou transformée a l'action *ad exhibendum ;* — tout cela est ainsi, à moins que l'union ou la transformation ne soit due au hasard, ou que le maître de la matière n'y ait consenti, car alors l'objet confectionné devient commun entre lui et l'ouvrier. V. n°s 110-127, 482-502.

§ 35.

129. Certaines choses sont productives, les unes par leur nature, les autres par le travail, et leurs produits reçoivent généralement le nom de fruits [1]. Tant que les fruits tiennent au sol, il n'y a point à s'en occuper comme d'un objet

---

[1] L. 18 *de Fund. dot.*: L. 7, § 14, *Solut. matr.*

du droit, ils ne forment point une chose distincte du fonds, ils en sont une partie intégrante « *fructus pendentes pars fundi videntur* » [1], et ils appartiennent au même maître ; c'est la séparation qui en fait des *res singulæ*, et alors seulement s'élève la question de savoir s'il y a acquisition. V. n°s 305-308, 401 4°, 450-452.

Notre texte suppose que les fruits sont perçus par un autre que le propriétaire du sol. Alors il distingue entre celui qui les perçoit de bonne foi et celui qui les perçoit de mauvaise foi, et il décide que, d'après la loi naturelle (*naturali ratione*), les fruits perçus appartiennent « *pro culturâ et curâ* » au possesseur de bonne foi, en ajoutant que, si le propriétaire survient et revendique le fonds, il n'a pas d'action quant aux fruits consommés.

130. Quel nom donner à l'acquisition des fruits par le possesseur de bonne foi ?

On se tromperait évidemment en l'appelant *prima occupatio*, d'abord parce que la bonne foi est tout à fait étrangère à la première occupation, ce moyen s'appliquant uniquement aux choses sans maître, puis les fruits n'ont manqué de maître à aucun moment ; avant la perception ils faisaient corps avec le terrain et appartenaient au même propriétaire, conformément à la maxime « *fructus pendentes pars fundi videntur* », et par la perception ils sont devenus la propriété du possesseur de bonne foi.

On est tombé d'accord (*placuit*), dit notre texte, que la raison naturelle attribue ces fruits au possesseur de bonne foi « *pro culturâ et curâ* » : c'est donc que cela n'allait pas tout seul, c'est qu'il y a eu controverse. En effet, certains jurisconsultes faisaient une distinction : les uns accordaient au possesseur les fruits industriels, « *illos quos suis operis adquisivit* », en lui refusant les fruits naturels, « *quia non ex facto ejus is fructus nascitur* » [2] ; d'autres lui concédaient tous les fruits indistinctement, « *non tantùm eos qui diligentiâ et operâ*

---

[1] L. 44, *de Reiv.*; L. 61, § 8, *de Furt.* | [2] L. 45, *de Usur.*—V. L. 25, *cod.*

ejus pervenerunt, sed omnes » [1]; quelques-uns, faisant une sous-distinction, lui attribuaient définitivement les fruits qu'il avait consommés, et l'obligeaient à rendre au propriétaire du fonds les fruits non consommés, comme si le possesseur ne les avait acquis que provisoirement « *interim* » [2]; et cette dernière distinction, qui avait été proposée par Africain, à la fin du IIᵉ siècle [3], admise dans le IIIᵉ par Papinien [4] et Paul [5], fut bientôt après érigée en règle de droit par les empereurs Dioclétien et Maximien, qui obligèrent le possesseur, malgré sa bonne foi, à restituer tous les fruits non consommés « *fructus... exstantes... universos* » [6].

Justinien, à son tour, voulant faire cesser toute controverse, attribue indistinctement les fruits perçus, quels qu'ils soient, au possesseur de bonne foi [7]. Si donc quelqu'un a reçu de celui que, par erreur, il croyait capable d'aliéner [8], un fonds de terre par suite de vente, de donation, ou pour toute autre juste cause [9], les fruits perçus lui appartiennent, pourvu qu'il soit encore dans l'erreur au moment de la perception [10]. V. nᵒˢ 453, 454.

131. La conséquence logique de la règle ainsi adoptée serait que le possesseur de bonne foi, une fois devenu propriétaire des fruits perçus, n'en doit rien restituer; et cependant Justinien, de même que Dioclétien et Maximien, reconnaît au propriétaire du sol le droit de réclamer les fruits non consommés, comme pour empêcher le possesseur de s'enrichir aux dépens d'autrui, tandis qu'il lui laisse les fruits consommés, pour lui éviter une perte possible, en considérant que ce possesseur s'en est cru le maître, que, sans ces fruits, il eût vécu moins largement, que son erreur est imputable à la négligence du propriétaire du sol, qui d'ailleurs, en recueillant

---

[1] L. 48, pr., *de Adq. rer. dom.*; L. 25, *de Usur.*; L. 78, *de Reiv.*

[2] L. 48, pr., *de Adq. rer. dom.*

[3] L. 40, *eod.*

[4] L. 1, § 2, *de Pign. et hyp.*

[5] L. 4, § 2, *Fin. reg.*; L. 4, § 19, *de Usurp.*; L. 41, § 1, *de Re judic.*

[6] L. 22, *de Reiv.*, Cod.

[7] Instit. Just., *h.* §.

[8] L. 109, *de Verb. signif.* — V. la note du nᵒ 248 sur la différence qui existe entre la *bona fides* et la *justa causa.*

[9] L. 3, § 21, *de Adq. vel am. poss.*

[10] L. 23, § 1; L. 48, § 1, *de Adq. rer. dom.*

les fruits, n'eût probablement fait que vivre plus largement et
sans économie.

152. En ajoutant indistinctement *pro culturâ et curâ*, Justinien semble vouloir indemniser le possesseur de bonne foi
des travaux et des soins qu'il a donnés aux fruits naturels
aussi bien qu'aux fruits industriels ; ce qui n'empêche pas ce
possesseur de restituer tous les fruits obtenus par la culture
quand il n'en a consommé aucun, tandis qu'il ne restitue rien
de ceux venus sans culture, s'il les a tous consommés [1].
V. n°s 453, 454.

153. Quant à celui qui possède sciemment le fonds d'autrui, Justinien ne lui reconnaît pas les mêmes droits : ce possesseur de mauvaise foi est obligé de restituer, avec le fonds,
les fruits non consommés, et de tenir compte de la valeur de
ceux qu'il a consommés [2], sans rien conserver *pro culturâ et
curâ* [3] ; bien plus, il doit tenir compte des fruits qu'il n'a
point perçus et que le propriétaire aurait pu percevoir [4].
V. n° 455.

154. Tant de tiraillements montrent que ce n'est pas le
droit naturel qui fait acquérir les fruits consommés ou non
consommés au possesseur de bonne foi ; que la raison naturelle
ici invoquée n'est pas acquisitive, mais rémunératoire ; et ce
résultat est d'accord avec la règle suivant laquelle « *omnis
fructus non jure seminis, sed jure soli percipitur* » [5]. En réalité, le
possesseur acquiert les fruits *naturâ sui juris*, parce qu'il est
« *loco domini penè* » [6] : aussi les acquiert-il par cela seul qu'ils
sont détachés, « *statim ubi à solo separati sunt* [7]... *mox quùm à
solo separati sint* » [8], sauf à restituer ceux non consommés au
propriétaire qui revendiquerait [9]. Il faut donc reconnaître
qu'il les acquiert éventuellement, et qu'en le décidant ainsi,
la *loi civile* a créé un mode de propriété résoluble. V. n° **21.**

---

[1] V. L. 25, *de Usur.*
[2] Instit. Just., *h.§*; L. 22, *de Reiv.*, Cod.
[3] V. L. 15, *de Usur.*, Dig.
[4] L. 62, § 1, *de Reiv.*, Dig.; L. 5, 22, *eod.*, Cod. — V. Dumoulin, § 33, glos. 1, n° 49.
[5] L. 25, pr., *de Usur.*

[6] L. 48, pr., *de Adq. rer. dom.*; L. 25, § 1, *de Usur.*; L. 136, *de Reg. jur.*
[7] L. 48, *de Adq. rer. dom.*; L. 4, § 19, *de Usurp.*; L. 48, § 6, *de Furt.*
[8] L. 13, *Quib. mod. us. am.*; L. 25, § 1, *de Usur.*
[9] Instit. Just., *h. §.*

135. Enfin, quand le possesseur de bonne foi détient encore le fonds, le propriétaire qui revendique ce fonds avec les fruits non consommés doit lui offrir le remboursement de ses impenses, autrement il sera repoussé par l'exception de dol ; mais il n'y a ni exception ni action pour obliger le propriétaire à faire ce remboursement quand le possesseur a cessé de détenir. Pour ce qui est du possesseur de mauvaise foi, tout en restituant les fruits en totalité, il n'est jamais fondé à réclamer le remboursement de ses impenses et avances, même par voie d'exception ; il peut seulement reprendre les plantes qui ne sont point encore enracinées [1]. V. n° 456.

§ 36.

136. A côté du possesseur de bonne foi se place l'usufruitier. Tel est le nom qu'on donne à celui qui a le droit d'user de la chose d'autrui et d'en percevoir les fruits, comme un bon père de famille, à la charge de conserver la substance de cette chose [2]; et alors on entend spécialement par fruits, non plus tous ses produits, mais ceux qu'elle est destinée à donner périodiquement [3]. V. n°s 305, 309.

137. D'après notre texte, l'usufruitier ne devient propriétaire des fruits qu'à mesure qu'il les perçoit lui-même (*quàm si ipse eos perceperit*), c'est-à-dire lorsque lui-même les a détachés ou les a fait détacher en son nom [4]. V. n° 310.

Quelle est la raison de cette condition?

On répond ordinairement que , si les fruits doivent être détachés par l'usufruitier ou par quelqu'un en son nom, c'est parce qu'il possède seulement le *jus utendi fruendi*, sans posséder le sol ni la superficie, que, par conséquent, pour acquérir les fruits, il doit commencer à en prendre possession , à la différence du possesseur de bonne foi, qui, possédant d'avance la superficie avec le fonds, n'a pas besoin de prendre autre-

---

[1] L. 48, *de Reiv.*, Dig.: L. 11, *cod.*, Cod.
[2] L. 1, 2, *de Usufr.*: Paul., 3, *sent.* 6, § 27.

[3] L. 18, § 1, *de Fund. dot.*; L. 7, § 14, *Solut. matr.*; L. 30, *de Verb. signif.*
[4] L. 38, *de Usufr.*

ment possession des fruits, et en devient propriétaire, n'importe par qui et comment ils sont détachés [1].

Cette réponse manque d'exactitude et de précision; elle
semble reposer sur l'idée que le possesseur de bonne foi et
l'usufruitier acquièrent les fruits *primâ occupatione,* tandis qu'en
réalité tous deux les acquièrent *naturâ sui juris.* Le possesseur
de bonne foi est en effet assimilé complétement au propriétaire
pour la perception des fruits, « *bonæ fidei possessor in percipiendis
fructibus, id juris habet quod dominis prædiorum tributum est* » [2];
et les fruits deviennent siens par le seul fait de leur détache-
ment, de même qu'ils appartiendraient au propriétaire du sol
qui eût continué de posséder. Quant à l'usufruitier, il a un
droit analogue à la propriété [3], il ressemble à celui qui « *partem fundi habet* » [4]; et s'il a besoin de joindre la détention
matérielle à l'intention préexistante d'acquérir les fruits, c'est
que le *jus utendi fruendi* est exclusivement réservé à sa personne,
que ce droit lui est personnel, tellement personnel que, pour
l'exercer utilement, il faut sa participation active, son fait ou
au moins le fait de son agent, c'est, en un mot, que l'exercice
du *jus utendi fruendi* n'est pas moins personnel que le droit
même.

La nécessité pour l'usufruitier de percevoir lui-même ou
de faire percevoir tient donc à l'organisation civile du *jus
utendi fruendi,* mais, encore une fois, quelle est la raison de
cette condition?

Cela tient à la nature même du droit de propriété et à l'organisation civile du *dominium,* qui tendent toujours à conserver
au propriétaire, au *dominus,* les avantages de sa chose. Si le
législateur a décidé autrement pour l'usufruitier que pour le
possesseur de bonne foi, c'est que celui-ci est considéré comme
propriétaire du fonds, tant qu'un autre ne revendique pas cette
qualité, tandis que l'usufruitier est toujours en présence d'un
propriétaire connu. V. nº 310.

---

[1] L. 13, *Quib. mod.*; L. 25, § 1, *de Usur.*
[2] *Ibid., ibid.*
[3] L. 76, § 2, *de Legat.,* 2.
[4] L. 58, *de Verb. oblig.*

138. Dès lors, on comprend que, suivant le droit strict, les fruits détachés par le vent ou par un voleur appartiennent au propriétaire du sol et non à l'usufruitier [1], tandis qu'ils appartiendraient au possesseur de bonne foi et non au propriétaire [2]; mais l'usufruitier est toujours fondé à prendre possession du fruit détaché par le vent, ou à le réclamer du propriétaire du sol [3], à la différence du possesseur de bonne foi, qui ne peut plus le faire utilement quand le fruit a été appréhendé par le propriétaire. V. n° 320.

139. Si l'usufruitier obtient les fruits plus difficilement que le possesseur de bonne foi, il a du moins l'avantage de les acquérir plus solidement, car il les garde tous, consommés ou non, sans en restituer aucun. Aussi, pour ne pas rendre la chose stérile dans les mains du propriétaire, a-t-on dû limiter la durée du *jus utendi fruendi,* et on l'a fixée en principe à la vie de l'usufruitier [4]. De là il résulte que l'usufruit est intransmissible; que, si l'usufruitier meurt avant d'avoir perçu les fruits (tel est encore le sens de *quàm si ipse eos perceperit*), ses héritiers ne peuvent les cueillir, quoique mûrs, c'est au propriétaire du fonds à les percevoir pour lui-même, parce que la jouissance a fait retour à la propriété [5]. V. n° 321.

140. On décide à peu près de même (*eadem ferè*) à l'égard du colon, c'est-à-dire que le colon, ne possédant ni le sol ni la superficie, autorisé *voluntate domini* [6] à percevoir ou à faire percevoir les fruits [7], a besoin de joindre la détention matérielle à l'intention préexistante de les acquérir pour arriver à la tradition que le maître du sol a consentie d'avance à son profit; mais étant transmissible, le droit du colon passe à son héritier, qui peut récolter à sa place [8]. V. n° 18.

141. De tout ce qui précède il résulte que la perception

---

[1] L. 12, § 5, *de Usufr.* — V. L. 60, § 5, *Locat. cond.*

[2] L. 13, *Quid. mod.;* L. 48, § 6, *de Furt.*

[3] L. 12, § 5, *de Usufr.*

[4] L. 56, *eod.*

[5] Paul., 3, sent. 6, § 28; L. 13, *Quib. mod.*

[6] L. 61, § 8, *de Furt.*—V. Vat. fragm., § 1.

[7] L. 60, § 5, *Locat. cond.*

[8] L. 60, § 1, *eod.*, Dig.; L. 10, *eod.* Cod.

des fruits s'opère par le fait de la séparation individuelle, joint à l'intention expresse ou tacite de les avoir à soi ; il n'est pas nécessaire que le possesseur, l'usufruitier ou le colon ait rentré ces fruits dans ses greniers ou ses celliers [1].

§ 37.

142. Les fruits des bestiaux comprennent le croît, aussi bien que le lait, le poil et la laine, de manière que les agneaux, les chevreaux, les veaux, les poulains et les petits porcs, sont acquis immédiatement à l'usufruitier [2]. Ils sont à lui d'après le droit naturel, dit notre texte; ce qu'on traduirait inexactement par *première occupation*, d'autant plus que *naturali jure*, des Instiutes, a été substitué par Justinien à *pleno jure*, qu'on trouve dans la L. 28, pr., *de Usur. et fruct.*, au Dig.

143. Mais l'enfant d'une esclave n'étant point un fruit, il appartient au nu propriétaire et non à l'usufruitier [3].

Pourquoi n'est-ce point un fruit? est-ce bien parce qu'il serait absurde de ranger l'homme parmi les fruits, lorsque la nature a créé tous les fruits pour l'homme ?

Telle est en effet, sur cette question rebelle, la raison donnée par Gaius [4], adoptée par Ulpien [5], et vraisemblablement aussi par les autres jurisconsultes qui n'admettaient pas que les esclaves fussent compris sous la dénomination de marchandise « *mercis appellatione* » [6]; mais cette raison ne peut que paraître spécieuse, quand on sait que ces mêmes jurisconsultes n'ont pas craint d'assimiler les esclaves aux bestiaux [7], et de rendre l'enfant naissant esclave comme sa mère [8]. La distinction entre les produits et les fruits ne repose pas seulement sur une considération morale, quelque puissante qu'elle soit, elle a une base plus rationnelle et plus solide : en nous

---

[1] L. 13, *Quib. mod. us. am.*
[2] L. 28, pr., *de Usur.*; L. 68, § 1, 2, *de Usufr.*—V. art. 583, Cod. Nap.
[3] Paul., 3, sent. 6, § 19.
[4] L. 28, § 1, *de Usur.*
[5] L. 68, pr., *de Usufr.*

[6] L. 207, *de Verb. signif.*; Cicer., *de Fin. bon. et mal.*, lib. 1, cap. 6. — V. L. 12, pr., *Quod met. causa.*; L. 44, pr., *de Ædil.*
[7] L. 2, §, 2, *Ad leg. aquil.*
[8] L. 5, § 1, *de Stat. hom.*

reportant à la définition de l'usufruit, nous reconnaissons que, si l'enfant n'est pas un fruit, c'est parce que la femme est loin de produire périodiquement, et qu'en la soumettant à l'esclavage, on l'a destinée au travail plutôt qu'à la reproduction « *non temerè ancillæ ejus rei causâ comparantur ut pariant* » [1] ; de sorte que les fruits d'une esclave consistent dans les avantages que l'usufruitier retire de son travail [2].

§ 38.

144. L'usufruit étant le droit d'user et de jouir de la chose d'autrui en père de famille sage et prudent, « *quasi pater bonus familias* [3], » de s'approprier les produits qu'elle donne périodiquement d'après sa destination, il en résulte que l'usufruitier est obligé de conserver la substance, c'est-à-dire les éléments constitutifs de cette chose, conformément à sa nature. C'est ainsi qu'avec le croît il doit remplacer non-seulement les têtes mortes, mais encore celles qui ont vieilli [4], qu'il doit également renouveler à ses frais les vignes et les arbres à mesure qu'ils vieillissent ou meurent [5], à peine de voir bientôt périr le vignoble ou le troupeau ; il y est d'autant plus obligé, qu'un troupeau est naturellement destiné à se repeupler avec ses propres brebis, une vigne avec ses rejetons. V. nos **317-323.**

§ 39.

145. Toutes les fois qu'un objet plus ou moins précieux, tel qu'un vase, un bijou, du numéraire, oublié, perdu, caché ou enfoui dans un lieu, a un maître connu, cet objet continue de lui appartenir et peut être revendiqué par lui, malgré la découverte faite même par le propriétaire du fonds qui le recèle, parce qu'il n'est ni un produit [6], ni une partie

---

[1] L. 27, *de Hæred. petit.*
[2] L. 3, 4, *de Oper. serv.*
[3] Paul., 3, sent. 6, § 27.

[4] L. 68, § 2, L. 69, *de Usufr.*
[5] L. 18, *cod.*
[6] L. 7, § 12, *Sol. matr.*

de ce fonds, et qu'il n'a point perdu son existence individuelle [1]. V. nᵒˢ 11, 12, 518.

146. Si, au contraire, l'objet enfoui ou caché n'a point
de maître ou n'en a qu'un inconnu, ce qui équivaut [2], c'est
un trésor dans l'acception la plus étendue ; et ce trésor, *res
nullius,* est acquis *primâ occupatione* à quiconque le découvre
sur son fonds ou sur le fonds d'autrui, sans distinguer s'il
l'a trouvé par hasard ou en le cherchant [3]. Mais nous allons
voir que cette disposition naturelle a été modifiée par le droit
positif. V. nᵒ 518.

147. Conformément à la raison naturelle, l'empereur
Adrien attribue le trésor entier à celui qui le trouve dans son
propre fonds en le cherchant ou non [4] ; et l'empereur Léon
défend de rechercher des trésors à l'aide de sacrifices criminels ou d'autres artifices odieux réprouvés par les lois [5] ;
ce qui est maintenu par Justinien.

148. Adrien attribue aussi tout le trésor à quiconque le
découvre dans un terrain religieux ou sacré, mais sans l'avoir
cherché (*fortuito casu*), parce qu'il ne faut violer ni les tombeaux, ni les temples, sous prétexte de découvrir des richesses
cachées ; et Justinien adopte ici cette disposition [6], en met-
tant de côté la constitution de Marc-Aurèle et de Lucius
Vérus, qui accordait au fisc la moitié du trésor trouvé dans
un lieu religieux [7].

149. Quant au trésor découvert dans le fonds d'autrui,
quoique la raison naturelle l'attribue dans tous les cas à celui
qui le trouve, Adrien fait une distinction : lorsque le trésor
a été découvert par suite de recherches, il revient tout entier au propriétaire du fonds ; quand il a été trouvé par
hasard (*non datâ ad hoc operâ, sed fortuitu*), il appartient pour

---

[1] L. 67, *de Reiv.;* L. 15, *Ad exhib.*

[2] L. 25, pr., *de Adq. vel am. poss.*

[3] « *Thesaurus est vetus quædam de-*
« *positio pecuniæ, cujus non exstat memo-*
« *ria, ut jam dominum non habeat : sic*
« *enim fit ejus qui invenerit, quòd non*
« *alterius sit* » (L. 31, § 1, *de Adq. rer.
dom.*—V. L. 3, § 3, *eod.*).

[4] Instit. Just., *h.* §.—V. Ælius Spart.,
p. 9, *édit. parisiens.* 1620.

[5] L. 1. *de Thesaur.,* Cod.

[6] Instit. Just., *h.* §.

[7] L. 3, § 10, *de Jur. fisc.*

moitié à l'inventeur et moitié au propriétaire du fonds : en conséquence, le trésor découvert par hasard dans le terrain du prince est à l'inventeur pour moitié et au prince pour moitié, le trésor trouvé dans le fonds du fisc, de l'Etat ou d'une cité, se partage par moitié [1]. Cette décision est définitivement consacrée par Justinien [2], après avoir été modifiée par les empereurs Gratien, Théodose et Valentinien, qui n'accordaient qu'un quart au propriétaire du fonds et trois quarts à l'inventeur [3]. V. n°s 11, 12, 16, 518.

150. Le partage du trésor par moitié paraît fondé, d'un côté, sur l'occupation et sur le service rendu par l'inventeur, qui a mis au jour une chose ignorée ; d'un autre côté, sur la présomption que cette chose a été oubliée ou déposée là par un ancien propriétaire du sol, et sur la situation de cette chose destinée à être découverte tôt ou tard par le propriétaire actuel ou son successeur, qui l'aurait eue tout entière. Cette dernière considération explique, jusqu'à un certain point, pourquoi l'inventeur est privé de toute participation au trésor qu'il a cherché : le propriétaire du terrain avait plus de chances que tout autre de trouver le trésor, qui alors lui eût appartenu en totalité, la recherche faite lui a enlevé cette chance ; puis il aurait vraisemblablement défendu l'entrée de son terrain, s'il en eût soupçonné le but, et les fouilles pratiquées sans son agrément semblent une violation de sa propriété.

151. Par là on voit que, dans son acception spéciale, le trésor est toute chose ayant quelque valeur découverte, par l'effet du hasard, dans le fonds d'autrui [4], et sur laquelle personne ne peut justifier sa propriété [5]. En d'autres termes, on peut dire qu'un trésor est « *quod fortuna dedit* [6] ». V. n° 518.

---

[1] Ælius Spart., *loco cit.*
[2] Instit. Just., *h. §.*
[3] L. 2, *de Thesaur.*, Cod. Théod.

[4] L. 3, § 3, *de Adq. vel am. poss.*
[5] L. 31, § 1, *cod.*
[6] L. 63, § 3, *de Adq. rer. dom.*

§ 40.

152. Nous avons reconnu précédemment que, suivant le droit naturel, à côté de l'occupation, seul mode primitif d'acquisition, il y a la tradition, qui est le seul mode dérivé [1]. V. n° 23.

Le propriétaire d'une chose peut la livrer à autrui dans un but qui n'est pas toujours le même : tantôt c'est pour que cet autre l'admire et la lui rende aussitôt; cette livraison n'a ni place ni dénomination dans l'ordre du droit; tantôt c'est pour que celui qui reçoit la chose la garde pendant un temps et la lui restitue ensuite; cette remise s'appelle *nuda traditio*, parce qu'elle ne renferme aucune idée de mutation de propriété [2]; quelquefois la remise a pour but réciproque de transmettre et d'acquérir la propriété; c'est ce qu'on nomme ordinairement tradition [3]. V. n°ˢ 506, 509.

153. Que faut-il pour que la tradition fasse acquérir la propriété ?

Il faut, comme nous l'avons déjà dit, que le maître, capable d'aliéner, se dessaisisse volontairement de la possession en faveur d'autrui, et que celui-ci prenne cette possession; il faut que l'*accipiens* reçoive la chose du *tradens*, ou qu'il en prenne possession avec son consentement : aussi dit-on exactement que la tradition est le transport de la possession [4]; en d'autres termes, la tradition doit être faite *animo et corpore* [5], physiquement et avec la double volonté d'abandonner la propriété, d'un côté, de l'acquérir, de l'autre, la volonté étant personnelle [6], tandis que le fait corporel peut émaner d'autrui [7]. Je reçois efficacement la tradition acquisitive, lorsque, le propriétaire voulant me donner sa chose, ou bien son procureur à sa place, la livre,

---

[1] L. 9, § 3, *eod.*
[2] L. 31, pr., *cod.*
[3] L. 9, § 3; L. 31, pr., *cod.*
[4] « *Traditio est datio possessionis.* » Cujac., *Observ.* 19, super L. 3, de

Act. empt., et L. 28, *de Verb. oblig.*
[5] L. 8, *de Adq. vel am. poss.*
[6] L. 1, § 22; L. 2, § 12, *cod.*
[7] L. 9, § 4; L. 13, 20, § 2; L. 46, *de Adq. rer. dom.*

soit à moi, soit à mon mandataire agissant pour moi [1]. Une chose n'échappe pas à son maître sans qu'il y consente, à moins qu'elle ne cesse d'être occupée [2] ; elle ne peut devenir la propriété de *l'accipiens* sans qu'il le veuille, parce qu'on n'acquiert jamais sans en avoir l'intention. Quand le concours simultané de ces deux volontés se joint à la détention physique de *l'accipiens* [3], le maître a aliéné sa chose, *rem suam alienam fecit*, et *l'accipiens* en est devenu propriétaire par la possession instantanée : quoi de plus naturel, en effet, que l'accomplissement de la volonté du maître qui consent à transférer sa chose à autrui [4] ?

154. Il ne suffit donc pas que le propriétaire remette physiquement sa chose *de manu ad manum*, s'il n'a la volonté de l'abandonner, ou bien si *l'accipiens* n'a pas l'intention de l'avoir à soi. Pour discerner cette intention, il faut rechercher quel but on s'est proposé, consulter les circonstances qui ont accompagné, précédé ou suivi la livraison. Ainsi, on reconnaîtra que la tradition n'a pas transféré la propriété, quand le maître n'a fait que confier sa chose à titre de dépôt à un ami pour la reprendre à sa volonté, ou bien quand il l'a remise à son créancier à titre de gage, parce que ces contrats excluent toute idée de mutation [5]. On décidera, au contraire, que la tradition transfère la propriété quand le maître livrera sa chose pour faire une libéralité (*ex causâ donationis*), pour constituer une dot (*aut dotis*), ou pour toute autre cause (*aut quâlibet aliâ ex causâ*), qui suppose l'intention d'aliéner et d'acquérir [6]. Il suffit, d'ailleurs, que l'un

---

[1] L. 37, § 6, *cod.*; L. 1, § 20, *de Adq. rel. am. poss.*; L. 41, § 1, *de Reiv.* — Par adoucissement de la rigueur du droit, Ulpien pensait que le mandant n'acquérait pas moins la tradition, quoique le mandataire eût l'intention de la recevoir pour lui-même (L. 13. *de Donat.*).

[2] L. 11, *de Reg. jur.*

[3] L. 10, *de Contrah. empt.*; L. 2, *de Adq. et retin. poss.*, Cod.

[4] L. 9, § 3, *de Adq. rer. dom.*—Tout cela est vrai de la tradition considérée sans avoir égard à l'ancienne division des *res mancipi* et des *res nec mancipi*, qui n'existe plus dans la législation justinienne. — V. n°* 18, 19, 203 et suiv.

[5] Cela est vrai dans la législation des Pandectes ; mais sous l'empire de la loi des Douze-Tables, le dépôt et le gage transféraient la propriété au dépositaire et au créancier gagiste, qui s'obligeaient par le pacte de fiducie à la retransférer ultérieurement au dépositaire ou au débiteur (V. Instit. Just., § 8, *de Legit. agn. succ.*; Gai, 2, § 59, 60 ; Paul, 2, sent. 13).

[6] L. 31, pr., *de Adq. rer. dom.*; L. 3,

veuille abandonner sa chose et l'autre l'acquérir, lors même qu'ils différeraient sur le motif qui les fait agir, par exemple, l'un entendant donner et l'autre emprunter, les pièces de monnaie livrées n'en deviennent pas moins la propriété de l'*accipiens* [1]. V. n°s 508, 509.

155. Il y a une relation intime entre *justa causa traditionis* et *justa causa possessionis*. Ces deux locutions se confondent l'une dans l'autre ; mais la dernière est plus étendue, car elle s'applique même aux choses qui n'ont pas de maître. Voyons quel est le sens exact de cette locution, sur laquelle on a aussi controversé.

Dans la langue du droit, le mot *cause* signifie toujours *motif impulsif* et *déterminant ;* la cause de la tradition est le motif direct et immédiat qui a décidé le *tradens* à livrer sa chose, la cause de la possession est également le motif immédiat qui a décidé l'*accipiens* à recevoir : il faut donc se demander *pourquoi* le maître a livré, *pourquoi* l'*accipiens* a reçu, et la réponse à cette double question indiquera la cause de la tradition et de la possession. Quand un propriétaire veut me donner sa chose, la tradition a pour cause la volonté d'être libéral, car, en examinant *pourquoi* il me la livre, on reconnaît que c'est *parce qu'il* veut me faire une donation ; et réciproquement la libéralité est la cause de ma possession : en examinant *pourquoi* je reçois, on reconnaît que c'est *parce que* j'accepte la donation [2].

Lorsque le motif qui a déterminé la prise de possession comporte l'intention d'être propriétaire et s'accorde avec le droit, on dit que la cause est juste [3].

On entend donc par juste cause de possession tout fait conforme au droit, qui explique pourquoi l'on possède et qui implique l'intention d'arriver à la propriété. La donation est

---

§ 4, *de Adq. vel am. poss.*; Gai., 2, § 20 ; Ulp., 19, § 7.—V. L. 55, *de Oblig. et act.*

[1] L. 36, *de Adq. rer. dom.*—V. L. 48, *de Reb. cred.*

[2] L. 3, § 21, *de Adq. vel am. poss.*— V. art. 931, 932, 1131 à 1135, Cod. Nap.

[3] V. art. 2265, Cod. Nap., et la note du n° 218 sur la différence qui existe entre la *justa causa* et la *bona fides.*

une juste cause de tradition, puisqu'elle est reconnue par le droit, en même temps qu'elle renferme l'intention de transférer et de recevoir la propriété. Mais le contrat de dépôt ou de louage, bien que reconnu par la loi, n'est pas une juste cause de tradition et de possession, parce qu'il ne comporte point l'idée de mutation [1] : aussi dit-on alors *nuda traditio* [2], *nuda detentio;* il en serait de même de la tradition que ferait un propriétaire incapable d'avoir une volonté, tel qu'un enfant [3], un furieux [4].

§ 41.

156. On voit par ce qui précède que la *cause* de la tradition et de la possession ne peut être *juste*, sans comporter la volonté réciproque de transmettre et d'acquérir : par conséquent, la propriété ne sera transférée qu'au moment où la volonté viendra se joindre à la détention; tantôt cette volonté sera immédiate et définitive, comme il arrive le plus souvent dans la donation [5]; tantôt elle sera ajournée et conditionnelle, comme il arrive quelquefois dans la vente [6]. Celui qui donne fait un abandon gratuit, et consent ordinairement à abdiquer sa propriété en la livrant. Celui qui vend entend toujours recevoir l'équivalent, *danti dans;* en livrant, il entend n'abandonner que la détention physique tant qu'il n'aura pas cet équivalent : aussi décide-t-on, avec le droit naturel, confirmé par la loi des Douze-Tables, que les choses vendues et livrées ne sont acquises à l'acheteur que lorsqu'il a payé le prix au vendeur ou l'a satisfait d'une autre manière, parce qu'à ce moment, la volonté de transmettre venant se réunir à la détention physique, la *nuda traditio* se convertit en tradition acquisitive [7].

---

[1] L. 39, *Locat. cond.* — V. art. 1709, 1932, Cod. Nap.
[2] L. 31, *de Adq. rer. dom.*
[3] L. 29, *de Adq. vel am. poss.* — V. art. 1124, Cod. Nap.
[4] L. 1, 2, *de Curat. furios.* — V. art. 489 et 503, Cod. Nap.

[5] L. 31, pr., *de Adq. rer. dom.* — V. art. 931 et 932, Cod. Nap.
[6] V. art. 1584, Cod. Nap.
[7] L. 19, 53, *de Contrah. empt.;* Instit. Just., *h.* §. — V. art. 1582, 1612, Cod. Nap.

On donne pour exemple de satisfaction reçue par le vendeur un *expromissor* ou un gage : un *expromissor*, c'est-à-dire une personne qui s'oblige par promesse à payer l'équivalent du prix de la vente à la place de l'acheteur, et qui le libère ainsi en éteignant sa dette par novation ; un gage, c'est-à-dire une chose remise au vendeur à titre de garantie de sa créance, qui continue d'exister. Nous pouvons ajouter un *fidejussor*, c'est-à-dire une personne qui, sans libérer actuellement l'acheteur, promet de payer à sa place, si lui-même ne paie pas. Du moment où le vendeur accepte l'une ou l'autre de ces sûretés, il est présumé consentir que sa chose soit la propriété de l'acheteur, et elle lui est acquise. On décide de même, lorsque, sans prendre de garantie, le vendeur a suivi la foi de l'acheteur (*fidem emptoris secutus est*), ce qui est une question d'intention, dont la preuve incombe à ce dernier [1].

§ 42.

157. Il n'importe pas, du reste, que la tradition soit faite par le maître lui-même ou, d'après sa volonté, par un autre [2], parce que, si l'*animus possessionis transferendæ* doit exister chez le maître, le *factum corporis* peut s'accomplir par autrui, à l'instar de ce qui a quelquefois lieu pour la prise de possession [3]. V. nᵒˢ **8, 25.**

§ 43.

158. De là il résulte que, si celui à qui le maître a confié la libre administration de tous ses biens vend et livre un des objets compris dans son administration, il en transfère la propriété à l'acheteur, ce mandat *cum liberâ* conférant à l'administrateur tout pouvoir de vendre et livrer [4].

159. Mais le mandat général d'administrer, sans que *l'ad-*

---

[1] *Ibid., ibid.* — V. art. 1612 et 1613, Cod. Nap.
[2] L. 9, § 4, *de Adq. rer. dom.*

[3] L. 20, § 2 ; L. 37, *eod.*
[4] L. 9. § 4, *eod.*; Instit. Just., *h. §.* — V. art. 1987, 1988, 1989, Cod. Nap.

ministratio soit *libera*, confère-t-il le pouvoir de vendre et de livrer?

Oui, quand la volonté du mandant apparaît clairement; si cette volonté n'apparaît pas, nous estimons que le mandant a entendu autoriser l'administrateur général à faire ce que lui-même ferait en maître sage et prudent : par conséquent, le mandataire a le pouvoir de vendre et de livrer non-seulement les fruits des choses administrées, mais encore celles de ces choses qui sont sujettes à dépréciation ou dont la vente serait commandée par les circonstances [1], parce que ces ventes ne dépassent point les limites d'une bonne administration [2].

160. C'est donc toujours à une question d'intention qu'il faut ramener l'interprétation d'un mandat quant à son étendue; mais, selon nous, il ne faut pas, comme l'ont fait quelques jurisconsultes, poser en principe que, parmi les administrateurs généraux, ceux qui ont une administration libre peuvent vendre et livrer, tandis que les autres ne le peuvent pas [3].

§ 44.

161. Il peut arriver que le fait et l'intention, au lieu d'être simultanés, s'accomplissent à des époques plus ou moins éloignées, que la *nuda traditio* précède, et que l'intention survenant ensuite, la possession soit définitivement transmise et avec elle la propriété. Tel est le sens de notre texte, qui dit que quelquefois même *sine traditione* la seule volonté du maître suffit pour transmettre, par exemple, quand le propriétaire vous vend ou vous donne la chose qu'il vous a remise précédemment à titre de commodat, de louage ou de dépôt : car, bien qu'il ne vous l'ait pas livrée en exécution de cette vente ou de cette donation, dès qu'il consent que la chose devienne vôtre, la propriété vous en est acquise

---

[1] L. 63, *de Proc. et def.* Dig.; L. 16, *eod.*, Cod. — V. Vinn., § 1, *h. tit. select. quœst.*, lib. 1, c. 9.

[2] V. art. 1156, 1988, Cod. Nap.
[3] Pothier, 3 *Pand.*, 3, N. 3, 8; *Mandat*, ch. 3, art. 2.

tout aussitôt, comme si la tradition vous avait été faite dans
ce but [1]. En un mot, du moment où il y a accord des deux
volontés réunies au fait corporel, la *nuda traditio* se convertit
en tradition transmissive, et la *nuda detentio* en possession
acquisitive [2]; c'est ce qui a fait dire à certains jurisconsultes
que, si vous devenez propriétaire sans tradition, ce n'est pas
du moins sans possession [3]. V. n°s 8, 19, 25.

162. Quelquefois même la propriété est censée s'acquérir
solo consensu, sans que le nouveau maître appréhende corporellement la chose; c'est ce qui arrive lorsqu'un donateur
garde cette chose à titre de dépôt ou de louage : le donataire possède par le donateur, comme il pourrait posséder par
tout autre, et il a acquis la propriété en acquérant la possession [4]. V. n° 508.

163. Enfin, lors même qu'une personne a reçu corporellement une chose *à non domino*, du moment où le véritable
propriétaire veut bien qu'elle appartienne au détenteur, elle
lui est aussitôt acquise [5]. V. n°s 509, 510.

164. Quelques interprètes supposent que, dans ces diverses hypothèses, et spécialement dans le cas prévu par notre
texte, vous avez restitué au maître la chose déposée, et qu'il
vous l'a immédiatement livrée à titre de libéralité; ils donnent à cette double opération fictive le nom de tradition
de brèvemain, en s'appuyant sur la L. 43, § 1, *de Jure dot.*,
dans laquelle on voit un créancier libérer son débiteur en
vue de doter la femme que celui-ci va épouser, et par là être
censé faire tradition « *brevi manu* » à cette femme, qui fait
ensuite tradition au mari. Par opposition, ces auteurs disent
qu'il y a tradition de longuemain toutes les fois qu'on n'a
saisi l'objet que de loin, par la vue, sans y toucher corporellement [6]; ils citent pour exemple la L. 79, *de Solut.*,

---

[1] L. 9, § 5, *de Adq. rer. dom.* — V.
art. 1606, Cod. Nap.

[2] L. 55, *de Obl.* et *Act.*; L. 9, § 1, 2,
de Publ. in rem.

[3] L. 20, *de Pact.*, Cod.

[4] L. 7, *de Reiv.*; L. 45, *de Reg. jur.*,
Dig.; Instit. Just., § 5, *de Interdict.*; L.
28, *de Donat.*, Cod.

[5] L. 24, *de Adq. rer. dom.*

[6] L. 1, § 21; L. 18, § 2, *de Adq. vel
am. poss.*

dans laquelle mon débiteur, déposant par mon ordre, « *in conspectu meo* », la chose qu'il me doit, me la livre « *quodammodo manu longâ* », parce qu'en rapportant tous les sens au toucher, les Romains assimilaient la vue à une longue-main, à raison de ce que c'est celui de nos organes qui per-çoit les objets de plus loin.

Mais cette fiction est sans utilité; elle énonce l'absence de livraison ou de réception corporelle, sans rien changer au droit : dans tous les exemples proposés, la propriété est trans-mise, parce qu'il y a transport de la possession, remise de la chose à la disposition de l'*accipiens*, il y a toujours une tradi-tion proprement dite, celle qui donne la propriété, comme la donne la tradition réelle.

§ 45.

165. De même, celui qui a vendu des marchandises dé-posées dans un magasin en transfère la propriété à l'ache-teur dès qu'il lui livre les clefs du magasin, avec l'intention, bien entendu, de lui transmettre immédiatement ces mar-chandises [1]. Telle est la décision donnée ici par Justinien, qui confirme l'opinion de Gaius [2]. Mais Papinien, dont l'avis est consigné au Digeste, n'admettait ce résultat qu'au-tant que les clefs seraient livrées devant les magasins « *apud horrea* » [3].

Tout en protestant de notre profond respect pour les avis de Papinien, nous avouons que nous ne comprenons pas cette distinction; il nous semble que la remise des clefs, jointe à l'intention de transmettre la propriété, dessaisit le vendeur de tous les moyens et de tous les droits qu'il avait sur les marchandises, que la réception des clefs met ces mar-chandises en la possession de l'acheteur [4]. Est-ce que l'a-

---

[1] Instit. Just., § 44, *h. t.;* — V. art. 1606, Cod. Nap.
[2] L. 9, § 6, *de Adq. rer. dom.* — V. L. 1, *de Adq. vel am. poss.*

[3] L. 74, *de Contrah. empt.;* Théoph., *Paraph.* — V. art. 1606, Cod. Nap.
[4] L. 1, § 1; L. 18, § 2, *de Adq. vel am. poss.*

cheteur, qui, recevant les clefs devant les portes du magasin,
s'éloigne sans les ouvrir, a une possession plus solide que
celui qui les reçoit de loin, et accourt en toute hâte pour les
ouvrir? Est-ce que ce dernier n'a pas la faculté de disposer
désormais des marchandises aussi sûrement que s'il eût consenti à les laisser, à titre de dépôt ou de louage, dans les
mains du vendeur [1]?

166. Les auteurs modernes ont donné à ce mode de délivrance le nom de tradition symbolique, en considérant les
clefs comme le symbole des marchandises. En cela, ils ont
commis une erreur d'autant plus évidente, qu'aucun texte ne
vient appuyer leur supposition, et qu'on sait d'ailleurs que
la législation avait pris soin de consacrer explicitement certains actes symboliques, qui se sont effacés peu à peu au
contact des mœurs romaines. N'oublions pas que posséder,
c'est avoir une chose à notre disposition, n'importe par quel
moyen elle est arrivée en notre pouvoir, qu'elle nous ait été
livrée dans la main, sous clef, par l'intermédiaire d'un gar-
dien, placée sous nos yeux, ou enfin que nous l'ayons appréhendée par nous-mêmes ou par autrui [2]; et posséder, c'est
avoir la propriété d'après le droit naturel. V. n°s 7, 509.

§ 46.

167. Proculus pensait que la chose abandonnée, *res pro
derelicto habita*, ne cessait d'appartenir à son maître qu'au
moment où un autre en avait pris possession, tandis que
Fabius était d'avis que le maître perdait la propriété par cela
seul qu'il rejetait la chose, encore bien qu'elle n'eût été re-
cueillie par personne [3].

La doctrine de Proculus avait pour conséquence de rendre
le nouveau possesseur propriétaire par la tradition, qu'il était
censé recevoir du premier maître, comme si celui-ci se fût

---

[1] L. 77, *de Reiv.*—V. art. 1606, Cod. Nap.

[2] L. 1, § 1; L. 18, § 2, *de Adq. vel am. poss.*; L. 79, *de Solut.*

[3] L. 43, § 5, *de Furt.*

encore préoccupé du sort de la chose dont il ne voulait plus [1]. La conséquence de la doctrine de Fabius, au contraire, était de rendre *res nullius* la chose abandonnée, et de faire qu'elle pût s'acquérir par l'occupation. C'est ce dernier système qui avait prévalu parmi les jurisconsultes : aussi Ulpien dit-il que « *res pro derelicto habita statim nostra desinit et occupantis fit* [2] », et ce sentiment est partagé par Pomponius [3], par Julien [4] et par Paul [5]. V. nos 18, 21.

Néanmoins Gaius incline vers l'avis de Proculus, quand il dit que la volonté du maître transfère quelquefois la propriété « *transfert rei proprietatem* », en portant sur une personne incertaine. Ce jurisconsulte donne pour exemple le cas où quelqu'un jette de la monnaie à la foule « *missilia jactat in vulgus* » : il ignore ce que chacun en recueillera, et cependant, parce qu'il veut que chacun acquière ce qu'il pourra saisir, il l'en rend aussitôt propriétaire « *statim eum dominum efficit* [6] ».

C'est cette décision de Gaius que Justinien reproduit textuellement dans notre § 46, sauf quelques légères variantes. Mais est-il exact de dire que *ratione naturali* le maître transfère la propriété à une personne incertaine [7]? Nous ne le pensons pas. Il est vrai que la pièce de monnaie qu'on rejette devient la propriété de celui qui la reçoit ou la ramasse, mais c'est une acquisition *occupatione primâ ;* une fois lancée dans l'espace, cette pièce est *res pro derelicto habita*, *res nullius*, susceptible d'être acquise à quiconque la recueillera, soit dans l'air, soit à terre, « *cui casus tulerit* [8] ». Cela est tellement vrai que, si l'une des pièces de monnaie s'égare dans la foule, elle sera bien acquise au premier individu qui la ramassera plus tard, quoiqu'il ne fût point du nombre des assistants ; et celui qui l'a

---

[1] En suivant logiquement le système de Proculus, le nouveau possesseur acquerrait immédiatement par cette espèce de tradition le *dominium ex jure Quiritium* sur les choses *nec mancipi* ainsi délaissées, tandis que sur les *res mancipi* il n'obtiendrait immédiatement que l'*in bonis*, et il aurait besoin de l'usucapion pour acquérir le *dominium*.

[2] L. 1, *Pro derel.*

[3] L. 5, § 1, *cod.*

[4] L. 2, § 1, *eod.*

[5] L. 2, pr., *cod.*

[6] L. 9, § 7, *de Adq. rer. dom.*

[7] La législation romaine s'était bien mieux conformée à la raison naturelle, en prohibant les libéralités à personnes incertaines (Instit. Just., § 25, *de Legat.*).

[8] L. 1, § 1, *Pro derel.*

jetée ne sera pas fondé à la revendiquer en disant qu'elle est restée sienne, tandis qu'un propriétaire peut revendiquer la chose qu'il a entendu transmettre à une personne déterminée, et qu'une autre a appréhendée pour son propre compte [1]. V. nᵒˢ 11, 13, 19, 21.

§ 47.

168. Cette confusion a laissé quelque trace dans la rédaction du § 47, où l'on semble partir du principe sur lequel repose le § 46 pour arriver à un résultat différent, qui est le seul vrai. Par la même raison (*quâ ratione*), dit le texte, il faut reconnaître que celui qui s'empare d'une chose abandonnée par le maître en devient aussitôt propriétaire [2]. On considère comme abandonné (*pro derelicto autem habetur*) ce que le maître a rejeté, parce qu'il ne veut plus l'avoir dans ses biens ; d'où il suit que dès ce moment il cesse d'en être propriétaire [3] ».

Il est facile de voir que cette ambiguïté vient des mots *quâ ratione*, que Justinien a ajoutés en tête du § 47 pour le relier au § 46, comme si l'un était la conséquence de l'autre. Du reste, le fond de l'idée n'est pas douteux : la chose abandonnée cesse aussitôt d'appartenir à son maître (*statim dominus esse desinit*), et elle est acquise par l'occupation à celui qui s'en empare (*si... occupaverit quis*). V. nᵒ 517.

§ 48.

169. Autre chose est des objets que, dans une tempête, on jette pour alléger le navire ; on en conserve la propriété, car évidemment, si on les jette, ce n'est point parce qu'on n'en veut plus, mais plutôt pour échapper avec le navire

---

[1] L. 43, § 1, *de Furt*.
[2] L. 4, 5, § 1, *Pro derel*.
[3] L. 1, *eod*. — L'intention seule ou le fait seul ne suffit pas pour qu'une chose soit *res pro derelicto habita* : il faut le concours de ces deux conditions pour que le maître perde la propriété. V. nᵒˢ 15, 19.

aux dangers de la mer. Aussi, lorsque ces objets sont échoués sur la plage, ou trouvés dans la mer, celui qui sciemment les enlève pour se les approprier commet un vol [1]. La raison de cette décision tient à l'intention du maître, qui n'a pas entendu renoncer à son droit de propriété [2], « *quoniam non potest videri id pro derelicto habitum quod salutis causâ interim dimissum est* [3] ».

La différence n'est pas grande entre ces choses et celles qui, à l'insu du maître, tombent d'un char lancé sur la route [4]. On peut, en effet, dire de ces dernières qu'elles sont « *non in derelicto, sed in deperdito* [5] » , et des premières, *quasi essent in deperdito* [6].

Enfin, cette solution repose sur la règle de droit naturel qui n'admet pas qu'une chose qui est à moi devienne la propriété d'autrui sans mon fait, « *id quod nostrum est, sine facto nostro ad alium transferri non potest* [7] ». V. nos 15, 19.

Titre II. — *Des choses corporelles et incorporelles.*

Pr.

170. Nous avons vu précédemment que le droit de nous approprier une chose vient de nos besoins physiques ; essayons de démontrer que le droit de la transmettre vient de nos besoins moraux [8]. V. nᵒ 18.

Si nous envisageons l'homme comme un être purement physique et matériel, nous devons conclure que la propriété ne lui est acquise qu'à titre d'usufruit, qu'il n'a le droit de disposer d'un bien qu'autant que ce bien est nécessaire à son

---

[1] L. 9, § 8 ; L. 44, *de Adq. rer. dom.*

[2] L. 43, § 11, *de Furt.*; L. 8, *de Lege Rhod. de jact.*

[3] L. 21, § 1, *de Adq. vel am. poss.* — V. nᵒ 517, art. 410 à 429, Com.

[4] L. 3, pr., *de Incend.*; Instit. Just., *h. §.*

[5] L. 21, § 1, *de Adq. vel am. poss.*

[6] Pothier appelle *épaves* les choses ainsi égarées sur mer ou sur terre (*Tr. du dr. de dom. de propr.*, part. 1, chap. 2, sect. 1).—V. nᵒ 517.

[7] L. 11, *de Reg. jur.*

[8] V. Aristote, Cicéron, Locke, Thomas Reid. — V. aussi Laferrière, *Hist. du dr. civ. de Rome et du dr. français*; Giraud, *Recherches sur le dr. de propr.*; Demolombe, *Cours de Code civil*; Proudhon, *de la Propriété.*

existence, sans pouvoir le transmettre, et que du moment où il renonce à la propriété, du moment où elle lui échappe, tout autre a le droit d'y prétendre, de s'approprier la chose redevenue libre...

Ceci, c'est du droit naturel matériel, c'est la négation de toute propriété véritable, de tout lien entre les hommes, entre les membres d'une même famille, et c'est ainsi que possède la brute. Mais l'homme n'est pas seulement un être physique, il n'obéit pas seulement à des appétits matériels ; sa nature morale lui dicte aussi des lois, en le rattachant à ses semblables, aux membres de sa famille, par une infinité de liens ; ses sentiments intimes lui créent des besoins impérieux, besoins qu'il ne pourra satisfaire, si on lui ôte les moyens de témoigner sa reconnaissance, son attachement, son affection, en l'empêchant de léguer à son fils, à son bienfaiteur, à son ami, des biens acquis avec peine, le champ qu'il a su fertiliser, les fruits qu'il a récoltés au prix de ses veilles, la matière inerte que son intelligence a transformée en une source de jouissances et de richesses.

Quoi ! l'homme arroserait la terre de ses sueurs, dans le but unique de trouver du pain aujourd'hui et demain ; et si la mort le surprenait au milieu de ses travaux, sa compagne et ses fils seraient exclus du toit qui les a jusqu'alors abrités ; un autre s'approprierait les fruits de ce champ qu'ils ont labouré, ensemencé avec le père de famille, leur lot serait le même que celui de l'étranger, de l'oisif et du dissipateur ; tout lien entre le passé et l'avenir serait brisé, anéanti ! Serait-ce là de la justice ?

Mais, direz-vous, cet homme n'a ni enfants ni famille : pourquoi ses biens ne rentreraient-ils pas dans le domaine commun ? Pourquoi ! parce qu'il a peut-être près de lui un bienfaiteur que la reconnaissance lui fait un devoir de secourir, un serviteur à récompenser, un ami auquel il veut témoigner son affection : et ces biens qu'il a su acquérir et conserver, vous voulez qu'il s'en sépare sans satisfaire les besoins de son cœur ! Mais alors ces sentiments qui ennoblissent l'humanité seraient un don funeste, une source de découragement et de craintes, la négation de toute joie intime, de tout bonheur domestique, en un mot, le renversement de tout ordre moral, de toute solidarité entre les hommes.

En disant que le droit de transmettre n'est pas dans la nature, on oublie que, dans toute société, le droit naturel a besoin d'être organisé, c'est-à-dire de se transformer en lois positives, modifiées dans leurs applications selon la condition des peuples, et ces lois doivent reposer non-seulement sur les besoins physiques de la société, mais encore sur ses besoins et ses liens moraux [1].

Le droit de transmettre a existé de tout temps et chez tous les peuples : ceci nous montre qu'il est dans la nature ; s'il a résisté à toutes les attaques, c'est qu'il est d'accord avec la conscience, c'est qu'il est légitime ; et si, dans l'exercice de ce droit, il se glisse parfois des abus nuisibles aux masses, il faut s'en prendre aux lois organiques du pays, qui, lorsqu'elles sont libérales et intelligentes, peuvent toujours prévenir l'accaparement ou la trop longue perpétuité de la propriété dans une même famille, perpétuité que la mort resserre parfois dans de bien étroites limites.

Les premiers Romains n'avaient peut-être pas suffisamment obvié à ce double danger, car l'esprit de leur législation était le maintien des biens dans la famille, par la transmission de mâle en mâle, à l'exclusion des descendants par les femmes ; et, bien que le *paterfamilias* eût reçu de la loi des Douze-Tables le pouvoir absolu de disposer par testament en faveur de qui il voulait, ce tempérament, loin d'empêcher la perpétuité des biens dans les familles, ne faisait le plus souvent que la favoriser. Mais, d'un autre côté, les citoyens entre eux avaient toute liberté d'aliéner leurs biens à titre particulier, de les transmettre par le mouvement du commerce, et cette liberté ne fit que se développer avec le temps.

---

[1] V. Montesquieu, *de l'Esprit des lois*, liv. XXVI, chap. XV ; Thiers, *de la Propriété*, chap. VII ; H. Thiercelin, *Principes du droit*, chap. VII et VIII.—V. aussi Robertson, *Histoire de l'Amérique*, t. 2, p. 294, et la note.

171. La loi des Douze-Tables avait organisé la propriété romaine, c'est-à-dire le *dominium ;* elle n'en admettait pas d'autre [1]. Les citoyens romains seuls pouvaient avoir le *dominium* [2] : d'où la dénomination de *dominium ex jure Quiritium ;* ils étaient propriétaires *ex jure Quiritium* ou ne l'étaient pas du tout [3]. Le *dominium* s'appliquait aux meubles sur tout le territoire romain, et à l'*ager romanus* [4], puis il fut étendu au sol italique [5]. V. n°ˢ 195 et 444.

Il conférait au *dominus* un pouvoir absolu et perpétuel sur la chose, avec tous ses avantages [6]; mais la loi des Douze-Tables avait permis de morceler le *dominium*, de répartir les avantages de la chose dans plusieurs mains et sous plusieurs faces, en d'autres termes, elle avait autorisé des démembrements de la propriété [7]. V. n°ˢ 22, 185, 442, 443.

Originairement, dans le système judiciaire des *legis actiones*, le maître pouvait faire reconnaître son droit de propriété par l'*actio sacramenti* [8]; plus tard, dans le système formulaire, il était protégé par une action réelle civile, appelée *rei vindicatio*, qui le mettait à même de se faire restituer sa chose partout où elle était [9]. Cette action se donnait aussi à celui qui n'avait qu'un démembrement de la propriété [10].

Le *dominium ex jure Quiritium* était donc le droit exclusif acquis à perpétuité à un citoyen sur une chose mobilière ou sur le sol italique, et protégé d'abord par l'*actio sacramenti*, ensuite par la *rei vindicatio* [11].

172. Par quels moyens s'acquérait le domaine quiritaire?

Indépendamment de l'occupation et de la tradition, modes du droit des gens [12], on ne connaissait alors que la mancipa-

---

[1] Gai., 2, § 40.—V. L. 5, *de Just. et jur.*
[2] Gai., 2, § 40. — V. art. 11 et 13, Cod. Nap.
[3] *Ibid.*
[4] Varro, *de Ling. latin.*, v. 33, 55.
[5] Ulp., 19, § 1.
[6] V. Gai., 1, § 15.

[7] L. 8, *de Serv. rust.*
[8] Gai., 4, § 11-17.
[9] Gai., 4, § 1-4, 30; L. 9, *de Reiv.*
[10] *Ibid., ibid.*—V. art. 526, Cod. Nap.; 59, Pr. civ.
[11] V. Cicer., *pro Flacco*, § 32.
[12] Gai., 2, § 66.

tion [1], l'usucapion [2] et la loi [3], comme modes du droit civil; l'usucapion, moyen passif, qui se prêtait peu aux mutations conventionnelles, la loi ou le testament, qui s'y prêtait encore moins. Quant à la mancipation, appelée *venditio per æs et libram*, c'était le seul moyen actif de transmettre entre vifs certaines choses, qu'on nommait pour cette cause *res mancipi*: d'où le mot *commercium*, pour exprimer la faculté de faire une mancipation [4]; et comme les conditions requises étaient les mêmes pour le mancipateur, l'acheteur et les témoins, le *commercium* était à vrai dire la faculté de participer à l'accomplissement de la mancipation. Enfin, la tradition ne servait à transmettre que les choses qu'on ne pouvait pas manciper, et qu'on appelait *res nec mancipi*. V. nos 25, 50.

173. Lorsque les citoyens employaient la tradition en vue de se transmettre entre vifs une chose susceptible de mancipation, le *tradens* n'en conservait pas moins le domaine quiritaire, l'*accipiens* n'acquérait sur-le-champ ni la propriété ni l'*actio in rem civilis*, mais il pouvait y arriver par l'usucapion, c'est-à-dire, par la possession continuée pendant un certain temps; et, dans l'intervalle, le magistrat venait à son secours, en lui accordant une *actio in rem prætoriana*, pour réclamer la chose partout où elle était. Cette action prétorienne, dite Publicienne, était appelée *utilis*, parce qu'elle était donnée *utilitate suadente*, par extension de la revendication. Telle fut l'origine de l'*in bonis* ou propriété du droit des gens [5], qui conférait tous les avantages de la chose, *bona*, en ne refusant que le titre de *dominus*.

174. Le mouvement commercial se trouvait ainsi singulièrement entravé à l'origine, à tel point que les citoyens ne pouvaient commercer avec les pérégrins : mais le droit prétorien combla cette lacune, et finit par admettre que

---

[1] Vat., fragm., § 50.
[2] Gai., 2, § 42.
[3] Ulp., 19, § 17.

[4] Ulp., 19, § 4; Paul., 3, sent. 4, § 7.
[5] Gai., 2, § 40, 41.

l'*in bonis* pourrait appartenir aux pérégrins aussi bien qu'aux citoyens [1], avec cela de particulier que les pérégrins ne pourraient usucaper et acquérir le domaine quiritaire [2].

175. Dès lors, l'*in bonis* put porter sur toute espèce de choses. Il procurait d'ailleurs les mêmes avantages que le *dominium* [3], excepté que le *dominus* pouvait rendre l'esclave citoyen romain par la manumission, tandis que celui qui avait un esclave *in bonis tantùm* n'en pouvait faire qu'un Latin Junien [4].

176. A compter de cette époque, le domaine quiritaire ne fut plus seul. La propriété prétorienne marcha côte-à-côte avec la propriété civile [5]; bien plus, elles ne furent pas exclusives l'une de l'autre sur une même chose [6], « *ita ut alius possit esse ex jure Quiritium dominus, alius in bonis habere* » [7]. Si, en effet, au lieu de manciper un esclave, le vendeur en faisait tradition à l'acheteur, l'esclave restait *in bonis* de celui-ci, et *ex jure Quiritium* de celui-là, tant que l'usucapion n'était pas accomplie [8]; et si, dans cette position, le vendeur revendiquait l'esclave, l'acheteur le repoussait par l'exception *rei venditæ et traditæ* [9]; de même que cet acheteur recouvrait, à l'aide de la Publicienne, la possession qu'il avait perdue [10]; de telle sorte qu'à vrai dire le *nudum jus Quiritium* n'était qu'un vain titre, dépourvu d'intérêt [11], excepté pour ce qui regardait l'esclave, lequel ne pouvait devenir citoyen sans la participation du vendeur resté *dominus* [12], qui, rigoureusement, avait le moyen de ne donner qu'à prix d'argent son concours à la manumission. Mais une fois le délai de l'usucapion écoulé, l'acheteur, citoyen romain, avait sur l'esclave *plenum jus*, c'est-à-dire les avantages de la propriété préto-

---

(1) Gai., 2, § 40.
(2) Vat. frag., § 47.
(3) Ulp., 19, § 20.
(4) Gai., 1, § 167.
(5) Gai., 1, § 54.
(6) Gai., 2, § 41.
(7) Gai., 2, § 40.

(8) Ulp., 1, § 16.
(9) Gai., 2, § 41; L. 52, *de Adq. rer. dom.*
(10) Gai., 4, § 36.
(11) Gai., 1, § 54.
(12) Ulp., 1, § 16; Gai., 1, § 167.

rienne et de la propriété civile réunies, comme si cet esclave lui eût été mancipé ou cédé dès l'origine [1].

L'*in bonis* était donc le droit exclusif acquis à un citoyen ou à un pérégrin sur une chose quelconque, et protégé tant par la Publicienne que par une exception, même contre le *dominus*.

177. Mais avec le temps, le domaine quiritaire n'embrassa plus seulement les meubles et le sol italique, il fut étendu à certains territoires placés en dehors, lesquels, en recevant le *jus italicum* par concession et par faveur, étaient censés situés en Italie [2]; il put aussi être acquis par les Latins, quelquefois même par les pérégrins [3]; enfin, la *cessio in jure* et l'adjudication furent ajoutées aux modes d'acquisition de la propriété et de ses démembrements sur toute espèce de choses [4]. On était ainsi arrivé à élever à la condition civique certaines personnes, certains territoires et certains moyens, que la loi des Douze Tables n'avait pas reconnus [5].

178. En appliquant les formes du *mancipium* à la confection des testaments, qui jusqu'alors se faisaient toujours *calatis comitiis*, on permit en certains cas de tester en faveur des Latins et des pérégrins. C'était étendre le *jus mancipationis faciendæ* des citoyens romains aux Latins et aux pérégrins; et le *commercium*, proprement dit, continua d'être la faculté de participer activement et passivement à l'accomplissement de la mancipation [6]. Enfin, le mot *commercium* finit par être détourné de sa première acception; ce ne fut plus

---

(1) Gai., 2, § 41.
(2) L. 1, *de Cens.*
(3) Ulp., 19, § 4, 5; 20, § 14.
(4) Ulp., 19, § 2, 16.
(5) La *cessio in jure*, quoique mentionnée dans la loi des Douze Tables (Vat., fragm., § 50), ne paraît pas avoir été un mode d'acquisition de la propriété dès cette époque, puisque c'est un procès fictif, qui suppose une propriété déjà acquise. Comment croire que la loi décemvirale, loi si éminemment positive, eût créé un moyen fictif? D'ailleurs la coexistence pri-

mitive de la cession juridique et de la mancipation comme moyens d'acquérir s'accorderait mal avec l'idée, universellement reçue et appuyée par les textes, que le *commercium* était à l'origine la faculté de participer à la mancipation. C'est donc que la mancipation était alors le moyen unique de transmettre entre-vifs les *res mancipi*, car, si la cession juridique eût aussi été un moyen, le *commercium* aurait été la faculté de participer à ces deux opérations. V. Ulp., 19, § 4; Paul., 3, sent. 4, § 7.
(6) Ulp., 19, § 4; Paul., 3, sent. 4, § 7.

7

seulement *jus mancipationis faciendæ*, mais « *jus emendi venden-
dique invicem* » [1]; et, par cette expression, on indiquait alors
qu'une personne pouvait acheter et vendre tout ce qui était
dans le commerce [2], ou bien qu'une chose était en dehors
du commerce relativement à cette personne [3] ou d'une manière absolue [4].

179. Quant au sol provincial qui n'avait pas été doté du *jus
italicum*, il était placé en dehors du *commercium* et soumis à
un régime spécial, qui en faisait une propriété de troisième
ordre dans la main des particuliers. Il se divisait en fonds
stipendiaires, dont le *dominium* appartenait au peuple pris collectivement, et en fonds tributaires, dont le *dominium* appartenait à César [5]. Les fonds étaient concédés par fractions à des
particuliers, moyennant une redevance périodique; la redevance des fonds stipendiaires entrait dans l'*ærarium*, trésor du
peuple, et se nommait *stipendium*, de *stips*, petite monnaie; celle
des fonds tributaires entrait dans la caisse du fisc, trésor du
prince, et s'appelait *tributum*, taxe, impôt [6]. Tant qu'un concessionnaire payait la redevance, il était considéré comme possesseur
et usufruitier [7], il avait tous les avantages de la chose, il était
protégé par les interdits utiles ou quasi-possessoires [8], par la
præscriptio longi temporis [9], et plus tard par la Publicienne
utile [10], c'est-à-dire par la revendication élevée à la troisième
puissance. Le concessionnaire pouvait même transmettre sa
jouissance à titre d'hérédité ou autrement [11]; mais on déposs-
sédait celui qui cessait de payer la redevance.

180. Le sol provincial, n'étant pas, à vrai dire, susceptible
de propriété privée, ne pouvait pas davantage être démembré,
mais on parvenait à établir des droits analogues aux démem-

---

[1] Ulp., 19, § 5.
[2] Ulp., 19, § 4; L. 34, § 1, *de Contrah. empt.*
[3] L. 1, § 2, *Quæ res pign.*; L. 40, *de
Legat.* 1; L. 49, § 2, 3, *de Legat.* 2; L.
34, *de Verb. oblig.*
[4] L. 34, § 1, *de Contrah. empt.*; L.
83, § 5, *de Verb. oblig.*
[5] Gai., 2, § 21. — C'étaient les ancien-

nes provinces qui appartenaient au peuple,
et les nouvelles à l'empereur.
[6] L. 27, *de Verb. signif.*
[7] Gai., 2, § 7.
[8] L. 1, § 1, 9, *de Superfic.*
[9] L. 8, pr., *de Præscript. trig. ann.*
Cod.
[10] L. 12, § 2, *de Public. act.*, Dig.
[11] Theoph., *Paraphr.*, § 40, *de Div. rer.*

brements de la propriété, au moyen de la protection du préteur « *tuitione prætoris* [1] » , tandis que, pour démembrer les meubles, même en province, et les fonds dotés du *jus italicum*, on employait les mêmes modes civils que pour l'acquisition du *dominium*.

181. La distinction entre les fonds italiques et les fonds provinciaux, entre les *res mancipi* et *nec mancipi*, entre l'*in bonis* et le *dominium ex jure Quiritium*, avait fini par s'affaiblir et s'éteindre dès avant Justinien [2] ; puis cet empereur déclara formellement supprimer toute différence entre eux [3] , de manière que, dans la législation justinienne, on ne connaît plus qu'une propriété, c'est toujours le droit qui fait qu'un individu est « *plenissimus et legitimus dominus* [4] », le droit qui confère à une personne *plenam in re potestatem* [5].

182. A part les différences que nous venons de signaler et qui s'effacèrent peu à peu, le *dominium* et l'*in bonis*, la propriété civile et la propriété prétorienne, produisaient des avantages et des effets analogues, qu'on retrouve au temps de Justinien, et qui se concentrent tous dans la puissance absolue sur une chose : droit de s'en approprier tous les produits périodiques ou non, droit aux accroissements, faculté d'en disposer à son gré, de l'aliéner, de la démembrer, de la modifier, de la consommer, de la détruire, sans aller cependant jusqu'à en mal user [6]. Tels sont les avantages dont la réunion constitue la *plena proprietas* [7]. V. nᵒˢ 442, 444.

183. La propriété est donc un droit complexe. Elle se subdivise ainsi dans la main du maître : — *jus fruendi*, droit de percevoir tous les fruits, c'est-à-dire tous les produits que la chose est destinée à donner périodiquement, par exemple, recueillir les fruits d'un jardin ; — *jus utendi*, droit de se servir de la chose, de l'employer à un usage qui puisse se renouveler, sans prendre ni fruit ni produit quelconque , par

---

[1] Vat. frag., § 61.
[2] Vat. fragm., § 259, 283, 293, 315, 316 ; L. un., *de Usuc. transf.*, Cod.
[3] Instit. Just., § 40, *de Div. rer.*

[4] L. un., *de Nud. jur. quirit. tol.*, Cod.
[5] Instit. Just., § 4, *de Usufr.*
[6] V. L. 70, *de Verb. signif.*
[7] L. 2, *Quib. mod. ususfr.*

7.

exemple, se promener dans le jardin ; — *jus abutendi*, droit à tous les autres avantages de la chose, c'est-à-dire faculté d'en faire un usage qui ne se renouvellera plus, de la transformer, la détruire, la transmettre à autrui.

Au résumé, le domaine ou la propriété est le droit d'user, de jouir et de disposer de la chose d'une manière exclusive [1]. V. n° 444.

184. On appelle *dominus* le maître qui, seul et sans partage, prend tous les avantages qu'une chose est susceptible de procurer [2], tandis qu'on donne des noms divers aux personnes qui sont appelées à partager ces avantages, quand le droit de propriété est restreint.

Toutes les fois que la propriété appartient à deux ou plusieurs personnes, de manière qu'elles ont un droit semblable à tous ses avantages, ces divers maîtres se nomment *socii* ou bien *domini*, copropriétaires [3], et l'on dit qu'ils ont la chose *pro indiviso*, en commun [4]. V. n° **20.**

185. Toutes les fois que les attributs de la propriété sont répartis entre plusieurs personnes, de manière qu'aucune d'elles ne prenne part à tous ses avantages ou que toutes y participent d'une manière dissemblable, la propriété se trouve démembrée, et chaque démembrement a une existence propre, qui en fait un droit analogue au *dominium*.

Ainsi, quand une personne a exclusivement le *jus utendi et fruendi* [5] pendant un certain temps, à l'expiration duquel une autre personne aura à perpétuité l'usage, la jouissance et la disposition exclusive de la même chose, le droit de la première personne se nomme *ususfructus*, le droit de la deuxième *proprietas* [6] ou *nuda proprietas* [7] ; la première personne s'appelle *usufructuarius* [8] ou *fructuarius* [9], la deuxième *proprietarius* [10]

---

[1] V. l'*Exposé des princip. génér. du dr. rom. sur la propriété et l'usufruit*, n°s 1 et suiv., par M. Pellat.
[2] L. 2, § 1, *de Relig.*
[3] *Ibid.* ; L. 17, *de Adq. rer. dom.* ; L. 4, *Si ex nox. caus.* — V. art. 1686, Cod. Nap.
[4] L. 8, *de Adq. rer. dom.* — V. art. 1686.
[5] L. 1, § 1, *de Usu et habit.*
[6] Paul., 3, sent. 6, § 28.
[7] L. 8, *de Usu et usufr.* ; L. 33, *de Reiv.*
[8] L. 16, *de Usu et habit.*
[9] Paul., 3, sent. 6, § 29.
[10] L. 2, § 7, *de Relig.*

ou *dominus proprietatis* [1], et celle-ci n'a que le droit de disposer, le *jus abutendi*, bien amoindri, tant que dure le droit de l'usufruitier [2]. V. n° 310.

Quand le *jus utendi* est seul détaché de la propriété, il y a *nudus usus*, droit d'user sans toucher aux fruits [3], au profit d'un usager, qui se nomme *usuarius* [4], tandis que le maître continue de s'appeler *dominus* [5] ou *proprietarius* [6].

Si enfin l'usage, les fruits et la propriété sont répartis entre trois individus distincts, il y a *usuarius*, *fructuarius* et *proprietarius* [7]. V. n°s 376 et suiv.

Spécialement, l'usage d'une maison constitue quelquefois un droit particulier, qu'on appelle *habitatio* [8]. V. n° 393.

186. On voit que la qualification de *nuda*, attachée à *proprietas*, vient de ce que, relativement au maître, la propriété est dépouillée de ses principaux attributs ; aussi l'appelle-t-on *plena proprietas*, lorsque tous ses avantages sont réunis dans la même main [9]. V. n° 444.

187. Une autre manière de démembrer la propriété consiste à imposer à perpétuité une charge à un immeuble, pour le service et l'utilité d'un immeuble voisin, appartenant à un autre maître, comme un droit de passage, un droit de vue. Ce sont des démembrements, parce qu'ils détériorent l'un des immeubles, en même temps qu'ils améliorent l'autre. On les appelle *jura prædiorum* ou *servitutes prædiorum;* l'immeuble grevé prend le nom de fonds servant, *prædium serviens*, et l'immeuble qui en profite reçoit le nom de fonds dominant, *prædium cui servitus debetur* [10]. V. n° 243.

188. De même que le *jus abutendi* confère au propriétaire le *jus vindicandi*, ou droit de réclamer la chose en justice contre tout détenteur, de même les démembrements donnent le droit

---

[1] L. 16, § 1, *de Usu et habit.*: L. 2, § 1 ; L. 47, *de Relig.*

[2] L. 1, 2, 9, *de Usufr. ader.*

[3] L. 1, *de Usu et habit.*

[4] L. 18, *eod.*

[5] L. 10, § 4, *de Usu et habit.*

[6] L. 12, *eod.*

[7] L. 14, § 3, *eod.*—V. art. 578 à 636, Cod. Nap.

[8] L. 10, *eod.*

[9] L. 2, pr., *Quib. mod. us. am.*

[10] Gai., 2, § 14.

de revendiquer l'usufruit, l'usage, l'habitation, la servitude prédiale [1]. Dans le système judiciaire formulaire, chacun de ces droits est protégé par la *rei vindicatio* [2], autrement appelée *actio in rem civilis;* puis spécialement, quand cette action se donne à l'usufruitier, à l'usager ou à l'habitant, elle se nomme *actio in rem confessoria,* tandis qu'on appelle *actio in rem negatoria* celle qui sert au propriétaire à repousser quiconque prétendrait à tort exercer sur sa chose un droit d'usufruit ou un autre démembrement [3].

189. Enfin il a existé à Rome trois institutions restrictives du droit du maître : l'une appelée vectigal, plus tard emphytéose, était une sorte de louage, qui attribuait au tenancier tous les avantages d'un fonds, quelquefois à perpétuité, à la charge de le défricher, planter et ensemencer, le plus souvent aussi à la charge de payer au *dominus soli* une redevance périodique, qu'on nommait *vectigal, solarium* ou *pensio* [4]; la deuxième, appelée droit de superficie, conférait au concessionnaire sur les constructions d'un terrain un droit analogue à celui de l'emphytéote sur le sol d'un fonds vectigal [5]. Ces deux démembrements participaient tout à la fois de la propriété et de l'usufruit, et étaient protégés par la Publicienne utile [6]. La troisième institution, qu'on appelait gage ou hypothèque, conférait au créancier une garantie réelle sur une chose, et lui procurait l'action Servienne ou hypothécaire [7] et la Publicienne utile [8]. V. n° 442.

190. On voit par ce qui précède que la législation romaine ne s'occupe pas seulement des objets matériels, qu'elle a aussi créé des abstractions. De là est née une distinction des objets du droit en *res corporales* et *res incorporales* [9]. V. n° 398.

---

[1] Gai., 4, § 3.
[2] L. 25, pr., *de Oblig. et action.*
[3] Instit. Just., § 1, 2, *de Action.*
[4] § 3, *de Loc. et cond. eod.*
[5] *Ibid.*
[6] L. 12, § 2, 3, *de Publ. act.*

[7] Instit. Just., § 4, *Quib. mod. re;* § 7, *de Action.*
[8] L. 16, *de Servit.* — V. art. 2071 à 2203, Cod. Nap.
[9] L. 4, § 1, *de Div. rer.;* Gai., 2, § 12; L. 222, *de Verb. signif.*

§ 1.

191. Sont incorporelles les choses susceptibles d'être touchées, c'est-à-dire qui tombent sous nos sens externes (*quæ sui natura tangi possunt*), comme un fonds, un esclave, un vêtement, l'or, l'argent, et généralement tout ce qui est dans la nature physique [1].

§§ 2 et 3.

192. Sont incorporelles, les choses qui ne tombent pas sous nos sens (*quæ tangi non possunt*). Ce sont des abstractions de pure création juridique, qui ne peuvent être saisies que par l'intelligence, et qui consistent toujours dans un droit (*in jure consistunt* [2]).

193. Qu'est-ce donc qu'un droit (*jus*), expression que nous rencontrons si souvent ?

C'est une relation établie par la loi entre deux personnes, ou entre une personne et une chose, ou entre deux choses. De là deux droits, l'un personnel, qui est garanti par une action *in personam*, nommée *condictio*, l'autre réel, qui est garanti par une action *in rem*, nommée *vindicatio* [3].

On appelle *jus in personam* la relation légale qui existe entre deux personnes, et qui oblige l'une envers l'autre à donner, à prester ou à faire quelque chose. C'est pour cela qu'on la nomme ordinairement *obligatio* [4], quelquefois *juris vinculum* [5]. V. n°s 396, 412, 421.

On appelle *jus in re* la relation légale qui existe entre une personne et une chose ou bien entre deux choses. Entre une personne et une chose il y a le *dominium*, l'*ususfructus*, l'*usus*, l'*habitatio*, le *nudum jus Quiritium* ou *nuda proprietas*; de plus

---

[1] L. 1, § 1, *de Div. rer.*; Gai., 2, § 13.
[2] L. 1, § 1, *de Div. rer.*; Gai., 2, § 14; L. 27, § 1; L. 29, 30, *de Hæred. petit.*; L. 21, 23, 49, *de Verb. signif.*; L. 41, § 3, *de Legat.* 1.
[3] L. 25, pr., *de Obl. et action.*
[4] L. 3, pr., *cod.* —V. Voet, ad tit. *de Reiv.*, Dig.
[5] L. 54, *cod.*

l'*in bonis*, le *jus emphyteuticum*, le *jus superficiarium*, le *pignus* et *hypotheca*; entre deux choses il n'y a que les *jura prædiorum*. V. nᵒˢ 396, 442, 443.

On compte encore le *jus hæreditatis* (droit d'hérédité) ; mais il ne forme point une troisième classe, il participe tout à la fois du droit réel et du droit personnel [1]. Puis enfin les *jura patronatûs* confèrent au patron et à ses enfants certains droits tout particuliers contre l'affranchi [2].

194. Tels sont en somme tous les *jura*, tous les droits qui peuvent se résoudre en avantages pécuniaires, et que la loi positive a établis ou consacrés pour la société romaine (sans parler de la *potestas*, de la tutelle et de la curatelle, qui, n'étant pas appréciables à prix d'argent, n'augmentent point le patrimoine et ne figurent point parmi les *res*). Mais il est évident que les choses incorporelles ne seraient rien sans les choses corporelles, que les *jura* ne peuvent procurer d'avantage réel sans la matière, et, réciproquement, que les choses corporelles ne nous procurent d'avantages que par les *jura* : aussi cette nouvelle division aboutit-elle, à vrai dire, à distinguer le droit de son objet [3]. V. nᵒ 396.

195 Le *dominium* est le plus étendu de tous les droits ; et cependant les jurisconsultes romains ne l'ont jamais classé nominativement parmi les choses incorporelles, tandis qu'ils y classent toujours les autres droits. D'où vient cette lacune ?

Elle tient autant au sentiment de la propriété chez l'homme qu'à une habitude de langage. En nous conférant un pouvoir absolu sur une chose corporelle, le *dominium* semble nous identifier tellement avec elle que nous ne voyons que l'objet ; notre pouvoir étant exclusif et sans partage, l'esprit n'a point à distinguer par la perception d'un droit rival, et l'on dit sans hésiter : Cet esclave est à moi. L'usufruitier, au contraire, n'ayant qu'un avantage restreint, voyant toujours en face le

---

[1] Gai., 2, § 34, 37. — V. art. 718, 792, Cod. Nap.

[2] V. tit. *de Bon. libert. et jur. patron.*, Dig.

[3] L. 15, *de Reg. jur.* — On compte quelquefois la *possession* parmi les choses incorporelles (Vat. fragm., § 1; L. 44, pr., *de Adq. vel. am. poss.*

nu propriétaire, rend l'idée de son droit limité en disant : j'ai le droit d'usufruit sur cet esclave. C'est cette habitude qui s'est perpétuée dans la langue juridique : *Hunc ego hominem ex jure Quiritium meum esse aio* [1], dit le maître; *aio jus utendi et fruendi in hoc homine esse meum*, dirait l'usufruitier [2]; l'un porte son affirmation immédiatement sur l'objet, l'autre la porte immédiatement sur le droit et secondairement sur l'objet ; l'un *vindicat rem*, l'autre *vindicat jus*. C'est qu'en réalité la propriété se présente à nous instinctivement comme un droit indivisible et absolu, le *dominium* se confond avec la chose, avec la matière, et nul doute qu'à son origine la société romaine ne connaissait pas de démembrement, excepté peut-être les droits de passage et d'écoulement des eaux d'un fonds sur un autre. V. nos 22, 171, 209, 412.

196. Les *jura in re* conservent cette dénomination quand on les considère comme un avantage, tandis qu'ils prennent le nom de *servitutes* quand on les regarde comme une charge [3]. De là est née la distinction des servitudes personnelles et des servitudes réelles, « *servitutes aut personarum sunt... aut rerum* [4] ». Les servitudes personnelles sont l'usufruit, l'usage et l'habitation; on les appelle ainsi parce qu'elles procurent un avantage à une personne, parce qu'elles profitent directement à l'usufruitier, à l'usager, à l'habitant [5]. Il n'y a de servitudes réelles que les *jura praediorum*, lesquels, étant toujours établis sur un fonds pour l'usage d'un autre fonds, ne profitent et ne nuisent qu'indirectement aux propriétaires [6]. V. nos 187, 243, 310, 339, 380, 393.

197. Les servitudes personnelles portent sur des meubles ou sur des immeubles : on a l'usufruit d'un livre, d'un tableau, d'un fonds de terre [7], tandis que toujours les servitudes

---

[1] Gai., 4, § 16. — Les textes n'emploient le mot *dominium* qu'autant que cela est nécessaire pour éviter l'ambiguïté, par exemple, quand on compare la propriété avec le droit de gage (L. 63, § 4, *de Adq. rer. dom.*).

[2] Gai., 4, § 3.

[3] Gai., 2, § 14. — V. art. 578, 637, Cod. Nap.

[4] L. 1, *de Servit.*

[5] L. 21, *de Verb. signif.*

[6] L. 1, *de Servit.*

[7] L. 3, § 1, *de Usufr.*

réelles portent sur un fonds, ce qui les fait aussi appeler servitudes prédiales [1]. Mais un caractère commun à toutes les
servitudes, c'est que toujours elles grèvent la chose d'autrui,
autrement elles ne seraient pas des démembrements de la
propriété, « *nulli enim res sua servit* » [2]. Un autre caractère
commun, c'est que les servitudes imposent aux propriétaires
de la chose grevée la charge de laisser faire ou de s'abstenir,
jamais de faire, « *servitutum non ea est natura ut aliquid faciat quis, sed ut aliquid patiatur aut non faciat* » [3]; et ce caractère sert à distinguer les servitudes d'avec les obligations,
qui toujours imposent à la personne la charge de donner,
de faire ou de prester [4]. V. n°ˢ 193, 242, 243, 311.

198. Le caractère saillant des servitudes prédiales, c'est
d'accroître l'importance et l'utilité réelle du fonds dominant,
en le rendant plus fertile, plus commode, plus agréable ou
plus salubre [5], en même temps qu'elles diminuent l'importance du fonds servant, en le rendant moins commode, moins
fertile ou moins agréable; en un mot, les servitudes réelles
déposent une empreinte sur les fonds mêmes, elles les affectent dans leur substance et leur manière d'être, elles profitent directement à l'un et l'améliorent, elles nuisent à
l'autre et le détériorent, sans être une gêne ni un avantage
personnel pour les propriétaires. V. n° 244.

199. Le caractère saillant des servitudes personnelles, c'est
de scinder les avantages que la chose asservie peut procurer,
de les morceler, de les répartir entre plusieurs personnes, au
lieu de les laisser tous au propriétaire; en un mot, les servitudes personnelles profitent directement à l'usufruitier, à
l'usager, à l'habitant, elles lui procurent un profit immédiat;
mais elles n'affectent nullement la chose dans sa substance et
son individualité, elles n'en diminuent ni la fécondité, ni
l'agrément, elles ne la détériorent pas. V. n° 310.

---

[1] L. 1, § 1, *Com. præd.*

[2] L. 26, *de Serv. urb.*

[3] L. 15, § 1, *de Servit.*

[4] L. 3, pr., *de Obl. et act.* — V. art. 1101, Cod. Nap.

[5] L. 17, *de Servit.*; L. 3, *de Aqua cott.*; L. 86, *de Verb. signif.*

200. Les servitudes réelles étant des qualités du fonds dominant et du fonds servant, elles constituent leur manière d'être, elles les suivent dans quelques mains qu'ils passent, se transmettant activement et passivement avec eux et non sans eux [1] ; à la différence des servitudes personnelles, qui, étant une portion de la chose assujettie, « *partem fundi* » [2], continuent de rester dans les mains de l'usufruitier, de l'usager ou de l'habitant, malgré l'aliénation de cette chose par le nu propriétaire [3]. V. n° 245.

201. Enfin, il va sans dire qu'une servitude ne peut durer plus longtemps que la personne ou la chose qui en profite : aussi les servitudes personnelles meurent-elles avec l'usufruitier, l'usager ou l'habitant ; si elles étaient perpétuelles, le *dominium* en serait démembré et altéré au point de devenir inutile au propriétaire [4] ; tandis que les servitudes prédiales peuvent durer à perpétuité, sans annihiler les droits du propriétaire servant, elles doivent même avoir une cause perpétuelle [5]. V. n°s 245, 293, 295, 361, 366, 376.

202. En récapitulant les divers modes singuliers d'acquisition, d'établissement et de transmission de la propriété et de ses démembrements, indépendamment de la tradition et de l'occupation, modes du droit des gens, que nous connaissons, on trouve la mancipation, la *cessio in jure*, l'adjudication, l'usucapion et la loi, modes du droit civil [6]. V. n°s 50, 504, 506.

Développons chacun de ces moyens.

203. Qu'est-ce que la mancipation et comment s'accomplit-elle ?

C'est une vente solennelle, qui se forme au moyen de ce que, en présence du vendeur, de cinq témoins, d'un *libripens* (porte-balance), tous citoyens romains pubères, l'acheteur, également citoyen pubère, tenant d'une main la chose *mancipi*, par exemple, un esclave, et de l'autre un morceau de

---

[1] L. 12, *Com. præd.*
[2] L. 58, *de Verb. oblig.*—V. L. 76, § 2, *de Legat.* 2.
[3] V. art. 621, Cod. Nap.
[4] L. 3, § 2, *de Usufr.*
[5] L. 28, *de Serv. urb.*
[6] Ulp., 19, § 2.

cuivre, prononce cette formule : *Hunc ego hominem ex jure Quiritium meum esse aio, isque mihi emptus est hoc œre œneáque librâ;* puis cet acheteur frappe la balance avec le morceau de métal, le donne au vendeur à titre de prix [1], et devient aussitôt propriétaire de l'esclave.

204. Sous l'empire de la loi des Douze Tables, la mancipation était toujours une opération réelle et sérieuse, appelée *venditio per œs et libram.* Alors les monnaies de cuivre étaient seules en usage : leur grossièreté et leur diversité empêchaient d'en bien apprécier la valeur ; on les pesait au lieu de les compter, « *eorumque nummorum vis et potestas non in numero erat, sed in pondere* ». On plaçait dans l'un des plateaux de la balance, qui était aussi de cuivre, un poids déterminé correspondant au prix de l'objet aliéné, et dans l'autre une quantité de cuivre équivalente, qui revenait au mancipant ; ce qui en faisait autant un échange qu'une vente. Lorsque plus tard la mancipation fut usitée fictivement, soit pour réaliser une libéralité, soit pour faire une adoption ou une émancipation, le métal n'était plus qu'un signe symbolique, on faisait un simulacre de pesée, c'était une vente imaginaire, l'aliénation était gratuite. Enfin, quand la monnaie d'or et d'argent eut été introduite, que les pièces, marquées d'une empreinte plus régulière, offrirent quelque garantie et eurent un cours légal, on n'en conserva pas moins l'usage de la balance, et, au lieu de peser, on frappait l'un des plateaux avec une pièce de monnaie de cuivre, en souvenir du seul métal qui fût usité pour la pesée primitive, puis on numérait le prix réel au mancipant lorsque la vente était sérieuse et non fictive [2].

Dans les derniers temps, la mancipation n'est le plus souvent qu'une forme symbolique, « *imaginaria quædam venditio* » [3], et le morceau de métal est remis au vendeur « *quasi pretii loco* » [4].

---

[1] Gai., 1, § 119.
[2] Gai., 1, § 119, 122.

[3] Gai., 1, § 119.
[4] *Ibid.*

205. A quels objets s'applique la mancipation?

Sous la loi des Douze Tables [1], on ne pouvait manciper que l'*ager romanus*, puis les fonds italiques urbains ou rustiques [2], les servitudes de fonds rustiques [3], les fils de famille [4], la femme *in manu* [5], les esclaves, les bêtes de somme ou de trait « *quadrupedes quæ dorso collove domantur* », c'est-à-dire les bœufs, les chevaux, les mulets, les ânes [6]. On y ajouta plus tard les fonds provinciaux qui avaient été dotés du *jus italicum* [7], et la *familia*, c'est-à-dire l'hérédité non ouverte [8]. Ce nombre n'a jamais varié depuis, de manière que la mancipation est toujours restée un moyen inapplicable aux autres choses prises individuellement, bien que ces choses se trouvent quelquefois mancipées comme accessoires, par exemple, une statue avec le jardin dont elle dépend [9].

206. De là une distinction : on appelle *res mancipi* les choses qui peuvent être transférées à autrui par la mancipation, « *undè mancipi res sunt dictæ* [10] », et l'on nomme *res nec mancipi* les choses non susceptibles de mancipation [11].

Cette division est générale et comprend tout ce qui est droit réel ou susceptible de droit réel, les choses mobilières et immobilières, les choses corporelles et incorporelles; « *omnes res aut mancipi sunt aut nec mancipi* [12] ». Indépendamment de son importance au point de vue de la cité, elle a un grand intérêt pratique [13], qui se fait sentir à chaque instant, car les *res mancipi* ne peuvent être ni transmises ni constituées par la tradition [14], tandis que les *res nec mancipi corporales* sont transmissibles par ce moyen [15]; ce qui fait que les objets les plus usuels, c'est-à-dire la plupart des meubles corporels, se sont toujours transmis facilement et n'ont point

---

[1] Gai., 2, § 47.
[2] Gai., 1, § 120.
[3] Gai., 1, § 120.
[4] Ulp., 10, § 1.
[5] Gai., 1, § 113, 118.
[6] Gai., 1, § 120 ; Ulp., 19, § 1.
[7] L. 1, *de Cens.*
[8] Ulp., 20, § 2.
[9] V. Tacit., *Annal.*, 1, 73.

[10] Gai., 2, § 22.
[11] Ulp., 19, § 2.
[12] Gai., 2, § 15 et seq.; Ulp., 19, § 1. — V. *Hist. cie. de Rome et du dr. franç.*, par M. Laferrière.
[13] Gai., 2, § 18.
[14] Gai., 2, § 29.
[15] Gai., 2, § 19; Ulp., 19, § 7.

cessé d'être dans la liberté du commerce. Ajoutons que les meubles *res mancipi*, peuvent être mancipés même en province [1], à la différence des fonds stipendiaires et tributaires, qui ne sont point susceptibles de propriété privée [2].

207. Mais on est jeté dans une grande perplexité dès qu'on cherche à découvrir la raison historique ou philosophique de la distinction dès *res mancipi* et des *res nec mancipi*. Jamais peut-être question n'a exercé davantage l'imagination des écrivains, n'a enfanté plus de divergences et plus de systèmes. Il ne suffirait pas de dire avec Gaius que les choses *mancipi* sont les plus précieuses [3], car les armes, les vases d'or ou d'argent, choses également bien précieuses, ne sont pas compris dans la nomenclature. Il ne suffirait pas d'ajouter que ce sont les choses les plus précieuses pour l'agriculture, car les *prædia urbana*, les maisons de ville ou de campagne, sont aussi *res mancipi* [4]. Voici l'opinion qui paraît la plus accréditée, encore bien qu'elle soit conjecturale, comme tout ce qui a été écrit sur ce sujet.

On sait, par divers documents anciens, que les fonds de terre, les esclaves et les chevaux pris sur l'ennemi, étaient réservés pour l'Etat, tandis qu'on laissait les armes au soldat qui s'en emparait. L'Etat distribuait ensuite les terres en vertu d'une loi. C'est aussi vraisemblablement en vertu d'une loi que tout d'abord on répartissait entre les citoyens les esclaves et les chevaux du butin. Puis, pour aliéner ces choses de particulier à particulier, au lieu de rassembler tous les citoyens dans les comices, on imagina de réunir seulement cinq citoyens pour représenter le peuple entier et figurer les cinq classes de la division faite par Servius Tullius. Enfin, à une époque plus rapprochée, le magistrat aura peut-être employé ce moyen abrégé, au lieu de faire porter une loi, pour opérer la première distribution du butin [5]; et ainsi la mancipation

---

[1] Gai., 1, § 25.
[2] Gai., 2, § 7.
[3] Gai., 1, § 192.

[4] Ulp., 19, § 1.
[5] Suivant Pompeius Festus, « MANCEPS *dictus quod manu copiatur* »; — « MANCEPS

aura remplacé une loi générale, de même qu'elle a remplacé le testament *calatis comitiis*, qui était une loi particulière.

Les choses *mancipi* auraient donc été dans l'origine celles qui, prises sur l'ennemi, appartenaient au peuple considéré en masse; et la mancipation serait le moyen usité primitivement pour transférer ces choses de citoyen à citoyen, après le partage public fait entre eux. Ce qui est certain, c'est qu'un Romain a toujours regardé comme sienne par excellence la chose provenant du butin fait à la guerre [1], et que la lance « *hasta* » est restée le symbole du droit de propriété à Rome [2] : « *mancipia verò dicta quòd ab hostibus capiantur* », dit le jurisconsulte Florentinus en parlant des esclaves [3].

208. On avait ainsi créé un mode de transmission tout à la fois solennel, spécial aux citoyens romains [4] et facilement accessible [5]. Cet acte reçut, dans la loi des Douze Tables, le nom de *mancipium*, et par contraction les choses aliénées furent appelées *res mancipi*, au lieu de *res mancipii*. Puis, avec le temps, le mot *mancipium* a été remplacé par *mancipatio*, qui indique la même opération, et qui se nomme ainsi « *quia manu res capitur* » ; de telle sorte que les meubles doivent être présents et ne peuvent être mancipés en plus grand nombre qu'on n'en peut saisir avec la main, bien qu'on ait coutume de manciper de loin les immeubles [6].

209. Les *jura prædiorum*, étant *res incorporales*, ne peuvent être pris avec la main. Cependant, comme la loi des Douze Tables avait admis certaines servitudes prédiales, dont on avait reconnu l'utilité à cause de leur importance pour l'agriculture, elles furent tout naturellement rangées parmi les *res mancipi* avec les fonds qu'elles affectaient activement et passivement [7]. Si l'on eût aussi, dès l'origine, reconnu l'utilité d'autres servitudes, nul doute qu'on les aurait également clas-

---

dicitur qui quid à populo emit conducitve, quia manu sublatâ significat se auctorem emptionis esse ».
  [1] Gai., 4, § 16. — V. Cicer., *de Off.*, 1, 7.
  [2] Gai., 4, § 16.

[3] L. 4, § 3, *de Stat. hom.*
[4] Gai., 1, § 119.
[5] Gai., 2, § 25.
[6] Gai., 1, § 121.
[7] Gai., 2, § 17.

sées parmi les *res mancipi*, tandis qu'en les introduisant plus tard, on ne les ajouta point à la nomenclature. Du reste, on n'étendit jamais le cercle étroit de ces choses, peut-être parce qu'on plaça à côté de la mancipation le moyen de la *cessio in jure*, plus large et plus nouveau [1]. On ne connaît qu'un cas où la mancipation fut étendue, et encore à l'aide d'une fiction, pour faciliter les moyens de tester [2] : aussi, lorsque le peuple romain vint à connaître d'autres animaux soumis au frein et au joug, les éléphants, les chameaux, il les laissa parmi les *res nec mancipi*, à raison de leur nature sauvage [3], et sans doute parce qu'on s'efforça toujours de resserrer une distinction qui gênait le mouvement du commerce, surtout à une époque où il s'était développé à tel point, que le *commercium*, qui pendant bien des siècles fut propre aux citoyens [4], avait fini par être concédé aux Latins coloniaires, aux Latins Juniens, quelquefois même, par faveur, aux pérégrins [5].

210. Quant aux personnes libres, la mancipation n'étant usitée que pour les rendre *sui juris*, ou pour les faire passer de la *potestas* d'une personne sous la *potestas* d'une autre, pour modifier leur *status personæ* [6], le choix de ce moyen solennel s'explique par l'importance de ces actes et par l'exclusion des pérégrins de tout ce qui se rattache à la *familia*.

211. Du reste, en examinant attentivement ce sujet, on reconnaîtra que les *res mancipi* sont le résumé de la famille romaine à son origine, qu'elles sont l'expression vraie du mot *familia* dans sa plus pure acception ; si bien que, pour disposer de la *familia*, de l'hérédité non ouverte, on finit par substituer la forme du testament *per æs et libram* au testament qui se faisait *calatis comitiis* ou *in procinctu*.

212. Qu'est-ce que la *cessio in jure ?*

C'est l'abandon volontaire qu'une personne fait à autrui de ses droits et prétentions sur une chose, devant un ma-

---

(1) Gai., 2, § 22.
(2) Ulp., 20, § 2.
(3) Ulp., 19, § 1 ; Gai., 2, § 16.
(4) Gai., 1, § 119.
(5) Ulp., 19, § 4, 5.
(6) Ulp., 10, § 1 ; Gai., 1, § 113, 118.

gistrat du peuple romain, qui le constate solennellement [1].

La *cessio in jure*, autrement dit la cession juridique, s'accomplit ainsi. Deux individus, l'un vendeur et l'autre acheteur, ou bien l'un donateur et l'autre donataire, se présentent volontairement *in jure* [2], devant le préteur à Rome ou le président en province. Là, le donataire, appuyant une baguette sur l'esclave ou autre objet donné, s'exprime en ces termes : « *Hunc ego hominem ex jure Quiritium meum esse aio, ...ecce...vindictam imposui* ». Le magistrat demande au donateur s'il réclame ; et si en effet celui-ci revendiquait de son côté, il y aurait litige, et le magistrat délivrerait une action en renvoyant les plaideurs *in judicio*, devant un juge, qui déciderait auquel des deux appartient l'esclave [3]. Mais comme ils sont d'accord, le donateur garde le silence, ou bien il répond qu'il ne conteste pas, il se retire, il cède, « *cedit* ». Alors, par un décret qui tranche tout débat, le magistrat déclare que la chose appartient au demandeur (donataire), il la lui attribue en réalité, « *rem addicit* », bien qu'il paraisse seulement consacrer un droit de propriété préexistant [4]. De manière que la cession juridique se fait « *per tres personas, in jure cedentis, vindicantis, addicentis* [5] ».

Elle est commune à tout ce qui est droit réel ou susceptible de droit réel proprement dit, en province aussi bien qu'en Italie [6], aux *res mancipi* et *nec mancipi* [7], aux choses corporelles comme aux choses incorporelles [8] : on peut donc l'employer, non-seulement pour transmettre d'une personne à une autre le *dominium* des choses corpo-

---

[1] Gai., 2, § 24.
[2] L. 11, *de Just. et jur.*
[3] Gai., 4, § 16.
[4] Gai., 2, § 24.
[5] Ulp., 19, § 9, 10.—L'*in jure cessio* est devenue l'action vulgairement appelée *rei vindicatio.* — Cujas, dans son ouvrage *ad Lib. dig. Juliani*, lib. 78, sur la L. 56, *de Reivind*, fait observer que la *rei vindicatio* n'avait lieu que pour les choses corporelles. — Ajoutons que cette action s'appliquait seulement aux choses indivi-

duelles, comme un cheval, et aux collections de choses individuelles, comme un troupeau de moutons (L. 1, § 3, *de Rei vind.*).—Puis on avait imaginé des actions fictives pour revendiquer les choses incorporelles, et la *petitio hæreditatis* pour réclamer l'universalité de biens appelée hérédité.
[6] Gai., 2, § 32.
[7] Ulp., 19, § 9.
[8] Gai., 2, § 22 ; Ulp., 19, § 9.

relles [1], ou bien une hérédité [2], mais encore pour établir les servitudes prédiales [3] et les servitudes personnelles [4].

213. L'adjudication est un acte judiciaire, par lequel un juge fait cesser l'indivision, en attribuant à l'un des cohéritiers ou copropriétaires les droits des autres sur une chose déterminée, ou bien transfère à l'un de deux propriétaires contigus une parcelle du terrain de l'autre pour redresser leurs limites. Cette opération, qui s'accomplit *in judicio*, n'a lieu que dans les trois actions *familiæ erciscundæ*, en partage d'une hérédité, *communi dividundo*, en partage de biens communs à un titre quelconque, *finium regundorum*, en bornage. Elle s'applique, comme la *cessio in jure*, à toutes choses *mancipi* et *nec mancipi* [5], corporelles ou incorporelles [6], avec cette différence que le juge *adjudicat* [7], tandis que le magistrat *addicit* [8].

214. La loi est directement attributive de propriété dans deux cas. Tel est le résultat final du legs *per vindicationem*, qui se fait en termes impératifs : « *Titius hominem Stichum sumito, capito* », ou bien « *Titio do, lego* » [9]. Du moment où l'institué devient héritier, Titius acquiert, par la seule force de la loi (*lege*), la propriété de l'esclave Stichus, qui appartenait au testateur, de même qu'il acquerrait l'usufruit qui lui serait légué en cette forme, et généralement toute chose *mancipi vel non* [10]. Le legs *per præceptionem* produit des effets analogues : « *Lucius Titius hominem Stichum præcipito* » [11]. Tel était aussi, avant sa désuétude, l'effet de la loi *Papia Poppæa*, qui attribuait à certaines personnes les choses enlevées pour incapacité ou indignité aux héritiers, aux légataires ou aux fidéicommissaires, « *caducum* vel *ereptorium* » [12]. Nous ajouterions que les riverains tiennent de la loi civile l'alluvion, l'île

---

[1] Ulp., 19, § 2.
[2] Ulp., 19, § 11 et seq.
[3] Gai., 2, § 29.
[4] Gai., 2, § 30.
[5] Ulp., 19, § 16.
[6] L. 6, § 10, *Com. divid.* — V. art. 706 et 984, Pr. civ.
[7] *Ibid.* — V. art. 838, 839, Cod. Nap.

[8] L. 6, § 10, *Com. divid.* — V. art. 706, Pr. civ.
[9] Ulp., 24, § 3, 12. — V. art. 895, Cod. Nap.
[10] Gai., 2, § 195, 200. — V. art. 579.
[11] Gai., 2, § 216, 222.
[12] Ulp., 19, § 17.

ou le lit du fleuve desséché, s'ils ne l'avaient par droit d'occupation [1]. V. n°s 77-89, 465-477.

215. La tradition est le transport volontaire de la possession par une personne à une autre. *Tradere rem*, livrer une chose, c'est mettre autrui en possession de la chose que l'on possède soi-même [2]; ce que l'on exprime par « *vacuam possessionem tradere* » [3].

216. La tradition transfère le *dominium* en même temps que la possession, toutes les fois qu'une chose *nec mancipi* est livrée par son maître *ex justâ causâ* [4], c'est-à-dire pour un motif conforme au droit, qui implique l'intention de transmettre la propriété par le *tradens* et de l'acquérir chez l'*accipiens*, par exemple, pour cause de donation ou d'échange [5].

217. La tradition ne confère que l'*in bonis* au nouveau possesseur, quand c'est une chose *mancipi* qui est livrée par le maître pour une juste cause [6], c'est-à-dire que le possesseur n'obtient ainsi que la propriété prétorienne, mais il marche désormais vers l'usucapion, qui lui procurera la propriété civile [7].

218. Quand au contraire une chose *nec mancipi*, ou même une chose *mancipi*, est livrée *justâ causâ* par un autre que le maître à une personne qui la reçoit de *bonne foi* [8], c'est-

---

[1] On pourrait encore ramener au moyen de la loi l'acquisition *per universitatem* qui se fait *per hæreditatem* aut *per adrogationem*, mais, à vrai dire, il n'y a là qu'une continuation de personne, dont les biens sont transmis accessoirement.

[2] Ulp., 19, § 7.

[3] L. 18, § 2 ; L. 34, pr., *de Adq. vel am. poss.* ; L. 4, *de Usur.*—V. art. 1604, Cod. Nap.

[4] Ulp., 19, § 7.

[5] Gai., 2, § 20 ; L. 3, § 21, *de Adq. vel am. poss.*—V. L. 31, *de Adq. rer dom.*— V. art. 1582 et 1703, Cod. Nap.

[6] Gai., 2, § 41.

[7] Ulp., 1, § 16 ; Gai., 2, § 41.

[8] L. 15, *de Usurp.*—En principe, la bonne foi n'est exigée qu'au moment de la tradition, quelle que soit l'opinion ultérieure de l'*accipiens*: il n'y a d'exception que pour celui qui possède *pro emptore*, chez qui il faut la bonne foi aux deux époques de l'achat et de la prise de possession (L. 2, pr., *Pro empt.*).—Rapprocher ici le n° 155.—La *justa causa* et la *bona fides* sont deux conditions distinctes. « La juste cause, qui motive la tradition « et montre qu'elle a eu lieu dans l'intention de transférer la propriété, » dit M. Pellat, « est une condition requise pour « les deux espèces d'usucapion, ainsi que « pour l'acquisition immédiate de la propriété sans le secours de l'usucapion « (voy. Gaius, Instit. 2, 20 ; Justinien, « § 35 et 40, Inst., *de Div. rer.* ; pr., « Inst., *de Usucap.*). Ainsi, il faut que je « possède la chose *ex justâ causâ*, pour « que j'en devienne propriétaire: 1° par « la possession instantanée, quand une « chose *nec mancipi* m'a été livrée par le

8.

à-dire à une personne qui croit que le *tradens* a la propriété [1] ou du moins le droit d'aliéner [2], il y a bien remise de la possession, mais il n'y a pas transmission de la propriété; seulement l'*accipiens* est désormais placé *in causâ usucapiendi* [3], il est en train d'usucaper, et il pourra devenir propriétaire à l'insu et même contre le gré du véritable maître, ce qui est une dérogation à la règle du droit des gens, qui n'admet pas qu'une chose puisse passer à autrui sans la volonté du propriétaire [4]. V. n° 17.

219. Il y a donc de l'analogie entre la chose placée *in bonis* et la chose placée *in causâ usucapiendi* : toutes deux sont en voie d'être usucapées [5], et toutes deux sont garanties par l'action publicienne [6], le droit prétorien ayant pour principe de protéger tout possesseur à qui il ne manque que le temps pour être propriétaire. Mais il y a aussi des différences : celui qui a l'*in bonis* recouvre la possession qu'il a perdue, en exerçant la Publicienne même contre le *dominus ex jure Quiritium* [7], de même qu'il repousse par l'exception de dol la revendication que ce dernier exerce [8], tandis que le maître qui revendique l'emporte sur le possesseur qui a la chose *in causâ usucapiendi* [9], de même qu'il paralyse par l'exception *justi dominii* l'action publicienne que le possesseur exerce contre lui [10].

220. Mais qu'est-ce que l'usucapion, dont nous avons si souvent prononcé le nom?

C'est un moyen d'acquérir la propriété d'une chose par la

« propriétaire; 2° par la possession prolongée, quand une chose *mancipi* m'a été livrée par le propriétaire ; 3° par la même voie, lorsqu'une chose, soit *mancipi*, soit *nec mancipi*, m'a été livrée par un autre que le propriétaire. Ce n'est que dans ce troisième cas qu'on exige de moi la *bona fides* ou la croyance que celui qui a livré pouvait aliéner (*exposé des Princip. génér. du dr. rom. sur la propriété, etc.*, n° 15, note 2) ».
[1] Gai., 2, § 43; L. 27, *de Contrah. empt.*

[2] L. 109, *de Verb. signif.*
[3] Gai., 2, § 43.
[4] L. 11, *de Reg. jur.* — V. art. 2265, Cod. Nap.
[5] Gai., 2, § 41, 43.
[6] Gai., 4, § 36.
[7] L. 14, *de Publ. act.*
[8] Gai., 2, § 41; L. 52, *de Adq. rer. dom.*; L. 4, § 32, *de Dol. et met. exc.*
[9] Gai., 2, § 44.
[10] L. 16, *de Publ. act.*

possession continuée sans interruption pendant le temps [1] et sous les conditions déterminées par la loi.

Sous l'empire de la loi des Douze Tables, ce temps était d'un an pour les meubles en tout lieu, et de deux ans pour les immeubles situés en Italie [2] et ceux de province qui jouissaient du *jus italicum* [3], à la condition que le possesseur eût reçu la chose de bonne foi et en vertu d'un juste titre [4], et que cette chose fût exempte du vice de vol, de possession violente [5], et de tout autre vice faisant obstacle à l'usucapion [6].

En rendant le possesseur propriétaire, en lui attribuant le domaine quiritaire, l'usucapion lui conférait l'action réelle civile pour revendiquer la chose devenue sienne partout où elle était passée [7]. A côté de cette institution, le droit honoraire avait introduit la *præscriptio longi temporis,* pour protéger celui qui, de bonne foi [8], et en vertu d'un juste titre [9], avait possédé pendant dix années continues entre présents et vingt années entre absents [10], soit un meuble, soit un immeuble situé en Italie, soit un immeuble en province doté ou non du *jus italicum* [11], pourvu que la chose fût exempte de vice propre à empêcher la prescription [12]. Cette protection du magistrat donnait au possesseur le moyen de se faire maintenir dans sa possession, en lui accordant une exception pour repousser toute action qui tendait à l'évincer [13]; mais elle ne lui procurait point la revendication, quand il venait à perdre la possession, du moins la revendication directe, car le préteur lui accordait une action réelle utile [14].

---

[1] L. 3, *de Usurp.*
[2] Gai., 2, § 42 ; Ulp., 19, § 8.
[3] L. 1, *de Cens.*
[4] L. 2, pr., *Pro. empt.*
[5] Gai., 2, § 45 ; L. 33, § 2, *de Usurp.;* L. 6, *Vi bon. rapt.*
[6] L. 4, § 29; L. 24, § 1, *de Usurp.;* L. 43, § 1, *de Adq. rer. dom.,* Dig.; L. 1, *de Serv. fugit.;* L. 2, *Comm. de usuc.,* Cod.—V. art. 2228-2264, Cod. Nap.
[7] L. 1, § 1, *de Publ. action.*
[8] L. 2, 6, *de Præscr. long. temp.,*Cod.

[9] L. 4, *ibid.*
[10] L. 2, 10, *ibid.;* Paul., 5, sent. 2, § 3.
[11] L. 3, 9, *de Divers. temp. præscr.,* Cod.
[12] L. 11, *ibid.;* L. 1, *de Præscr. long. temp.,* Cod. — V. art. 2265, 2266, Cod. Nap.
[13] L. 76. *de Contrah. empt.,* Dig.; L. 11, *de Præscr. long. temp.,* Cod.
[14] L. 12, § 2, *de Publ. action.,* Dig.: L. 8, *de Præscr. trig. ann.,* Cod.

Sous la législation de Justinien, qui a introduit d'importants changements, la dénomination de *præscriptio longi temporis* est conservée pour les immeubles, et celle d'*usucapio* pour les meubles, dans quelque endroit qu'ils soient placés; mais au fond, ces deux institutions, fondues en une seule, produisent désormais en tout lieu, non-seulement une exception, mais encore une action réelle civile, avec tous les effets attachés à l'usucapion ; laquelle est ainsi devenue le moyen d'acquérir en tout lieu les meubles par la possession de trois ans, les immeubles par la possession de dix années entre présents, et de vingt années entre absents, toujours à la condition que la chose soit exempte de vice, qu'elle ait été reçue de bonne foi et en vertu d'un juste titre [1].

224. Quant à l'occupation, ainsi que nous l'avons déjà vu, c'est le moyen d'acquérir la propriété des choses communes par la prise de possession. Lorsqu'une chose sans maître est susceptible de propriété privée, le premier qui s'en empare *animo domini* en acquiert la possession, et avec la propriété [2] : mais acquiert-il ainsi tout de suite le *dominium ex jure Quiritium*, ou bien a-t-il la chose *in bonis tantum* ?

Des auteurs pensent qu'il obtient seulement l'*in bonis ;* mais le plus grand nombre sont d'avis qu'il acquiert sur-le-champ le domaine quiritaire des *res nec mancipi*, tandis qu'ils sont plus divisés sur l'effet de l'occupation des *res mancipi* [3].

Nous pensons que toujours l'occupation d'une chose *mancipi* vel *nec mancipi* donne immédiatement la propriété civile à celui qui en prend le premier possession. Comment croire que les Romains n'attachassent pas à la conquête *plenum jus*, la puissance la plus étendue sur les choses prises à l'ennemi, eux qui regardaient la lance comme le symbole de la pro-

---

[1] L. 12, *de Præscr. long. temp.;* L. 8, pr., *de Præscr. trig. ann.;* tit. *de Usuc. transform.*, Cod.—La possession donnée par le magistrat est aussi une cause d'usucapion, mais alors on ne recherche plus si le possesseur est de bonne ou de mauvaise foi : *justè possidet qui prætore auc-* *tore possidet* (L. 11, *de Adq. vel am. poss.*, Dig.).—V. art. 2219 à 2270, Cod. Nap.

[2] L. 1, 3, *de Adq. rer. dom.;* L. 1, § 1, *de Adq. vel am. poss.*

[3] V. la *Chrestomathie*, de M. Blondeau, p. 207 et suiv., notes.

priété, « *omnium enim maximè sua esse credebant quæ ex hostibus cepissent unde in centumviralibus judiciis hasta præponitur* [1] ». En supposant, en effet, un esclave pris à la guerre ou un animal à la chasse, pour que le soldat ou le chasseur n'eût que la propriété prétorienne, il faudrait que la propriété civile restât en d'autres mains jusqu'à l'accomplissement de l'usucapion : et où serait donc ce domaine civil, ce *jus Quiritium ?...* Alors on ne comprendrait pas que Gaius parlât de l'usucapion comme nécessaire pour acquérir le *dominium* des choses *mancipi* livrées par celui qui en est le maître [2], et qu'il gardât le silence le plus absolu sur l'usucapion des choses *mancipi* vel *nec mancipi* qu'on détient par suite d'occupation. Comprendrait-on davantage que ce jurisconsulte mît sur la même ligne l'acquisition d'après les modes du droit civil et l'acquisition d'après les modes du droit des gens [3]? Et comment Paul pourrait-il dire en termes si précis que l'action *in rem* compète à celui qui, « *aut jure gentium, aut jure civili,* dominium *adquisivit* » [4]? Ajoutons que l'*in bonis* s'est introduit postérieurement à la loi des Douze Tables ; et avant cette introduction, les détenteurs d'une chose obtenue par l'usucapion n'auraient reçu aucune protection dans le système que nous combattons [5].

222. Il paraît cependant y avoir eu controverse entre les jurisconsultes romains, quant aux effets de l'occupation des choses abandonnées, *res pro derelicto habitæ*. D'après les Proculéiens, le maître qui rejetait une chose était censé en faire tradition à celui qui le premier la recueillait [6] : c'est donc que, selon eux, le maître restait propriétaire jusqu'à ce qu'un autre prît possession, de manière que le nouveau possesseur d'une chose *mancipi* était réputé l'avoir *in bonis tantùm* jusqu'à l'accomplissement de l'usucapion. Mais suivant les Sa-

---

[1] Gai., 4, § 16.
[2] Gai., 2, § 41.
[3] Gai., 2, § 65, 79.
[4] L. 23, pr., *de Reiv.*

[5] V. l'*Exposé des Princip. génér. du dr. rom. sur la propr. et l'usuf.,* n° 24, par M. Pellat.
[6] L. 2, § 1 ; L. 5, § 1, *Pro derel.*

biniens, dont l'opinion a prévalu, la chose abandonnée devient immédiatement *res nullius*, et par conséquent le nouveau possesseur en acquiert sur-le-champ le domaine quiritaire. V. nᵒˢ 167, 168, 517.

223. Nous venons de voir que la possession est le point de départ commun de l'occupation, de la tradition et de l'usucapion : qu'est-ce donc que la possession, qu'est-ce que posséder [1] ?

Dans le sens vulgaire, posséder, c'est avoir une chose en son pouvoir, n'importe à quel titre [2].

Dans l'acception légale, posséder, c'est avoir une chose corporelle en son pouvoir comme sienne [3], tandis qu'on ne fait que détenir quand on ne se comporte pas comme maître [4].

La possession est donc la détention d'une chose corporelle *animo domini*.

D'après Labéon, le mot *possessio* dérive de « *à sedibus, quasi positio* », parce qu'une chose est occupée « *naturaliter* » par celui qui est assis dessus [5]. D'après Celsus, cette expression viendrait de *à pedibus* [6], et suivant l'opinion la plus accréditée, de *posse*, pouvoir.

En d'autres termes, la possession est le fait qui répond au droit de propriété, elle en est l'exercice. Le plus souvent, la possession est réunie à la propriété dans la même main. Quelquefois cependant elle en est séparée, par exemple, dans la main d'un époux donataire de son conjoint [7].

Elle se compose du *corpus* et de l'*animus* [8], deux éléments qui peuvent aussi être réunis ou séparés : l'intention est personnelle, la volonté d'avoir la chose à soi doit toujours exister chez celui qui se pose en maître, c'est-à-dire chez celui

---

[1] V. Pothier, *Tr. de la possession ;* de Savigny, *Tr. de la possession.*
[2] L. 9, *de Rciv.*
[3] L. 3, 41, *de Adq. vel am. poss.*— V. art. 2218, Cod. Nap.
[4] L. 49, § 1, *eod.*—V. art. 1730.

[5] L. 1, pr., *eod.*—V. § 3, *eod.*
[6] L. 18, § 2, *eod.*
[7] L. 3, § 10, *de Don. int. vir. et ux.* L. 1, § 4, *de Adq. vel am. poss.*
[8] L. 3, § 1, *eod.*

qui possède [1], tandis que le fait physique peut être chez un autre qui détient pour le premier [2].

224. Comment s'acquiert et comment se conserve la possession ?

Elle s'acquiert par le concours du fait et de l'intention « *corpore et animo* »; l'intention seule ne suffit jamais, non plus que le fait seul [3].

Le *corpus* pouvant exister chez une personne autre que celle qui a l'*animus*, il en résulte que nous acquérons la possession non-seulement par nous-même, mais encore par autrui, l'intention étant chez nous et le fait matériel chez un autre, qui se fait notre instrument [4]; et nous pouvons en même temps acquérir la propriété par l'effet de l'occupation et de la tradition, qui sont des modes du droit des gens, tandis que l'intermédiaire d'une personne étrangère serait inutile dans les modes d'acquisition du droit civil. Tel est au résumé le sens de la maxime : *per extraneam personam nihil adquiri posse, nisi rerum possessionem et per hanc dominium* [5]. V. n° 7.

225. Une fois acquise, la possession se conserve aussi *corpore et animo*, l'intention persévérant en nous, le fait pouvant être chez autrui [6]; il suffit même de l'intention pour la retenir, tant que nous n'avons pas perdu la trace de la chose [7], et qu'un autre ne la détient pas pour son propre compte [8]. V. n° 17.

226. Dans tous les cas, celui qui possède pour lui-même ou pour autrui doit avoir « *affectionem tenendi* » [9], c'est-à-dire « *intellectum possidendi* » [10]; il doit avoir conscience du fait de sa possession ; de plus, celui qui détient pour autrui doit en avoir la volonté, car en voulant détenir pour soi, il acquerrait la possession pour son propre compte [11]. V. n° 9.

---

[1] L. 1, § 3 ; L. 3, § 12, *cod.*
[2] L. 25, *cod.*—V. art. 2228, Cod. Nap.
[3] L. 3, § 1, 3 ; L. 8, *cod.*
[4] L. 1, §, 3, 9 ; L. 18, *cod.*
[5] Paul., 5, sent. 2, § 1, 2 ; Gai., 2, § 95 ; L. 20, § 2, *de Adq. rer. dom.*

[6] L. 25, § 1, *de Adq. vel am. poss.*
[7] L. 24, pr., *eod.*, Dig. ; L. 4, *cod.*, Cod.
[8] L. 44, § 2, *eod.*, Dig.
[9] l. 1, § 3, *cod.*
[10] L. 1, § 9, *cod.*
[11] L. 1, § 20, *cod.*

227. La possession se perd « *animo solo* », par cela seul que nous ne voulons plus posséder [1] ; à plus forte raison la perdons-nous quand nous n'avons plus ni fait ni intention [2]. Enfin, nous la perdons malgré nous par cela seul que le fait de la détention nous échappe, quand celui qui possédait pour nous intervertit le titre de sa possession par une contradiction, de manière à posséder pour lui à l'avenir [3], ou bien quand quelqu'un s'empare de notre chose [4], ou quand le magistrat transfère à autrui la possession de notre chose [5]. V. nᵒ 17.

228. La possession est-elle réellement un fait ou bien est-elle un droit ?

Offilius, Nerva et Paul l'appellent « *res facti* » [6] ; Papinien la nomme « *jus possessionis* [7] » ; Proculus et Celsus disent, en parlant de la femme : *possessionem alienare potest* [8]. Quoi qu'il en soit de cette question, sur laquelle controversent les interprètes modernes [9], la possession procure de grands avantages.

229. Quels sont en général les avantages attachés au fait actuel de possession ?

C'est de faire obtenir au possesseur l'interdit *retinendæ possessionis* [10] ;

De lui donner le rôle de défendeur dans les actions *in rem* [11] ;

De procurer la *longi temporis præscriptio* [12] ;

De faire acquérir les fruits au possesseur qui les perçoit de bonne foi [13]. V. nᵒˢ 453, 454 ;

De mener à la propriété par l'usucapion [14] ;

Ou bien de la faire acquérir immédiatement par la tradition [15] ou par l'occupation [16]. V. nᵒˢ 8, 18, 19.

---

[1] L. 3, § 6, *eod.*
[2] L. 8, *eod.*
[3] V. L. 3, § 18 ; L. 47, *eod.*
[4] L. 15, *eod.*
[5] L. 30, § 2, *eod.*
[6] L. 1, § 3, 4, *eod.*
[7] L. 44, pr., *cod.*
[8] Vat. frag., § 1.
[9] V. Heinec., *Elem, jur.*, 824 et 1129 ; Vinn., *ad Instit.*, § 6, de In-

terd. ; Canon., *Sæpè de restit. spoli.*
[10] Gai., 4, § 148.
[11] L. 24, *de Reiv.*—V. art. 26, Pr. civ.
[12] V. *de Usurp.*, Dig.— V. art. 2228, 2262, 2266, Cod. Nap.
[13] Instit. Just., § 35, *de Div. rer.*
[14] Gai., 2, § 42 et suiv. —V. art. 2228, 2262, 2265.
[15] Ulp., 19, § 7.—V. art. 1583.
[16] L. 1, § 1, *de Adq. vel am. poss.*

En outre, l'interdit *recuperandæ possessionis* fait recouvrer la possession perdue [1], et l'on donne l'action publicienne à celui qui a perdu la possession avant d'avoir usucapé [2].

Ces divers avantages peuvent, du reste, être ramenés à un seul : c'est de faire considérer le possesseur comme propriétaire tant qu'un autre ne prouve pas que la chose est à lui ; et alors la possession est l'exercice du droit de propriété [3].

230. Il faut donc bien se garder de confondre la possession avec la propriété [4], la perte de la possession avec la perte de la propriété [5]. Certes, du moment où le dépositaire de ma chose me notifie qu'il ne veut pas me la rendre, qu'il la regarde pour sienne, du moment où il se comporte comme propriétaire, je perds la possession, et lui possède désormais pour son compte [6], parce que, pour posséder, il n'importe pas que l'on soit de bonne foi, que l'on se croie ou non propriétaire, il suffit que l'on veuille être propriétaire de l'objet que l'on détient pour soi ou pour autrui ; mais ce dépositaire possédera de mauvaise foi, il n'acquerra pas les fruits, il n'usucapera pas la chose, seulement il la gardera jusqu'à ce que je prouve qu'elle m'appartient, et elle sera perdue pour moi, si je ne réussis pas à faire cette preuve... Avons-nous besoin de le répéter ici, l'intention chez le maître suffit seule pour conserver la propriété de la chose qui est à l'état d'occupation ; c'est là un principe gravé dans la conscience, principe si puissant qu'il est l'une des bases de la société, et qu'il suffirait pour la soutenir à défaut de loi civile qui réglementât la propriété. Sans doute la privation de la possession m'expose à perdre la propriété ; mais ma dépossession n'est que l'une des nombreuses conditions dont le concours est indispensable pour me faire encourir cette perte. V. nos **17, 18, 24, 25.**

---

[1] Gai., 4, § 154, 155. — V. art. 23, Pr. civ.

[2] Gai., 4, § 36.

[3] V. art. 2228, Cod. Nap.; 23, Pr. civ.

[4] L. 12, § 1, *de Adq. vel am. poss.*

[5] L. 13, pr., *cod.*—V. art. 25, Pr. civ.

[6] V. L. 47, *eod.*

231. En parcourant les textes, on rencontre souvent le mot *possessio* accompagné du mot *civilis, naturalis, corporalis, justa,* et l'on est forcé de reconnaître qu'il est impossible de ramener ces diverses qualifications à un principe uniforme.

Tantôt en effet la *naturalis possessio* s'entend du fait de détention matérielle dégagé de toute idée d'intention [1]; tantôt elle se prend pour la *prima possessio,* pour l'occupation d'une chose sans maître [2], par opposition à la possession d'une chose qui a un maître.

Souvent la *possessio naturalis* est opposée à la *possessio civilis* à un double point de vue : ou bien la *possessio civilis* est toute possession sanctionnée par le droit, « *justa possessio* [3], » par opposition à la *possessio naturalis* vel *corporalis,* qui ne produit aucun effet juridique, comme est la détention par un esclave sans l'assentiment de son maître [4] ou par un homme libre qu'on retient enchaîné [5]; ou bien encore la *possessio civilis* est celle qui réunit les diverses conditions nécessaires pour usucaper, par opposition à la *possessio naturalis* vel *corporalis,* qui manque de l'une de ces conditions [6], et alors la possession naturelle s'applique non-seulement à celui qui possède pour lui-même de mauvaise foi [7], ou sans juste cause [8], mais encore à celui qui possède pour autrui [9].

D'autres fois, *possessio naturalis* vel *corporalis* se prend par opposition à *possessio,* pour indiquer, l'une la possession de celui qui détient pour autrui, l'autre la possession de celui qui détient pour lui-même *animo domini,* de bonne ou de mauvaise foi, avec ou sans juste cause [10].

---

[1] L. 3, § 3; L. 23, pr., § 1, *de Adq. vel am. poss.;* L. 11, *de Adq. rer. dom.*

[2] L. 1, § 1, *de Adq. vel am. poss.*

[3] Gai. 2, § 95.

[4] L. 53, *de Adq. rer. dom.;* L. 24, *de Adq. vel am. poss.;* L. 37, § 7, 8, *de Verb. signif.*

[5] L. 23, § 2, *de Adq. vel am. poss.*

[6] L. 2, § 1, *Pro hæred.;* L. 3, § 15; L. 7, § 1, 3, *Ad exhib.*

[7] Gai., 2, § 49.—V. de Savigny, *Tr. de la possession.*

[8] L. 3, § 10, *de Don. int. vir. et ux.;* L. 1, § 4, *de Adq. vel am. poss.*

[9] L. 3, § 15; L. 4, *Ad exhib.;* L. 40, § 2, *de Pign. act.*

[10] L. 25 *de Adq. vel am. poss.*

232. Quelquefois enfin *possessio* se prend pour *proprietas* [1] ou par opposition à *proprietas* [2].

La possession qui tend à la propriété se qualifie ordinairement par la cause qui nous la procure; c'est ce qui fait dire à Paul qu'il y a autant de genres de possessions qu'il y a de causes d'acquisition de la propriété, « velut *pro emptore, pro donato, pro legato, pro dote, pro hærede, pro noxæ dedito, pro suo* » [3].

233. Une possession toute singulière est celle du créancier gagiste. Quand un débiteur remet une chose à titre de gage, il ne perd pas l'*animus domini*, il conserve la propriété, il conserve même la possession *ad usucapiendum*, si elle peut lui être utile; mais pour tout ce qui est en dehors de l'usucapion, c'est le créancier qui possède et qui obtient les interdits et les actions propres à faire protéger sa possession [4].

234. *Aliud est possidere, longè aliud in possessione esse*, dit Ulpien [5]. En effet, la première de ces locutions indique une possession de droit, comme est celle *pro emptore, pro donato*, tandis que la deuxième indique une possession de fait [6]. Quand mon fonds est menacé de la chute du bâtiment voisin, si le propriétaire ne me donne pas caution de réparer le dommage imminent, c'est-à-dire la *cautio damni infecti*, le préteur me met *in possessione* de la maison; ce qui me place sous la protection des interdits contre tous troubles et particulièrement contre les réclamations du propriétaire; puis, si ce dernier laisse écouler une année sans me donner satisfaction, le magistrat m'autorisera à posséder la maison, *rem possidere*, de manière que j'aurai alors la chose *in bonis* et que je marcherai vers l'usucapion, comme si le propriétaire m'en avait fait tradition *ex justâ causâ* [7].

---

[1] L. 78, *de Verb. signif.*
[2] L. 15, *cod.*
[3] L. 3, § 21, *de Adq. vel am. poss.*
[4] L. 16, *de Usurp.*; L. 36, *de Adq. vel m. poss.* —V. art. 2071 à 2084, Cod. Nap.

[5] L. 10, § 1, *eod.*
[6] *Ibid.*; L. 1, *Quib. ex caus.*
[7] L. 7, *Damn. inf.*; L. 3, § 23, *de Adq. vel am. poss.*

De là est née la maxime « *justè possidet qui auctore prætore possidet* » [1].

235. L'usufruitier n'a pas la possession de la chose grevée d'usufruit, *non possidet, in possessione est ;* il ne fait que détenir pour le nu propriétaire, « *naturaliter videtur possidere* » [2]. L'usufruitier ne possède pas davantage le *jus utendi et fruendi*, parce que les choses incorporelles, *quæ non possunt tangi*, ne sont susceptibles ni de tradition ni de possession réelle [3], ces deux moyens comportant l'idée de matière [4]. Mais on a considéré que, la possession étant le fait qui répond au droit de propriété, il devait y avoir un fait correspondant au démembrement, et l'on a été conduit à reconnaître un état analogue à la possession, qu'on a appelé *quasi possessio* [5], qui se compose aussi du fait et de l'intention, de l'exercice du droit et de l'intention de l'avoir à soi [6]. Dès lors les servitudes prédiales purent, au moins à une certaine époque, s'acquérir par l'usucapion [7], sans qu'on ait jamais pu les établir directement par la tradition, bien qu'on soit arrivé à établir non-seulement des servitudes réelles, mais encore des servitudes personnelles, « *per patientiam* », en laissant le voisin en user [8], ou bien *per retentionem*, en livrant la nue propriété « *proprietatem* » avec réserve de l'usufruit [9] ou d'un autre démembrement [10].

236. On voit par ce qui précède que l'esprit de la législation romaine a toujours été de n'attacher l'acquisition et la transmission du droit de propriété qu'à un fait physique, capable de frapper par sa solennité ou sa durée l'attention des individus et de la masse, de manière que l'existence de la propriété ou de ses démembrements dans telle main se trouvât, pour ainsi dire, notifiée au public, soit par sa coopération à

---

[1] L. 11, *de Adq. vel am. poss.*
[2] L. 12, pr., *eod.*
[3] L. 4, § 27, *de Usurp.*
[4] L. 3, pr., *de Adq. vel am. poss.*
[5] L. 3, § 17, *de Vi*; L. 23, § 2, *Ex quib. caus. maj.*; Gaï., 4, § 139.
[6] L. 43, § 1, *de Adq. rer. dom.*

[7] L. 4, § 29, *de Usurp.*—V. art. 690, Cod. Nap.
[8] L. 11, § 1, *de Publ. act.*—V. art. 1607.
[9] L. 3, § 1, *de Usufr. adcr.*
[10] L. 34, *de Serv. urb.*

l'acte de transmission, soit par la permanence du signe extérieur de la possession, c'est-à-dire de la puissance sur la chose. On n'a jamais été jusqu'à admettre que la propriété, qui est un droit absolu au regard de la société tout entière, pût passer de l'un à l'autre par la seule convention de deux individus : *traditionibus et usucapionibus dominia rerum, non nudis pactis transferuntur,* disent Dioclétien et Maximien, pour consacrer ce principe [1]. V. nos 508, 509.

237. Au résumé, la mancipation est un mode d'aliénation et d'acquisition spécial aux choses *mancipi* corporelles ou incorporelles ; la tradition est un mode d'aliénation et d'acquisition spécial aux choses *nec mancipi* corporelles ; l'*in jure cessio,* l'adjudication et la loi sont des modes d'acquisition et d'aliénation communs à toutes les choses *mancipi vel non* corporelles ou incorporelles [2] ; l'usucapion et l'occupation sont aussi des modes d'acquisition communs aux choses *mancipi vel non* corporelles [3] ; enfin la quasi-possession et la quasi-tradition ne s'appliquent qu'aux choses incorporelles *mancipi vel nec mancipi* [4]. Ceci pour les choses mobilières en tout lieu, pour les fonds italiques, et pour les fonds provinciaux dotés du *jus italicum* [5].

238. Quant aux fonds provinciaux stipendiaires et tributaires, ils sont *res nec mancipi,* ils ne sont donc pas sujets à mancipation [6] ; et même, comme ces fonds ne peuvent être soumis au domaine des particuliers [7], ils ne tombent sous l'application ni de la cession juridique [8] ni de l'usucapion [9] ; ils ne sont susceptibles que d'une sorte de tradition, qui en confère à l'*accipiens* la possession et la jouissance « *possessionem tantum et usumfructum* [10] » ; mais cette possession et cette jouissance sont protégées, tantôt par des interdits utiles, tantôt

---

[1] L. 20, *de Pact.,* Cod.; Vat. frag., § 268.—V. art. 1583.
[2] Ulp., 19, § 2, 3, 16, 17.
[3] Gai., 2, § 43, 66-79.
[4] L. 4, § 27, *de Usurp.;* L. 3, § 17, *de Vi;* L. 23, § 2, *Ex quib. caus. maj.*
[5] Varro, *de Ling. latin.,* v. 33, 55;

[5] Gai., 2, § 25; Ulp., 19, § 1 ; L. 1, *de Cens.*
[6] Gai., 2, § 31.
[7] Gai., 2, § 7.
[8] Gai., 2, § 31.
[9] Gai., 2 § 46.
[10] Gai., 2, § 7.—V. Vat. frag., § 61.

par la Publicienne utile, tantôt par la *longi temporis præscriptio.*

239. Notons, en terminant cette esquisse, que la propriété se perd pour le maître actuel, ou bien en passant à autrui, ou bien sans passer à autrui. Elle se perd en passant à un autre, par la mancipation, la cession juridique, l'usucapion, le legs *per vindicationem*, l'adjudication, la tradition, et quand le maître devient incapable d'être propriétaire. On la perd sans qu'elle passe à un autre, par l'anéantissement ou la transformation d'une chose, par l'évasion d'une bête sauvage, par l'affranchissement d'un esclave ou l'évasion d'un captif ennemi, par l'abandon que fait le propriétaire, enfin par toute cause qui met une chose hors du domaine privé en la rendant *res nullius* ou *res communis.* D'où il résulte que la propriété nous échappe en général par des moyens opposés à ceux qui nous la procurent, « *cum quibus modis adquirimus, iisdem in contrarium actis amittimus* » [1]. V. n° **50.**

Maintenant que nous savons quels sont les objets du droit et quels avantages ils peuvent procurer, nous allons examiner avec quelques développements comment ces avantages naissent, s'acquièrent, se transmettent et se perdent.

Titre III. — *Des servitudes prédiales.*

Pr.

240. Nous avons vu que la propriété se présente naturellement à nous comme un droit absolu et sans partage, que le maître d'une chose en retire seul tous les avantages, en excluant quiconque voudrait y prendre part sans son adhésion. Le maître peut donc en disposer à sa volonté, planter, bâtir aussi haut qu'il veut, se clore, s'entourer de fossés ou de murs. A-t-il deux fonds contigus, bien que de nature différente, ils n'en forment, à vrai dire, qu'un dans sa main, car il a un pouvoir illimité sur tous deux, et il peut à son gré

---

[1] L. 153, *dc Reg. jur.*

emprunter à l'un pour enrichir l'autre, pour le féconder, pour l'embellir ; il établit à sa fantaisie des cours d'eau, des voies de communication, sans que les propriétaires voisins puissent l'en empêcher ; et réciproquement les voisins ont un droit aussi étendu sur les choses qui sont à eux. Jusque-là chacun ne fait qu'user de son droit de propriété, sans le démembrer, sans en modifier la constitution légale [1]. V. n° 22.

241. Mais la nature semble avoir pris à tâche de tracer une limite au droit absolu du maître, en écoulant les eaux d'un fonds sur celui qui est placé au-dessous, et l'on comprend que ce dernier soit obligé de recevoir ces eaux sans pouvoir les refouler sur le fonds supérieur, « *semper inferiorem superiori servire* » [2]. Il peut aussi arriver qu'un fonds soit enclavé dans le terrain d'autrui, sans issue, sans moyens d'exploitation, et l'on conçoit qu'il doive obtenir le droit de passer sur son voisin [3]. Enfin ce que la nécessité commande en certains cas, l'utilité le conseille dans d'autres : qu'un bâtiment soit privé de jour, qu'un fonds manque d'eau pour arroser ses champs, pour abreuver ses troupeaux, on aperçoit tout de suite quel profit, quelle amélioration cet immeuble retirera du droit de prendre de l'eau ou de se ménager une vue sur le voisin. De là l'usage chez la plupart des peuples d'organiser la propriété, en forçant quelquefois les voisins à se fournir un passage réciproque, toujours en leur permettant d'établir ce droit et beaucoup d'autres, sous la dénomination de servitudes réelles ou prédiales. V. n°ˢ 22, 24, 195, 247, 258.

242. Quant aux meubles, quelque importants qu'ils soient, ils ne comportent point l'établissement de tels droits, à cause de leur nature, qui n'admet pas que deux choses mobiles se procurent l'une à l'autre une utilité réelle et durable, qu'elles se rendent des services propres à augmenter pour l'une les avantages de la propriété. V. n° 197.

243. La servitude prédiale est donc une charge imposée à

---

[1] L. 24, *Mandat.*, Cod. ; L. 86, § 2, *de Legat.* 2 , Dig.

[2] L. 1, § 23, *de Aquâ et aquæ.* — V. art. 640, Cod. Nap.

[3] V. art. 682, 685.

un fonds pour l'avantage d'un fonds voisin appartenant à un autre propriétaire [1] : sans le voisinage, pas d'utilité ; avec un seul maître, pas de démembrement de la propriété, « *nulli enim res sua servit* » [2]. V. nº 197.

Cette dénomination de *servitude* vient de ce que le fonds qui doit ses services à un autre est esclave, par dérogation au droit commun, qui le réputait libre tant qu'il ne les prestait qu'au propriétaire ; et sa qualification de *prédiale* lui vient des deux fonds prédiaux, sans lesquels la servitude n'existerait pas [3]. V. nº 196.

244. Comment la servitude est-elle une charge pour un immeuble et un avantage pour un autre ?

C'est qu'elle accroît l'importance réelle du fonds qui en profite, en augmentant sa bonté, sa salubrité, son ampleur, « *quid aliud sunt jura prædiorum quàm prædia qualiter se habentia, ut bonitas, salubritas, amplitudo* » [4] ? en même temps que la servitude déprécie l'autre fonds, en le tenant asservi, « *alium alii... servum facit* » [5]; elle rend l'un plus fertile, plus commode, plus agréable ou plus salubre, en même temps qu'elle rend l'autre moins commode ou moins agréable. En un mot, la servitude réelle affecte les fonds mêmes dans leur matérialité, dans leur substance, dans leur manière d'être ; elle profite immédiatement au fonds dominant, elle l'améliore, tandis qu'elle nuit au fonds servant, qu'elle le détériore, sans être un avantage personnel pour le propriétaire de l'un, ni une gêne personnelle pour le propriétaire de l'autre, ces propriétaires n'en éprouvant le profit ou la gêne que subsidiairement et tant qu'ils conservent la propriété [6]. V. nº 198.

245. On voit, au résumé, qu'une servitude prédiale est une qualité bonne ou mauvaise de deux fonds, utile à l'un, nuisible à l'autre, une qualité qui participe de leur nature,

---

[1] L. 5, § 1, *de Serv. rust.* — V. art. 637.
[2] L. 15, *de Servit.*; L. 26, *de Serv. urb.* — V. art. 705.
[3] Gai., 2, § 14; L. 1, § 1, *Comm.*

præd. — V. la rubr. *Des servitudes ou services fonciers*, tit. IV, liv, II, Cod. Nap.
[4] L. 3, *de Servit.*
[5] L. 6, pr., *Comm. præd.*
[6] V. art. 686.

de leur perpétuité, de leur durée. De là, trois conséquences :

Pour qu'il y ait servitude réelle, il ne suffit pas que la charge nuise à un fonds, il faut encore qu'elle profite à un autre ; si elle profitait à une personne, il y aurait servitude personnelle ; et en sens inverse, il y aurait obligation, si, au lieu de grever un fonds au profit d'un autre, il y avait engagement d'une personne. Aussi les servitudes imposent-elles au maître du fonds asservi la charge de laisser faire ou de s'abstenir, jamais de faire [1], à la différence des obligations, qui toujours imposent à la personne de l'obligé la charge de donner, de faire ou de prester [2]. V. nos 193, 198.

Une fois établie, la servitude est empreinte dans les deux fonds ; elle les suit dans quelques mains qu'ils passent, elle se transmet activement et passivement avec eux, sans considérer qui en est propriétaire [3]. V. no 200.

Elle doit avoir une cause perpétuelle [4] ; et cependant, sans jamais durer plus que les fonds [5], elle peut durer moins [6]. V. nos 201, 269.

246. Les servitudes prédiales se subdivisent en servitudes de fonds rustiques et servitudes de fonds urbains. Quelle différence y a-t-il entre elles ?

Les Douze Tables n'avaient pas consacré cette distinction, elles ne voyaient que le sol, lors même qu'il avait reçu un édifice [7] : aussi, sans séparer le fonds d'avec la superficie, sans isoler les constructions du terrain, cette loi regardait tout l'*ager romanus* comme *res mancipi*, et cette qualité fut étendue dans la suite à tous les fonds italiques, au sol comme aux bâtiments, à la ville comme à la campagne [8]. Ce furent les jurisconsultes qui plus tard appelèrent fonds rustiques les champs, y compris les bâtiments d'exploitation, et qui nommèrent fonds urbains les bâtiments de la ville, y compris les

---

[1] L. 15, § 1, *de Servit.*—V. art. 637, 686, 699.
[2] L. 3, *de Oblig. et act.* — V. art. 1101.
[3] L. 20, § 1, *de Adq. rer. dom.*; L. 12, *Comm. præd.*

[4] L. 28, *de Serv. urb.*
[5] L. 14, *Quem. serv. am.*
[6] L. 1, *cod.*; L. 30, *de Serv. urb.* — V. art. 703-710.
[7] V. L. 50, pr., *de Rei.*
[8] L. 8, *de Cens.*

9.

jardins et les cours [1], cherchant, à l'aide de cette distinction, à résoudre les questions dont la solution dépend de la
nature du fonds, par exemple, quand il s'agit de l'étendue
du droit de gage ou d'hypothèque [2] ou de la vente des biens
de mineurs [3].

247. Mais on suivit une autre règle pour distinguer les
servitudes de fonds urbains d'avec les servitudes de fonds rustiques. La loi des Douze Tables ne reconnaissait qu'un nombre
limité de servitudes prédiales, le passage, la conduite, la voie,
l'aqueduc, dont l'utilité avait apparemment frappé le législateur à cause de leur importance pour l'agriculture ; puis,
bientôt après, l'usage et la jurisprudence en introduisirent
d'autres au profit des habitations et des édifices, des droits
de vue, d'égout, etc... Ce fut à partir de ce moment que l'on
commença à distinguer entre les *jura prædiorum urbanorum* et
les *jura prædiorum rusticorum.* Pour cela on fit ce que n'avait
point fait la loi des Douze Tables, on sépara par la pensée
le terrain d'avec les constructions, n'importe la situation, à
la campagne ou à la ville ; et comme si c'étaient deux fonds
distincts, on appela servitudes de fonds urbains celles établies en faveur de la superficie, servitudes de fonds rustiques
celles établies au profit du sol : « *ædificia urbana quidem prædia appellamus ; cæterùm et si in villá ædificia sint, æquè servitutes
urbanorum prædiorum constitui possunt* » [4].

Cela est confirmé par la L. 3, *de Servit.*, au Dig., suivant
laquelle « *servitutes prædiorum aliæ in solo, aliæ in superficie consistunt* » ; ce qui signifie que certaines servitudes puisent dans
le sol leur existence, leur raison d'être (*in solo consistunt*),
sans considérer s'il y a des constructions sur l'un ou sur l'autre fonds, tandis que d'autres puisent leur élément vital,
leur consistance, dans la superficie (*in superficie consistunt*).

Ces textes et plusieurs autres montrent qu'il y a synony-

---

[1] L. 198, *de Verb. signif.*
[2] L. 4, 7, *In quib. caus. pign.*
[3] L. 1, *de Reb. eor.*

[4] L. , pr., *Com. præd.*—V. Ulp., 19,
§ 1.—V. rl. 687.

mie entre les *jura prædiorum rusticorum* et les *jura quæ in solo consistunt*, entre les *jura prædiorum urbanorum* et les *jura quæ in superficie consistunt* [1].

248. Lequel des deux fonds communique sa qualité rustique ou urbaine à la servitude ?

C'est toujours le fonds dominant *«fundus cui servitus debetur »*, sans égard à la nature du fonds servant *« fundus serviens »* [2]. Ainsi est rustique la servitude de passage sur le terrain d'autrui pour accéder à ma maison, *parce qu'elle est à l'usage de mon sol, et qu'elle lui profiterait lors même qu'il n'y aurait pas de bâtiment*, à moins qu'elle n'eût été constituée uniquement en vue de ma maison, car alors elle serait urbaine; est urbaine la servitude d'égout sur le champ voisin, parce qu'elle n'existerait pas sans mon toit. Les interprètes commettent donc une erreur, en soutenant que les servitudes ne reçoivent pas invariablement leur qualité de rustiques ou d'urbaines de l'un des deux fonds [3]. V. n° 264.

249. Au résumé, les servitudes de fonds urbains sont celles qui profitent à une construction sans laquelle elles n'existeraient pas [4], tandis que les servitudes de fonds rustiques sont celles qui profitent au sol et existent bien sans construction [5]. En d'autres termes, est urbaine la servitude établie pour l'usage d'un bâtiment; est rustique la servitude établie pour l'usage du sol, n'importe que ce sol ou ce bâtiment soit situé à la ville ou à la campagne.

Nous verrons bientôt que cette division des servitudes en rustiques et urbaines offre un grand intérêt et de notables différences quant à leur acquisition, à leur conservation et à leur extinction. V. n°s 276, 294, 298.

250. Les principales servitudes rustiques sont *iter*, *actus*, *via*, *aquæductus*, le passage, la conduite, la voie, l'aqueduc [6].

Iter est le droit d'aller et venir [7] à pied, à cheval ou en

---

[1] L. 20, *de Serv. urb.*; L. 6, pr., *Com. præd.*
[2] V. L. 23, § 2, 3, *de Serv. rust.*
[3] V. Vinn., *Instit.*, § 1, *h. tit.*; M. Ortolan, *h. s.*

[4] L. 2, 3, 4, *de Serv. urb.*
[5] L. 6, pr., *Comm. præd.*
[6] L. 1, pr., *de Serv. rust.*
[7] *Ibid.*

litière [1], sans pouvoir conduire bestiaux ou voiture [2].

Actus (qui dérive de *agere*) est le droit de conduire non-seulement des bestiaux et des voitures, mais encore de passer en conduisant ou sans conduire [3].

Via est le droit d'aller, de conduire et de passer [4] pour toute espèce d'usages [5].

251. Telle est l'organisation légale de ces trois servitudes; et l'on ne pourrait ajouter à l'étendue de chacune d'elles prise individuellement sans la dénaturer : ainsi, en constituant *actus*, on ne pourrait, sans anticiper sur *via*, conférer le droit de porter une pique en l'air ou de traîner des matériaux, par la raison que ces sortes d'actes ne seraient faits en vue ni de conduire ni de passer [6].

Réciproquement, chacune de ces trois servitudes a des éléments constitutifs qu'on ne pourrait modifier sans risquer de la dénaturer.

Ce qui est indispensable dans *iter*, c'est le droit de passer [7].

Ce qui est essentiel dans *actus*, c'est la conduite des bestiaux ; tellement, qu'en convenant de ne pas conduire de troupeaux, on dénaturerait cette servitude [8] ; mais comme le droit de conduire une voiture ou de passer sans conduire n'y est qu'accessoire, on peut convenir qu'on ne conduira point de voiture [9], ou bien qu'on ne passera qu'en conduisant [10].

On voit par là qu'*iter* n'entre pas nécessairement dans *actus* [11], qu'on peut avoir « *actum sine itinere* » [12]. Il en est autrement dans *via*, qui ne saurait exister sans *iter* et sans *actus* [13], et qui doit de plus renfermer nécessairement le droit

---

[1] L. 7, 12, *cod.*
[2] *Ibid.*; L. 1, pr., *cod.*
[3] L. 1, pr., *cod.*
[4] *Ibid.*
[5] L. 7, *de Serv. urb.*
[6] *Ibid.*
[7] L. 11, pr., *de Serv. rust.*
[8] L. 13, *de Servit.*: L. 1, pr., L. 12, *de Serv. rust.*
[9] L. 13, *de Servit.*
[10] L. 4, § 1, *Si serv. vind.*

[11] L. 11, § 6, *de Exc. rei jud.*
[12] L. 4, § 1, *Si serv. vind.*—Le texte de cette loi est en désaccord avec celui de la L. 1, *de Adim. vel transf. legat.*, Dig. Ne pourrait-on pas les concilier en disant que, d'après cette dernière loi, *actus* renferme nécessairement le droit de passer en conduisant, tandis que, suivant la première, *actus* peut ne pas comprendre le droit de passer sans conduire.
[13] L. 1, pr., *de Servit.*

de se servir de la voie pour toute espèce d'usages, par exemple, transporter des matériaux, porter une pique en l'air [1].

Tout est donc essentiel à *via*, le passage, la conduite et l'usage absolu de la voie, à la condition de ne commettre aucun dégât en usant de ces droits [2], de manière que la moindre restriction en ferait une autre servitude [3].

252. Pour ce qui est de la largeur, il est permis de la fixer comme on veut, pourvu qu'elle réponde aux besoins essentiels de chacun de ces droits [4]. A défaut de détermination conventionnelle, les particuliers sont censés, en employant le mot *via*, s'en être référés à la largeur de la voie publique, qui avait été fixée par la loi des Douze Tables, en direction droite « *in porrectum* », à douze pieds, et dans les détours « *in anfractum* », à seize pieds [5]; mais la conduite et le passage n'ayant point de largeur légale, *latitudo legitima*, cette largeur est fixée par arbitre quand elle ne l'a pas été lors de la constitution [6]. On doit du reste rechercher l'intention, et non s'attacher judaïquement au sens des mots employés. Si donc, sous la dénomination de *via* ou d'*actus*, on avait établi un sentier tellement étroit, qu'il ne suffît ni aux voitures, ni aux bestiaux, on aurait seulement *iter*, de même qu'on aurait *actus*, si le chemin suffisait pour conduire des bestiaux [7].

Quant à *aquœductus*, c'est le droit de faire passer l'eau à travers le fonds d'autrui pour accéder au sien [8].

§ 2.

253. Parmi les servitudes rustiques, on compte encore avec raison le droit de puiser de l'eau, d'abreuver les troupeaux, de les faire paître, de cuire de la chaux, d'extraire du sable [9].

---

[1] L. 7, *de Serv. rust.*
[2] *Ibid.*
[3] L. 13, *de Servit.*
[4] L. 23, *de Serv. rust.*
[5] L. 8, 13, § 2, *de Serv. rust.*; Varro, *de Ling. lat.* 6, 2.— Des auteurs pensent que la loi des Douze-Tables déterminait la largeur de la voie publique et non privée. —V. Cicer., *Pro Cœcina*, 19 et 26.
[6] L. 13, § 2, *de Serv. rust.*
[7] L. 13, *de Servit.*
[8] L. 1, pr., *de Serv. rust.*
[9] L. 1, § 1, *eod.*

Toutes ces servitudes sont rustiques, *quia in solo consistunt*,
parce qu'elles profitent immédiatement au sol du fonds dominant, qu'elles existent bien sans constructions sur le sol. V.
nᵒˢ 247, 248, 264.

§ 1.

254. Voici quelles sont les principales servitudes urbaines :
*oneris ferendi, tigni immittendi, stillicidii vel fluminis recipiendi,
altiùs non tollendi, ne luminibus officiatur* et *jus luminum*.

255. La servitude *oneris ferendi* est le droit d'appuyer les
constructions d'un fonds sur celles d'un autre fonds (*ut vicinus onera vicini sustineat*), de manière que la colonne ou le
mur du voisin supporte le poids de la construction du fonds
dominant [1]. Elle a cela de particulier qu'elle oblige le maître
du fonds servant à entretenir perpétuellement en bon état la
colonne ou le mur d'appui, tellement qu'elle procure une action contre lui pour le contraindre à relever cette colonne
« *columnam restituere* [2] », à refaire le mur « *reficere parietem* » [3].

256. Comme il est de règle que les servitudes prédiales
obligent le propriétaire du fonds grevé à s'abstenir ou à laisser faire, et non à faire [4], le jurisconsulte Gallus pensait
qu'on ne pouvait imposer à ce propriétaire la charge d'entretenir la colonne ou le mur de soutènement dans la servitude
oneris ferendi [5]. Mais, contrairement à cette opinion, il était
devenu d'usage d'établir cette servitude en convenant que le
mur d'appui resterait tel qu'il était alors: d'où quelques jurisconsultes concluaient que ce mur devait être entretenu à
perpétuité dans le même état, et que cet entretien incombait
au propriétaire du fonds servant [6]. De cet avis étaient Servius et Labéon, en considérant que la charge d'entretien grève
la chose et non la personne, « *hanc servitutem non hominem*

---

(1) Instit. Just., *h.* §.
(2) L. 33, *de Serv. urb.*
(3) L. 8, pr., § 1, 2, 3, *Si serv. vind.*

(4) L. 15, § 1, *de Servit.*
(5) L. 7, § 2, *Si serv. vind.*
(6) L. 33, *de Serv. urb.*

debere, sed rem, » et que le maître peut toujours s'exonérer de cette charge en abandonnant le fonds [1]. C'est ce dernier avis qui a prévalu, comme ne constituant point de dérogation au droit commun [2], qui met au compte du propriétaire dominant les travaux nécessaires à l'exercice de son droit [3].

257. La servitude *tigni immittendi* est aussi le droit d'appuyer les constructions d'un fonds sur celles d'un autre fonds, mais elle n'oblige le maître du fonds servant à aucun entretien [4].

258. L'eau tend à s'écouler du fonds supérieur sur le fonds inférieur, et cette disposition de la loi naturelle est toujours sanctionnée par la loi positive, de manière que les propriétaires ne doivent rien faire qui contrarie cet écoulement. Dès que l'un d'eux élève sur son fonds un bâtiment ou un autre travail qui tend à changer cet ordre de choses, il menace d'aggraver la position de l'autre, en déversant sur lui une certaine masse d'eau, qu'on appelle *stillicidium vel flumen*, et il ne peut le faire malgré ce voisin, qui, pour prévenir ou repousser le mal, a alternativement l'*actio aquæ pluviæ arcendæ*, ou bien un interdit [5], ou bien l'*actio in rem negatoria* [6]. Si le voisin veut bien accepter cette surcharge, il se soumet à une dérogation au droit commun, il consent à l'établissement de la servitude *stillicidii vel fluminis recipiendi* [7]. V. n° **241.**

La servitude *stillicidii recipiendi* est le droit de laisser l'eau d'un bâtiment dégoutter naturellement du toit sur le fonds voisin, tandis que la servitude *fluminis recipiendi* est le droit de faire couler sur le fonds voisin les eaux de son propre fonds grossies par un travail quelconque. Ainsi le *stillicidium*, formé des eaux qui tombent goutte à goutte d'un larmier élevé, devient *flumen* quand le larmier est sensiblement abaissé et rapproché du sol [8].

259. La servitude *altiùs non tollendi* est le droit d'empê-

---

[1] L. 6, § 2, 3, *Si serv. vind.*
[2] Instit. Just., *h.* §.
[3] L. 8, pr., § 2, *Si serv. vind.* — V. art. 698, 699, Cod. Nap.
[4] L. 8, § 2, *Si serv. vind.*

[5] V. tit. *de Aquâ et aquæ*, Dig.
[6] L. 2, *Si serv. vind.*
[7] V. art. 640.
[8] L. 20, § 5, *de Serv. urb.* — V. art. 681.

cher le propriétaire du fonds voisin d'élever son bâtiment au delà de telle hauteur (*ne altiùs tollat*), par dérogation au droit commun, qui permet à chacun de bâtir à telle hauteur qu'il veut ⁽¹⁾. V. n° 240.

260. Pour ce qui est des jours, il existe deux servitudes, *jus luminum* et *ne luminibus officiatur*. Ayant tous droit à la lumière, « *lumen, id est, ut cœlum videretur* » ⁽²⁾, chacun est libre de faire chez soi ce qui est nécessaire pour user de ce droit : chacun peut donc percer des jours dans son propre mur. Mais nous n'avons pas cette faculté sur le mur voisin ni dans un mur mitoyen ⁽³⁾; puis en élevant une construction près de la limite séparative de nos terrains, le voisin pourrait obscurcir le jour que j'aurais pratiqué dans mon propre mur bâti près de la même limite ⁽⁴⁾. Si donc, pour éclairer mon bâtiment, j'acquiers le droit de pratiquer une ouverture dans le mur du voisin, nous créons la servitude *luminum* ⁽⁵⁾; et il en serait de même, si j'acquérais le droit d'ouvrir une fenêtre dans mon propre mur, par dérogation à un statut local qui le défendrait dans un intérêt de voisinage. Puis ce droit devient servitude *ne luminibus officiatur*, quand le propriétaire du fonds servant doit s'abstenir de rien faire qui puisse nuire aux jours établis ⁽⁶⁾. D'où il résulte que, dans cette dernière servitude, qui du reste se confond avec celle *altiùs non tollendi* ⁽⁷⁾, le voisin est tenu de ne pas diminuer les jours par des constructions, des plantations ou de toute autre manière, tandis que celui qui doit *lumen* n'est pas répréhensible pour faire des travaux qui rendent les jours plus obscurs ⁽⁸⁾.

Si enfin, au lieu de grever seulement le fonds contigu, un droit de vue est imposé à un fonds inférieur, c'est-à-dire plus éloigné, on l'appelle servitude de prospect, « *ne prospectui offendatur* » ⁽⁹⁾.

261. Les diverses servitudes que nous venons d'examiner

⁽¹⁾ L. 9, *de Serv. urb.*, Dig.; L. 8, 9, *de Servit.*, Cod.—V. art. 689.

⁽²⁾ L. 16, *de Serv. urb.*

⁽³⁾ L. 26, 40, *eod.*—V. art. 657 et 662.

⁽⁴⁾ L. 9, *cod.*—V. L. 14, *eod.*

⁽⁵⁾ L. 4, 40, *cod.*

⁽⁶⁾ L. 4, 15, 17, § 1, 2, *eod.*

⁽⁷⁾ L. 4, 6, *cod.*

⁽⁸⁾ L. 15, 16, *eod.*

⁽⁹⁾ L. 4, 15, 17, § 1, *cod.*

sont toutes urbaines, parce qu'elles sont établies pour l'usage d'une construction sans laquelle elles n'existeraient pas ; on les qualifie ainsi « *quia œdificiis inhærent* », n'importe que les édifices soient à la ville ou à la campagne [1]. V. n°s 247, 248, 264.

262. Mais le droit commun peut n'être pas le même partout. Il arrive quelquefois que, dans une cité, l'usage ou le statut local, en vue de l'intérêt privé, établisse comme règle générale [2] ce que les voisins auraient pu faire entre eux, en obligeant un fonds à recevoir l'égout du fonds contigu, ou sur son toit « *in tectum* », ou sur son sol « *in aream* » ; si alors, par dérogation au statut, le premier fonds acquiert le droit de ne point recevoir cet égout, il y a servitude *stillicidii non immittendi* [3], laquelle est urbaine quand elle profite à un bâtiment qui se trouve ainsi dégrévé, rustique quand elle profite au sol, encore bien que la L. 2, *de Servit. urb.*, au Dig., la considère toujours comme urbaine, et que la même inexactitude soit reproduite dans les Instituts [4].

263. Ce que nous venons de dire de la servitude *stillicidii non recipiendi* est également vrai de la servitude *altiùs tollendi*, et toutes deux se servent réciproquement de preuve. Si, dans un intérêt de voisinage, le statut local assigne une limite à la hauteur des édifices, le droit qu'on acquiert du voisin de construire au-dessus de cette limite constitue la servitude *altiùs tollendi*, laquelle est urbaine quand un propriétaire obtient ainsi le droit d'élever au-dessus de la hauteur légale tel édifice déjà existant, et rustique quand il obtient le droit non-seulement d'élever un édifice au-dessus de la hauteur légale, mais encore de le relever, s'il vient à être démoli. Tel est le sens évident de la L. 2 *de Servit. urb.* et de la L. 2 *de Servit. rust.*, dont l'opposition n'est qu'apparente.

264. Par là nous avons démontré que les servitudes réelles

---

[1] L. 1, pr., *Com. præd.*—V. art. 687, Cod. Nap.

[2] L. 1, § 17, *de Oper. nov.*, Dig.; L. 1, 12, § 1, 2, *de Ed. priv.*, Cod.

[3] V. l'explication donnée par Théophile, *h.* §, traduction française par B.-J. Legat.

[4] Instit. Just., *h.* §.

tirent leur qualité de rustiques ou d'urbaines non pas du fonds
dominant tout entier, mais de la partie de ce fonds qui en
profite principalement, qui s'en enrichit, de telle sorte que la
servitude n'existerait pas sans cette partie. Les auteurs ne
disent donc pas assez en posant en principe que les servitudes
sont urbaines ou rustiques suivant qu'elles prennent leur
consistance, les unes « dans l'idée de superficie », les autres
« dans l'idée de sol » ; et cette inexactitude les a entraînés à
décider que les servitudes urbaines peuvent exister sans même
qu'il y ait de bâtiment sur l'un ni sur l'autre fonds ; par
exemple, disent ces auteurs, dans la servitude au profit de
mon champ, que vous ne bâtirez pas sur le vôtre, il n'y a
d'édifice nulle part, mais l'idée négative de bâtiment, de superficie, forme l'élément constitutif, la consistance de la servitude [1]. En ce qui nous touche, nous tenons cette doctrine
pour erronée, et nous n'hésitons pas à croire que, dans l'espèce proposée, la servitude *altiùs non tollendi* est rustique,
parce qu'elle profite à mon champ; si ordinairement cette
servitude est urbaine, c'est qu'elle tend le plus souvent à empêcher que vos constructions ne nuisent à la vue de mes bâtiments, « *veluti si œdes tuœ œdibus meis serviant ne altiùs tollan-
tur* [2] ». Le Digeste nous en fournit une preuve d'analogie,
en disant que la servitude d'aqueduc est urbaine quand elle
conduit l'eau dans une maison [3], bien qu'elle soit rustique
quand elle est destinée à conduire l'eau sur le sol [4]. Nous in-
voquons du reste à l'appui de notre opinion la L. 1 *Comm.
prœd.*, dont les deux parties combinées renferment la vraie
doctrine sur ce sujet.

Quand vous voulez, au résumé, connaître sa nature, de-
mandez-vous si telle servitude existerait encore après la chute
de la construction qui en profite : si vous répondez *oui*, la
servitude est rustique, si *non*, elle est urbaine. V. n⁰ˢ 247,
248, 294.

---

[1] V. Ortolan, pr., *h. tit.*
[2] L. 6, *de Serv. urb.*—V. L. 21, 32, *eod.*: L. 4, § 7; L. 5, *Si serv. vind.*

[3] L. 11, § 1, *de Publ. act.*
[4] L. 1, pr., *de Serv. rust.*

§ 3.

265. Les servitudes réelles se nomment prédiales du mot *prædia*, parce qu'elles ne peuvent exister sans deux fonds immobiliers [1]; et, comme personne ne peut avoir de servitude sur son propre fonds, les deux immeubles doivent appartenir à deux propriétaires différents [2]. V. n° 243.

266. Du principe que la servitude doit profiter à l'un des deux fonds, il résulte que, sans être toujours contigus, il faut au moins qu'ils soient assez rapprochés pour que cette servitude puisse s'exercer utilement [3]. Ainsi la contiguïté est indispensable dans le *jus stillicidii immittendi,* qui oblige un fonds à recevoir l'égout du voisin, tandis qu'il suffit du voisinage dans *iter* et *actus* [4], à la condition de pouvoir aussi passer ou conduire à travers les fonds intermédiaires [5]. Le voisinage suffit encore dans la servitude *altiùs non tollendi*, tant qu'aucun obstacle, venant des fonds intermédiaires, n'en paralyse l'exercice [6]; mais le propriétaire servant pourrait exhausser son bâtiment, si un voisin élevait un travail intermédiaire, qui ôtât toute utilité à la servitude [7], sauf au fonds dominant à reprendre l'exercice de cette servitude, si le travail intermédiaire venait à disparaître avant qu'elle ne fût éteinte par le non-usage [8].

267. Du principe que les servitudes prédiales sont établies pour l'utilité ou l'agrément d'un fonds et non d'une personne, il résulte qu'il n'y a pas servitude réelle dans la faculté d'aller cueillir quelques fruits, d'aller prendre ses repas sur le fonds d'autrui [9]; ce n'est là qu'un droit de créance, ou tout au plus un droit d'usage « *servitus personæ* » [10]. Il en serait de même, si j'acquérais sur votre fonds le droit de chasse [11] ou le droit

---

[1] L. 1, § 1, *Comm. præd.*-V. art. 637.
[2] L. 26, *de Serv. urb.*—V. art. 705.
[3] L. 5, *de Serv. rust.*
[4] L. 1, pr., *de Serv. urb.*
[5] L. 17, § 2, 3, 4, *de Aquâ et aquæ.*
[6] L. 38, 39, *de Serv. urb.*

[7] L. 5, *Si serv. vind.*—V. art. 703.
[8] L. 6, pr., § 1, *eod.*—V. art. 708.
[9] L. 8, *de Servit.*
[10] L. 14, § 3, *de Aliment.*; L. 37, *de Serv. rust.*
[11] L. 16, *de Serv. rust.*

de pêche [1] ; mais ce droit deviendrait servitude prédiale, s'il
était établi à perpétuité entre nos deux fonds, en vue de
procurer au mien des approvisionnements de bouche plus
abondants ou plus commodes, il aurait alors de l'analogie
avec le droit de pacage des troupeaux [2].

268. Serait inutile la convention qui tendrait à vous priver
de la faculté d'aller sur votre champ, d'en cueillir les fruits,
parce qu'une telle convention tendrait à vous nuire, sans profiter, soit à une personne, soit à une chose [3].

269. Etant des qualités inhérentes aux fonds qu'elles
affectent, les servitudes prédiales participent naturellement
de la perpétuité de ces fonds : *omnes autem servitutes prædiorum
perpetuas causas habere debent*, dit le jurisconsulte Paul, il faut
que les servitudes aient une cause perpétuelle ; et la rigueur
de ce principe était poussée si loin à Rome, qu'on fut longtemps sans admettre que la servitude de puisage pût être
établie dans une citerne alimentée par les pluies ; on exigeait
que l'eau fût prise à une source ou à une fontaine, et il en
était de même pour la servitude d'aqueduc [4]. V. n^{os} **201**
et **245.**

270. Du même principe on tire la conséquence qu'une
servitude constituée jusqu'à telle époque, ou à partir de telle
époque, ou sous une condition, n'existe pas, ou bien existe
purement et simplement [5]. Elle n'a aucune existence, quand
on cherche à l'établir à partir de telle époque ou de l'événement de telle condition par la mancipation, la cession juridique ou l'adjudication, parce que ces modes sont des actes
légitimes, qui ne peuvent régler des droits futurs [6]. Elle
existe purement et simplement, soit qu'on la constitue par
un acte légitime jusqu'à une époque déterminée ou jusqu'à
l'arrivée d'une condition, soit qu'on l'établisse par legs avec

---

[1] V. L. 13, pr., *Comm. præd.*
[2] V. L. 4, 5, 6, *eod.*
[3] L. 37, *de Serv. rust.*; L. 15, pr., *de Servit.*
[4] L. 28, *de Serv. urb.*; L. 9, *de Serv.* rust.—V. L. 2, *Comm. præd.*
[5] L. 4, pr., *de Servit.*—V. art. 1584, Cod. Nap.
[6] L. 77, *de Reg. jur.*; Vat., frag., § 49, 50, 329.

terme ou condition quelconque. Mais le droit prétorien adoucit cette rigueur, en faisant respecter la convention *per pacti vel doli exceptionem*, au moyen d'une exception qu'il accorde au propriétaire du fonds servant, pour repousser le propriétaire dominant qui revendique la servitude avant ou après le moment fixé par les contractants [1].

271. Le droit civil permet, au contraire, de limiter le mode et l'usage de la servitude, par exemple, en convenant qu'on ne conduira qu'une voiture de telle dimension [2], ou de telle heure jusqu'à telle heure [3] : de pareilles modalités touchent à l'exercice de la servitude et non à sa durée, « *non ad temporis causam, sed ad modum pertinent* » [4]; elles ne l'empêchent pas d'avoir une cause perpétuelle.

272. Ne procurant d'utilité que par l'usage qu'on en fait, la servitude comporte tout naturellement les moyens nécessaires à son exercice, par exemple, celui qui a *jus aquæ ducendæ* a aussi la faculté de passer sur le fonds servant pour faire des réparations [5]; en d'autres termes, la servitude entraîne avec elle les adminicules sans lesquels on ne pourrait en jouir [6], à la condition d'en user modérément [7]. Le propriétaire dominant peut même faire à son fonds des innovations qui améliorent la condition du fonds servant, « *meliorem vicini conditionem fieri posse, deteriorem non posse* »; mais il ne peut l'empirer, à moins qu'on n'ait prévu formellement les changements [8].

273. Enfin les servitudes étant des démembrements qui se détachent immédiatement de la propriété, une charge qui altère directement la chose, il est de règle que servitude sur servitude ne vaut, « *servitus servitutis esse non potest*, » bien que l'établissement d'une servitude au deuxième degré donne quelquefois lieu à une action *in personam* [9].

---

[1] L. 4, pr., *de Servit.*
[2] L. 4, § 1, *cod.*
[3] L. 4, § 2; L. 5, § 1, *eod.*
[4] *Ibid.*
[5] L. 11, *Comm. præd.*; L. 10, *de Servit.*; L. 3, § 3, *de Serv. rust.*

[6] L. 1, § 1, *Si ususfr. petat.*—V. art. 696, Cod. Nap.
[7] L. 24, *de Serv. urb.*
[8] V. art. 702.
[9] L. 1, *de Usu et usufr. et redit.*; L. 33, § 1, *de Serv. rust.*

§ 4.

274. Qu'est-ce que constituer une servitude au profit du voisin (*vicino aliquod jus constituere*)?

A cet égard, il faut distinguer entre la servitude acquise comme *jus in re* et la servitude due comme *jus in personam*, c'est-à-dire entre le démembrement de la propriété et la créance. V. n° **193**.

Acquérir une servitude prédiale comme *jus in re*, c'est détacher quelque chose de l'utilité d'un fonds, par exemple, un droit de passage, pour l'attacher au fonds voisin, c'est distraire une partie des avantages du premier pour en enrichir le deuxième, c'est déflorer l'un pour améliorer la nature de l'autre, c'est enfin placer l'un dans une certaine dépendance de l'autre, de manière que le propriétaire du fonds dominant obtienne l'*actio in rem confessoria*, pour contraindre le propriétaire du fonds servant à le laisser passer [1].

Devoir une servitude, c'est être dans l'obligation de la prester à un voisin, de le laisser passer sur un fonds, sans que jusque-là ce fonds soit modifié, mais de manière que ce voisin, ayant une créance contre l'obligé, soit protégé par une action *in personam*, non pour le contraindre malgré lui à le laisser passer, mais pour le faire condamner pécuniairement, s'il s'oppose à son passage ou s'il refuse d'établir la servitude à l'état de *jus in re* [2], en un mot, l'un est débiteur et l'autre créancier d'une servitude, qui, en cas de difficulté, se résout en une indemnité pécuniaire.

275. Les *jura in re*, étant des démembrements du *dominium*, ne pouvaient, avant Justinien, s'acquérir que par les modes civils, la mancipation, la *cessio in jure*, l'adjudication et la loi; il ne suffisait pas d'employer la tradition, qui est un moyen du droit des gens [3]. V. n^{os} **172, 177.**

276. Pourquoi n'a-t-on jamais pu créer les servitudes de

---

[1] L. 2, 6, § 3, *Si serv. vind.*—V. art. 701.

[2] Gai., 4, § 2, 52.

[3] Vat. frag., § 47.—V. art. 690-696.

fonds urbains par la mancipation, tandis que les servitudes de fonds rustiques pouvaient être mancipées [1]?

Ce n'est pas que la superficie fût moins *res mancipi* que le sol italique, car l'un et l'autre avaient cette qualité; c'est que, dans les Douze Tables, on ne reconnaissait que des servitudes considérées comme profitant à des fonds rustiques, que la mancipation existait seule alors pour les concéder entre vifs, qu'en introduisant plus tard des servitudes de fonds urbains, on ne les ajouta point à la catégorie des *res mancipi*, peut-être parce qu'on avait imaginé la *cessio in jure* comme nouveau moyen de transférer entre-vifs la propriété et ses démembrements. V. n°s 247, 248, 249, 264.

277. Mais la cession juridique, plus étendue que la mancipation, sert à établir aussi bien les servitudes de fonds urbains que les servitudes de fonds rustiques [2]; et, chose remarquable, chacun de ces deux premiers modes offre un double moyen de créer une servitude, en ce sens qu'il permet non-seulement d'en faire la concession au fonds voisin, mais aussi de réserver une servitude pour son propre fonds en mancipant ou cédant à autrui un autre fonds voisin [3].

278. Par l'adjudication, le juge de l'action *familiæ erciscundæ* ou de l'action *communi dividundo*, opérant la division des immeubles communs, les adjuge aux copartageants et impose à l'un au profit de l'autre quelque servitude prédiale; de même dans l'action *finium regundorum* [4]. Ce moyen existe encore, mais modifié, dans la législation de Justinien [5], tandis que la mancipation et la cession juridique ont complétement disparu [6]. V. n° 506.

279. La loi s'applique à toute espèce de servitudes, et le droit est acquis ou est dû selon la forme du legs. Dans le legs *per vindicationem*, comme dans le legs *per præceptionem*, le testateur établit lui-même la servitude sur son propre fonds,

---

[1] Gai., 2, § 17, 29.
[2] Gai., 2, § 29, 30; Vat. frag., § 45.
[3] V. Gai., 2, § 33; Vat. frag., § 47.
[4] Ulp., 19, § 16.
[5] L. 22, § 3, *Fam. erc.*; L. 7, § 1, *Comm. dir.*
[6] L. un., *de Usuc. transf.*, Cod.

10

en disant au propriétaire voisin : *Titius, capito jus eundi ambulandi per fundum Cornelianum meum* [1] ; et du moment où l'institué devient héritier, la servitude de passage est acquise *ipso jure* au fonds voisin sur le fonds Cornélien comme droit réel, sans qu'il soit besoin du fait de l'héritier ou du légataire [2]. Dans le legs *per damnationem*, le testateur ordonne à son héritier d'établir la servitude : *hæres meus damnas* (pour *damnatus*) *esto dare præstare fundi vicini domino jus eundi ambulandi per fundum Cornelianum* [3] ; ou bien : *hæres meus damnas esto ut patiaris vicinum per fundum tuum aquam ducere* [4] ; la servitude est seulement due tant que l'héritier n'a point par son fait accompli la volonté du testateur, en constituant un *jus in re* au moyen de la mancipation ou de la cession juridique, et en cas de difficulté, le voisin n'a qu'un *jus in personam* pour faire condamner pécuniairement cet héritier [5]. Le legs *sinendi modo* produit des effets analogues au legs *per damnationem* [6]. Mais, sous Justinien, toute distinction de forme a disparu : toujours le legs d'une servitude sur le fonds du testateur confère un droit réel et procure la revendication au légataire [7], lors même que, par le testament, l'héritier aurait été seulement condamné à en souffrir l'exercice, suivant l'expression de notre texte, tandis que le legs d'une servitude sur le fonds de l'héritier ou sur le fonds d'autrui ne confère au légataire qu'un droit et une action personnels [8].

280. Plusieurs textes autorisent le legs d'un fonds *deducto usufructu* [9], tandis qu'on n'en trouve aucun qui parle du legs d'un fonds *deductâ servitute* : et de là quelques auteurs ont conclu qu'on retiendrait vainement une servitude réelle en léguant un fonds. V. nº 343.

Nous ne saurions partager cette opinion, qui ne se justifie par aucune raison plausible, surtout en présence de la L. 4,

---

[1] Gai., 2, § 194, 221.
[2] Gai., 2, § 195.—V. art. 1014.
[3] L. 31, *de Serv. urb.*
[4] L. 16, *Com. præd.*
[5] Gai., 2, § 204.
[6] Gai., 2, § 209-215.

[7] Instit. Just., § 2, *de Legat.*; tit. *de Serv. legat.*—V. art. 1014, Cod. Nap.
[8] *Ibid., ibid.*
[9] Vat. frag., § 47, 50 ; L. 6, pr., *de Usufr.*; L. 4, *Si us. petat.*; L. 19, *de Usufr. legat.*

Comm. præd., au Dig., qui ne distingue point par quel moyen le propriétaire a aliéné le fonds contre lequel il a réservé une servitude au profit d'un autre fonds : en suivant d'ailleurs cette opinion, il faudrait admettre que l'on n'a jamais pu manciper un fonds *deductâ servitute*, tandis qu'on pouvait manciper *deducto usufructu*, par le seul motif que l'on connaît des textes pour la réserve de l'usufruit dans la mancipation, et qu'on n'en connaît pas pour la réserve d'une servitude prédiale [1]. V. n° 346.

281. L'usucapion est-elle un mode d'acquisition des servitudes prédiales ?

Au rapport de Paul, on put acquérir les servitudes par l'usucapion jusqu'à la loi Scribonia, dont on fait remonter la date à l'an 720 de Rome, « *eam usucapionem sustulit lex Scribonia, quæ servitutem constituebat* » [2]. Il est vrai que, malgré cette assertion, des auteurs révoquent en doute l'existence de la loi Scribonia, en présence de ce texte, le seul qui en parle. Mais ce qui est certain, c'est qu'à partir du IIe siècle, Gaius et Ulpien s'accordent à répéter avec Paul que les servitudes urbaines ou rurales ne peuvent s'acquérir par l'usucapion [3].

Le même jurisconsulte Paul explique pourquoi les servitudes ne peuvent être usucapées, et l'on peut croire qu'il cherche ainsi à justifier la loi Scribonia : c'est, dit-il, que les servitudes sont des choses incorporelles, « *servitutes... incorporales tamen sunt, et ideò usu non capiuntur* » ; puis il ajoute, comme s'il n'était pas sûr de cette première raison, ou bien, si ce n'est pas parce qu'elles sont incorporelles, c'est parce qu'elles ne sont pas susceptibles de possession continue, « *vel ideò quia tales sunt servitutes, ut non habeant certam continuamque possessionem* », car personne ne peut passer avec tant d'assiduité que sa possession ne soit jamais interrompue [4]. Mais ces raisons de Paul sont au moins contestables, car ce jurisconsulte les

---

[1] Gai., 2, § 33 ; Vat. frag., § 47.
[2] L. 4, § 29, *de Usurp.* — Malgré ce texte de Paul, quelques interprètes élèvent des doutes sérieux sur le sens de la loi Scribonia.

[3] L. 43, § 1, *de Adq. rer. dom.*; L. 10, § 1, *de Usurp.*; L. 14, pr., *de Servit.* — V. Paul., 1, sent. 17, § 1, 2.
[4] L. 14, pr., *de Servit.* — V. Paul., 1, sent. 17, § 1, 2.

applique à toutes les servitudes prédiales, même à celles de
fonds rustiques, et cependant il y a des servitudes rustiques
dont l'usage est continu, par exemple, celle de ne pas bâtir
au profit de mon champ, de même qu'en sens inverse il y a
des servitudes urbaines dont l'usage est discontinu, par exemple, le droit de passage pour accéder à un édifice [1]. D'ailleurs,
est-ce que l'exercice d'une servitude discontinue ne peut pas
être aussi continu que l'exercice du droit de propriété, qui,
lui, s'acquiert bien par l'usucapion [2]?

La vraie raison qui a fait écarter l'usucapion des servitudes
en général, c'est apparemment que l'exercice d'un droit de
passage, d'un droit d'égout, d'un droit de prospect, est équivoque et ne caractérise pas bien l'intention d'user de ces
droits ni de les concéder : peut-être le propriétaire laisse-t-il
faire par tolérance et bon voisinage, peut-être même ignore-
t-il cet usage, peut-être ne l'a-t-il pas aperçu [3].

282. Mais le magistrat interpose quelquefois son autorité
en faveur de celui qui jouit depuis longtemps d'une servitude
sans prouver comment il l'a acquise, et cette juridiction,
toute gracieuse, a été souvent confirmée par les constitutions
impériales [4]. C'est ainsi que le droit prétorien protége, au
moyen de l'action utile *in rem*, de la *præscriptio longi temporis*
et des interdits quasi-possessoires, ceux qui ont exercé, « *diu-
turno usu et longâ quasi possessione* », un droit d'aqueduc, lors
même qu'il ne serait pas prouvé [5], un droit de passage [6], un
droit de vue [7], ou bien encore le droit d'avoir des fossés dans
le champ voisin, pour y écouler ses eaux, *quia vetustas semper
pro lege habetur*, parce que celui qui a usé pendant longtemps
d'une servitude sans violence, sans précarité et sans clandes-
tinité, est censé l'avoir acquise par un mode civil [8].

Avant Justinien, cette *longa possessio, longa consuetudo,* n'avait

---

[1] V. L. 1, *Com. præd.*; L. 11, § 1, *de Publ. action.*

[2] V. art. 688, 690, Cod. Nap.

[3] V. art. 2232.

[4] L. 7, *de Servit.*, Cod.

[5] L. 10, *Si serv. vind.*; L. 26, *de Aquâ et aquæ*, Dig.

[6] L. 5, § 3 *de Itin. act.*

[7] L. 1, *de Servit.*, Cod.

[8] L. 1, § 23; L. 2, pr., *de Aquâ et aquæ*, Dig.

pas de durée précise; elle dépendait des circonstances et de la nature des servitudes, à la condition que la possession ne fût ni violente, ni précaire, ni clandestine; mais il est à croire que le préteur ou le président s'arrêtait le plus souvent à une possession immémoriale, *cujus origo memoriam excessit*, dit Pomponius en parlant d'un droit d'aqueduc [1]. C'est Justinien [2] qui a fixé uniformément la durée de la *præscriptio longi temporis* à dix ans entre présents et vingt ans entre absents, c'est-à-dire à dix années entre propriétaires ayant leur domicile dans la même province, vingt années entre propriétaires domiciliés dans des provinces différentes; c'est aussi Justinien qui en a fait une règle générale, en permettant d'acquérir par ce moyen toute espèce de servitudes au possesseur qui joindra une juste cause à la bonne foi, « *ut bono initio possessionem tenentis* » [3].

283. Notre texte parle aussi de pactes et de stipulations (*pactionibus et stipulationibus*) comme moyen de constituer les servitudes prédiales; qu'est-ce à dire?

En province, où les fonds stipendiaires et tributaires n'étaient pas soumis à la propriété des particuliers, ils n'étaient pas susceptibles de démembrements: par conséquent on ne pouvait leur imposer de servitude réelle, mais les concessionnaires, cherchant par voie détournée à établir des droits analogues, convenaient entre voisins que l'un appuierait sa poutre sur les constructions du fonds exploité par l'autre, et ils réglaient avec développement les conditions sous lesquelles s'exercerait ce droit. Ce n'était là qu'un simple pacte non

---

[1] L. 3, § 4, *de Aquâ cott.* — V. L. 2, § 1, *de Aquâ et aquæ.*

[2] Quelques auteurs pensent qu'Antonin Caracalla avait tenté d'assigner un délai uniforme à cette prescription par sa const. 1, *de Servit. et aquâ*, au Cod.; mais Cujas, dans ses annotations sur la L. 2, *de Usucap.*, au Dig., est d'avis que cette constitution s'appliquait aux fonds provinciaux et non aux fonds italiques.

[3] L. 12, *de Præser. long. temp.*, Cod. — V. M. Ortolan, *Explic. hist. des Instit.*, § 4, *h. t.*; M. Ducaurroy, *Inst. trad. et expl.* sur le *præm.*, *de Usuc. et long. temp. possess.* — Zimmern a soutenu dans la Thémis (t. 4, p. 373) que Justinien, en appliquant la *possessio longi temporis* aux servitudes et à l'usufruit, s'est occupé non de leur acquisition, mais de leur extinction. — M. Pellat n'indique pas ce moyen comme mode d'acquisition de l'usufruit dans son *Exposé des princip. génér. du dr. rom. sur la Propriété.* — V. aussi l'art. 690, Cod. Nap.

obligatoire, qu'ils cimentaient ensuite par une stipulation, contrat obligatoire [1], en résumant ainsi la convention : *Promittisne ut patiaris meum tignum in parietem immittere ?* disait l'un ; *Promitto*, répondait l'autre ; puis, pour sanctionner plus fortement ce traité, ils ajoutaient : *Et si non patiaris, promittisne mihi dare centum aureos ? Promitto.* Ce moyen complexe, qui nous est expliqué par Théophile [2], ne produisait du reste qu'une obligation : le promettant devait quelque chose d'analogue à une servitude, il était tenu de laisser le stipulant appuyer sa poutre sur son mur ; en cas d'opposition, le stipulant avait une action *in personam* pour le faire condamner pécuniairement, sans acquérir de servitude réelle. Avec le temps, le droit prétorien et les constitutions impériales finirent par accorder d'abord des interdits quasi-possessoires, et ensuite la Publicienne utile, au stipulant qui avait commencé à appuyer sa poutre [3].

C'est ainsi que, dans le IIᵉ siècle, au temps de Gaius, à qui notre texte est emprunté, on appliquait aux fonds provinciaux l'usage des pactes et des stipulations [4] ; puis Justinien reproduit les expressions de Gaius [5], à une époque où il n'y a plus de sol provincial, et où tout le territoire de l'empire est susceptible de propriété et de servitudes.

284. Est-ce à dire que l'empereur ait fait des pactes et des stipulations un moyen direct d'établir des servitudes réelles, de manière à conférer une action *in rem confessoria* au propriétaire du fonds dominant ?

Et d'abord aujourd'hui les interprètes sont-ils d'accord sur ce point, en ce qui concerne les anciens fonds provinciaux stipendiaires et tributaires ? Non. Quelques-uns soutiennent que les pactes et les stipulations produisaient un droit réel de servitude prédiale ou personnelle, et ils appuient leur opinion sur un passage de Gaius, qui, après avoir parlé de la manci-

---

[1] V. L. 71, *Pro soc.*
[2] Instit. Just., *h. §.*
[3] L. 3, *de Servit. et aquâ*, Cod.; L. 1,

§ 9, *de Superf.*; L. 12, § 2, 3, *de Publ. action.*, Dig.
[4] Gai., 2, § 31.
[5] Instit. Just., *h. §.*

pation et de la cession juridique comme moyens d'établir réellement des servitudes sur les fonds italiques, ajoute, en parlant des fonds stipendiaires et tributaires : *alioquin in provincialibus prœdiis, sive quis usumfructum, sive jus eundi agendi…, cœteraque similia jura constituere velit, pactionibus et stipulationibus id efficere debet* [1]. Or, disent ces interprètes, le mot *constituere* indique bien qu'il s'agit de servitudes constituées à l'état réel et produisant une action *in rem*.

Ce raisonnement serait sans réplique, si les mots *constituere usumfructum vel cœtera similia jura* signifiaient toujours constituer un droit d'usufruit ou de servitude à l'état de *jus in re* : mais les jurisconsultes se servent souvent de *constituere* pour indiquer qu'un droit personnel est conféré : ainsi l'emploie Paul, pour dire que l'héritier sera tenu de prester l'usufruit légué *per damnationem* [2] ; et Gaius lui-même l'emploie dans ce sens en parlant du legs *per damnationem* d'un usufruit [3], legs qui, de l'aveu de tout le monde, donne lieu à l'action personnelle *ex testamento* contre l'héritier, obligé de fournir et de prester l'usufruit. Il serait d'ailleurs surprenant que les particuliers eussent obtenu un démembrement du droit de propriété sur les fonds provinciaux, qui n'étaient pas susceptibles de propriété privée ; et il ne serait pas moins étrange qu'ils eussent acquis ce démembrement par pactes et stipulations, lorsque ce moyen était inefficace pour démembrer les fonds italiques. Enfin, la dissertation de Théophile, que nous avons rapportée sur ce sujet, ne peut que nous fortifier dans cette dernière opinion [4].

Faut-il au moins reconnaître que, sous Justinien, les pactes et les stipulations sont devenus un moyen direct de créer les servitudes réelles et les servitudes personnelles ?

Ceux qui adoptent l'affirmative invoquent le souvenir du droit prétorien, qui avait permis de créer le droit réel d'hy-

---

[1] Gai., 2, § 31.
[2] Paul., 3, sent. 6, § 17. — V. L. 136, *de Verb. oblig.*
[3] L. 3, *de Usufr. et quem.*

[4] *Paraphr.*, § 4, *h. tit.* — V. la *Chrestomathie* de M. Blondeau, p. 412, note 3 ; *l'Exposé des princip. génér. du dr. rom. sur la Propriété*, par M. Pellat, n° 78.

pothèque par simple pacte, et ils objectent aux partisans de
l'opinion contraire, qu'en méconnaissant ce moyen, il n'y
en aura plus pour constituer entre-vifs les servitudes négatives, maintenant que la mancipation et la cession juridique
ont cessé d'exister.

Pour notre part, ces arguments nous touchent peu et nous
adoptons la négative, d'abord parce que nous ne reconnaissons
pas de distinction dans les modes d'établissement des servitudes négatives ou actives, ensuite parce qu'il est de règle
ancienne que les contrats engendrent des obligations et que
les obligations ne donnent ni la propriété ni les servitudes [1];
nous croyons d'ailleurs que, si Justinien avait voulu innover,
il l'aurait dit nettement, au lieu de se contenter de repro-
duire une ancienne disposition faite pour un autre temps et
dans un autre esprit [2].

285. Dès avant Justinien, pour l'établissement d'une servitude entre deux fonds italiques, les propriétaires voisins
recouraient aussi aux pactes et aux stipulations, ou bien ils
usaient d'un moyen analogue, l'un vendait à l'autre un droit
de passage ou de vue. Mais parvenaient-ils ainsi à établir un
jus in re comme servitude acquise?

Non; la vente ne faisait qu'obliger le vendeur à laisser
passer l'acheteur, et à lui constituer la servitude comme droit
réel par la mancipation ou la cession juridique, et quelquefois un fidéjusseur venait cautionner l'obligation du vendeur [3]; puis, en cas d'inexécution par celui-ci, l'acheteur
obtenait contre lui l'action *empti* et contre la caution l'action
ex stipulatu, pour les faire condamner pécuniairement à l'équivalent de l'intérêt qu'il avait à passer.

286. Cependant, à l'aide des conventions, on a fini par
constituer des servitudes réelles, qui étaient, sinon des démembrements civils, du moins des démembrements prétoriens de
la propriété; voici quelle a été, sur ce sujet, la marche du

---

[1] L. 3, pr., *de Obl. et act.*
[2] Gai., 2, § 31. — V. L. 33, § 1, *de Serv. rust.* — V. art. 1138, 1583, 1607, Cod. Nap.
[3] L. 20, *de Servit.*; L. 3, § 2, *de Act. empt.*

droit. Les servitudes ne sont pas susceptibles de tradition proprement dite [1], et dans l'origine on aurait vainement tenté ce moyen pour en établir une : il fallait recourir à la cession juridique ou à la mancipation [2] : aussi, vers la fin de la République, Labéon conseillait-il à l'acheteur de se faire donner caution que le vendeur ne s'opposerait pas à l'exercice du droit acheté, « *quia nulla ejusmodi juris vacua traditio esset* », parce que la tradition d'un droit de cette nature était impossible [3] ; et si le vendeur s'opposait au passage ou à la vue de l'acheteur, celui-ci avait l'action *empti* pour le faire condamner à une somme pécuniaire équivalente au préjudice. Mais déjà, au commencement du II⁰ siècle, Javolenus était d'avis que laisser exercer la servitude vendue, c'était en livrer la possession, « *usum ejus juris pro traditione possessionis accipiendum esse* », et que cet exercice devait être protégé par les interdits quasi-possessoires [4] ; Julien donnait une action et une exception pour maintenir l'acheteur dans la quasi-possession qu'il avait prise [5] ; puis, au III⁰ siècle, Ulpien, admettant l'établissement des servitudes « *per traditionem constitutis vel per patientiam* », accordait l'action publicienne [6], des interdits possessoires utiles [7], et, en général, la protection du préteur « *officium prætoris* », pour faire respecter ce droit [8].

287. C'est ainsi qu'on est parvenu à constituer « *prætorio jure* » des servitudes réelles au profit d'un acheteur qui, en fait, a reçu la quasi-possession ou l'a prise avec l'agrément du vendeur, par opposition aux servitudes constituées « *ipso jure* », par un mode civil [9]. Mais remarquez bien que l'action réelle prétorienne est attachée au *fait* d'exercice de la servitude, au *fait* d'exécution de la convention, et non à la convention même, qui ne produit jamais qu'une action *in personam*. Quelques interprètes, s'attachant absolument à ce fait,

---

[1] L. 43, § 1, *de Adq. rer. dom.*
[2] Vat., fragm., § 45.
[3] L. 20, *de Servit.*
[4] *Ibid.*
[5] L. 16, *Si serv. vind.*

[6] L. 11, § 1, *de Publ. act.*
[7] L. 1, § 9, *de Superf.*
[8] L. 1, § 2, *de Serv. rust.* — V. art. 686, 690, 1607, Cod. Nap.
[9] L. 1, § 9, *de Superf.* — V. L. 1, pr., *Quib. mod. us. am.*

vont jusqu'à distinguer entre les servitudes positives et les
servitudes négatives, c'est-à-dire entre celles qui consistent
pour le propriétaire dominant à faire quelque chose, comme
dans la servitude *stillicidii immittendi*, et celles qui consistent
à obliger le propriétaire servant à s'abstenir de faire quelque chose, comme dans la servitude *altiùs non tollendi;* ces
interprètes pensent que les premières seules peuvent être
établies *prætorio jure,* et les autres pas [1]. Disons deux mots
sur cette distinction, qui n'est que spécieuse et nullement
fondée.

Pour repousser cette distinction, nous nous appuyons sur
le silence des textes et leur généralité, sur le sens vrai du
mot *patientia,* sur la nature même des choses, et sur l'étendue
de la puissance du préteur.

D'abord la division des servitudes en négatives et positives
n'a jamais été faite textuellement par les jurisconsultes romains : on les voit toujours traiter indistinctement des *servitudes* ou bien des *servitudes rurales et urbaines,* établies *quasi traditione, per patentiam, officio prætoris.* C'est ainsi que la L. 20,
de Servit., au Dig., en parlant de la servitude de voie « *aut
aliquid jus fundi* », décide, sans distinction, que l'usage de ce
droit tient lieu de tradition de la possession, « *usum ejus juris pro traditione possessionis accipiendum esse* ». Puis où trouver
un texte plus général et plus précis que la L. 32, *de Servit.
præd. urban.,* au Dig.? « *Natura enim servitutum ea est ut possi-
deri non possint, sed intelligatur possessionem earum habere qui
ædes possidet* ». Est-ce que le mot *patientia* suppose d'ailleurs
la distinction proposée? Non, assurément : *patientia* signifie
tout aussi bien *abstention* que *tolérance, ne pas faire* comme
laisser faire; la patience du voisin s'exerce également quand
il s'abstient de bâtir en vertu d'une convention, ou quand il
laisse appuyer une poutre sur son mur, bien que la première
de ces servitudes soit négative et la deuxième active. Aussi
voyons-nous, dans la L. 11, § 1, *de Publician. act.,* à l'oc-

---

[1] V. M. Ortolan, § 3, *de Reb. corp. et incorp.*

casion des servitudes urbaines comme des servitudes rurales, que la tradition *et* la patience doivent être protégées. De quoi s'agit-il en définitive ! De prêter appui à la bonne foi contre la mauvaise foi, de placer une convention sous la protection du magistrat, et la distinction proposée, à peine admissible devant le droit civil, ne pouvait arrêter un instant le droit prétorien : *Traditio planè et patientia servitutum inducet officium prætoris*, dit la L. 1, § 2, *de Servit. præd. rust.* Encore une fois, qu'on nous montre un texte, un seul, qui renferme cette prétendue distinction ou qui y fasse allusion !

Nous voyons également, dans la L. 6, *Comm. præd.*, que, si le propriétaire de deux fonds transmet l'un à autrui par la tradition en réservant une servitude au profit de l'autre fonds conservé, ou bien s'il concède au profit du fonds livré une servitude sur le fonds retenu, cette servitude se trouve exister comme droit réel, c'est-à-dire comme droit réel prétorien. Il est évident que cette loi ne distingue pas entre les servitudes positives et les servitudes négatives ; celle imposée au fonds livré où au fonds retenu peut donc être négative, par exemple la servitude *altiùs non tollendi*, la servitude *ne prospectui officiatur*, d'autant plus que les deux fonds n'ont pas besoin d'être voisins [1] ; et cependant, d'après le système que nous venons de combattre, les servitudes positives auraient seules pu être concédées ou retenues par la quasi-tradition ou la quasi-possession. Serait-ce donc qu'il y aurait contradiction et oubli des principes dans l'esprit des jurisconsultes romains ? Non : l'anomalie n'existe pas dans les textes, elle n'est que dans l'esprit des interprètes, et tout doute disparaît quand on se pénètre bien de la portée du mot *patientia* [2].

288. Dans la législation de Justinien, où la tradition suffit pour transférer la propriété des immeubles aussi bien que des meubles corporels, le fonds livré sous la déduction d'une servitude au profit d'un autre fonds qu'on retient, *et vice*

---

[1] L. 6, *Com. præd.*
[2] V. la *Thémis*, t. 10, p. 57 et suiv., où cette question a été traitée *in extenso*.

versâ, passe à l'*accipiens* modifié, c'est-à-dire grevé ou enrichi
d'une servitude réelle civile [1].

289. Mais que nous sommes loin du *jus romanum* dont la
solennité frappait l'attention des citoyens ! Ce n'est plus qu'un
droit abâtardi : la mancipation a disparu ; la *cessio in jure* a
perdu sa solennité et est remplacée par la *cessio,* c'est-à-dire
par la convention accompagnée ou suivie de la possession ou
quasi-possession ; l'adjudication et le legs sont transformés ;
la tradition est devenue un moyen d'acquérir les *res soli* comme
toutes les choses corporelles, et la quasi-tradition un moyen
d'acquérir les démembrements de la propriété. Tout est rangé
sous un même niveau dans la législation justinienne : il n'y a
plus de distinction entre Rome et les provinces, entre le sol
italique et le sol provincial, entre les citoyens et les pérégrins,
entre le droit civil et le droit honoraire, entre la *rei vindicatio*
et la Publicienne [2] ; on ne connaît plus de *res mancipi* et *nec
mancipi* [3] ; enfin Justinien abolit toute différence entre le
nudum jus Quiritium et l'*in bonis,* de manière que désormais
chacun aura un pouvoir absolu et légitime sur les choses qui
lui appartiendront, « *sit plenissimus et legitimus quisque dominus* [4] ».

290. Les servitudes réelles ont un caractère absolu d'indivisibilité en ce qui concerne leur établissement, leur exercice, leur conservation et leur extinction [5], « *per partes nec
adquiri nec imponi servitutes posse* » [6]. On ne peut en constituer
efficacement ni au profit d'une partie indivise ni sur une
partie indivise d'immeuble ; on acquiert bien un droit de
passage à tel jardin, on ne peut en acquérir un à la moitié
indivise de ce jardin [7], « *pro parte dominii servitutem adquiri
non posse vulgò traditur* [8] » ; cela pour deux raisons : la première, parce qu'il est impossible de passer sur une moitié in-

---

[1] V. art. 692 à 694, Cod. Nap.
[2] L. 7, § 8, *de Publ. act.*
[3] L. un., *de Usuc. transf.,* Cod.
[4] L. un., *de Nud. jur. quirit. toll.,*
Cod.—V. art. 544.

[5] L. 34, *de Serv. rust.*—V. art. 700,
709 et 710.
[6] L. 32, *eod.*
[7] L. 6, § 1, *Com. præd.*
[8] L. 11, *de Servit.*

divise, d'appuyer une poutre sur une moitié indivise ; la deuxième, c'est qu'en supposant un fonds commun entre deux maîtres, l'un n'a la faculté légale ni d'imposer ni d'acquérir une servitude à la part indivise de l'autre et réciproquement [1]. Cependant, en supposant deux bâtiments communs entre deux maîtres, de même que ces deux maîtres peuvent conjointement constituer une servitude en livrant à autrui l'un des deux bâtiments *deductâ servitute* au profit de l'autre bâtiment, on a fini par admettre que l'on pourrait parvenir à une constitution régulière, au moyen de ce qu'une première tradition de sa part indivise, faite par l'un des maîtres, serait validée par la tradition postérieure de l'autre [2].

291. Une fois établies, les servitudes s'exercent encore indivisiblement ; chacun des copropriétaires du fonds dominant a nécessairement le droit de servitude en entier, il ne saurait passer à demi [3], de même que chacun des maîtres du fonds servant supporte l'exercice de la servitude en entier [4]. Il n'importe pas que ces fonds soient dévolus à de nombreux héritiers : tous indistinctement ont le droit entier ou la charge entière des servitudes, « *quia usus eorum indivisus est* [5] » , même après le morcellement ou le partage de l'un ou l'autre fonds [6].

292. Enfin, une fois établies, elles se conservent bien intégralement au profit de celui qui n'a qu'une part indivise du fonds dominant, et contre celui qui n'a qu'une part indivise du fonds servant, « *quia pro parte servitus retinetur* » [7]. Ainsi, quand le fonds dominant m'appartient et que j'acquiers la moitié du fonds servant, la servitude n'en subsiste pas moins, quoiqu'elle s'éteignît si je devenais propriétaire de

---

[1] L. 2, *cod.*

[2] L. 11, *de Serv. rust.*: L. 6, § 2, *Com. præd.* — Il est vraisemblable que, dans ses remaniements de textes, Justinien a quelquefois substitué le mot *tradere* aux mots *mancipare* et *in jure cedere*. Toutefois, il ne faut accepter cette conjecture qu'avec précaution ; ainsi elle ne serait pas fondée dans la L. 6, *Com. præd.*, qui renferme les mots *traduntur*, *tradita*, copiés de l'ouvrage du jurisconsulte Sabinus.

[3] L. 4, § 3, *Si serv. vind.*

[4] § 4, *cod.*

[5] L. 17, *de Servit.*

[6] L. 23, § 3, *de Serv. rust.* — V. art. 700, Cod. Nap.

[7] L. 30, *de Serv. urb.*; L. 8, § 1, *de Servit.* — V. art. 709 et 710.

la totalité. l n'y a rien là de contradictoire; ces effets sont même des conséquences rigoureuses du principe de l'indivisibilité, et de la règle suivant laquelle un droit se perd *iisdem modis per quos adquiritur, sed in contrarium actis* [1] : or, la servitude n'a pu s'établir que sur le fonds entier ou pour le fonds entier ; une fois établie, elle ne peut plus être perdue que par le fonds entier ou s'éteindre qu'en faveur du fonds entier [2]. V. n° 239.

293. Comment s'éteignent les servitudes ?

Il y a quatre causes d'extinction des servitudes : la perte du fonds dominant ou servant, la confusion, la remise, le non-usage [3]. V. n° 201.

294. D'abord, la servitude s'efface lorsque l'un des deux fonds est détruit ou modifié de telle sorte que l'exercice n'en est plus possible, par exemple, quand un terrain est envahi par les eaux ; mais une interprétation bénigne fait revivre cette servitude quand les fonds sont rétablis dans leur état primitif, par exemple, si l'eau qui couvrait le champ soumis au droit de passage vient à se retirer avant qu'il y ait extinction par non-usage [4]. Lorsqu'il s'agit d'une servitude rustique, la destruction de la superficie du fonds dominant n'empêche pas cette servitude de subsister au profit du sol [5], tandis qu'il suffit de la ruine de la superficie seule pour éteindre une servitude urbaine, sauf sa résurrection en cas de rétablissement de la superficie dans son état primitif avant l'extinction par non-usage, parce que le nouveau bâtiment représente l'ancien [6]. C'est là, au fond, qu'est l'intérêt essentiel à distinguer les servitudes rustiques des servitudes urbaines; et cette distinction ne peut apparaître que de l'intention de celui qui a fait la constitution. V. n°s 247-249, 264.

295. La confusion éteint les servitudes prédiales, quelles qu'elles soient, aussitôt qu'une même personne devient seule

---

[1] L. 153, *de Reg. jur.*
[2] V. L. 11, *de Servit.*
[3] V. L. 19, *Quib. mod. us. am.*
[4] L. 14, *Quem. serv. am.* — V. art.

703, 704, Cod. Nap.
[5] L. 13, pr., *de Serv. rust.*
[6] L. 20, § 2, *de Serv. urb.* —V. art. 703, 704.

propriétaire des deux fonds dominant et servant [1] en entier [2], « *nulli enim res sua servit* » [3].

296. La remise éteint les servitudes, lorsque, du consentement exprès ou tacite du propriétaire dominant, le maître du fonds servant fait un acte contraire à la servitude, un acte qui en paralyse l'exercice [4]. Tant que la remise n'est qu'à l'état de convention non suivie d'exécution, la servitude n'est pas encore éteinte, en d'autres termes', le fonds servant n'a pas encore recouvré sa liberté ; mais le propriétaire du fonds dominant serait repoussé par une exception *doli* ou *pacti conventi*, s'il voulait, au mépris de la convention, exercer la servitude ou bien empêcher le propriétaire du fonds servant de faire un acte contraire à cette servitude.

297. Le non-usage a toujours été une cause d'extinction des servitudes, mais les conditions et le délai ont varié suivant les époques : ce délai était toujours de deux années avant Justinien ; il est de dix ans entre présents et de vingt ans entre absents depuis ce prince [5]. V. n° 282.

298. Dans le droit antéjustinien, pour les servitudes rustiques, les deux années de non-usage commencent à courir du moment où le propriétaire du fonds dominant cesse d'exercer son droit, de manière qu'il sera éteint dès que ce repos aura duré deux années consécutives, par exemple, quand on sera resté deux années sans puiser d'eau [6]. Pour l'extinction des servitudes urbaines, au contraire, il ne suffit du repos ni de l'un ni de l'autre propriétaire ; pour qu'il y ait non-usage, il faut que le propriétaire servant reconquière par son fait la liberté de son fonds, « *si vicinus simul libertatem usucapiat* », en innovant, en faisant un acte contraire à la servitude : par exemple, pour éteindre celle *altiùs non tollendi* ou bien *ne luminibus officiatur*, il est nécessaire que le propriétaire du fonds servant ait bâti plus haut et qu'il ait maintenu ce nouvel état de choses

---

[1] L. 4, *Quem. serv. am.*

[2] L. 30, § 1, *de Serv. urb.*

[3] L. 26, *cod.*—V. art. 705.

[4] L. 8, pr., *Quem. serv. am.*—V. art. 707.

[5] L. 13, *de Servit.*, Cod.

[6] Paul., 1, sent. 17, § 2.

durant deux années, il ne suffirait même pas que le propriétaire du fonds dominant eût bouché ses fenêtres [1]. **V. nᵒ 249.**

Les textes expriment encore cette différence en d'autres
termes, en disant que les servitudes urbaines se conservent
par la possession, « *servitutes quæ in superficie consistunt possessione retinentur* » [2], tandis qu'il faut joindre le fait de l'homme
à la possession, pour retenir les servitudes rustiques.

Sur quoi repose cette distinction ?

En comparant les servitudes entre elles, on reconnaît que
les unes ont un caractère de continuité absolu, comme
l'égout qui s'exerce et se conserve lui-même indépendamment
du fait de l'homme, tandis que d'autres, comme le passage,
ont besoin du fait de l'homme et ne s'exercent qu'à certains
intervalles ; on reconnaît également que le plus souvent les
servitudes urbaines sont continues, et les servitudes rustiques
discontinues [3]. Les jurisconsultes romains semblent être partis
de là pour décider que les servitudes rustiques s'éteindraient
par le simple non-usage pendant deux années, comme si un
défaut d'exercice de cette durée témoignait assez que le propriétaire du fonds dominant a sciemment renoncé à la servitude, tandis que les servitudes urbaines étant ordinairement
expectantes, toujours en activité, il faut *aliquid novi* de la part
du propriétaire servant, un fait contraire à la servitude, un
fait qui interrompe l'exercice du droit du propriétaire dominant, et qui fasse présumer qu'après deux années de non-usage
il y a renoncé [4]. **V. nᵒ 249.**

Telle est évidemment la raison sur laquelle s'appuie la différence, quant à l'extinction par non-usage, entre les servitudes
urbaines et les servitudes rustiques. Mais il ne faut pas croire
que les jurisconsultes aient voulu ramener cette distinction à
une règle absolue ; ils savaient bien que certaines servitudes
urbaines sont d'un usage discontinu, comme le passage pour

---

[1] L. 6, *de Serv. urb.*; L. 4, § 29, *de
Usurp.*, Dig. — V. art. 706 et 707.
[2] L. 20, *de Serv. urb.*; L. 6, § 1, *Si
serv. vind.*

[3] V. L. 14, pr., *de Servit.*
[4] L. 6, 20, *de Serv. urb.*; L. 18, § 2,
Quem. serv. am.

accéder à ma maison [1], tandis que les servitudes rustiques sont quelquefois d'un usage continu. Ainsi, le droit d'aqueduc, rustique lorsqu'il sert à irriguer mes champs, est continu quand l'eau parvient spontanément à sa destination, et alors les jurisconsultes décident que cette servitude se conserve par la possession [2], c'est-à-dire qu'il faut un fait contraire du propriétaire dominant, joint au temps, pour qu'il perde cette servitude. D'où il résulte qu'au fond les jurisconsultes s'attachent à la continuité ou à la discontinuité pour la perte par non-usage, et qu'au point de vue de la doctrine cette distinction renferme implicitement une division des servitudes en continues et en discontinues [3].

299. Justinien a apporté un notable changement à l'extinction des servitudes prédiales par le non-usage, en prolongeant le délai de la prescription, de manière que désormais une servitude réelle ne sera éteinte qu'après dix ans de non-usage entre présents et vingt ans entre absents [4].

Mais c'est une question de savoir si, pour le point de départ des dix ou vingt ans de non-usage, Justinien exige qu'il ait été fait un acte contraire à la servitude. Nous ne voyons pas de doute quant aux servitudes continues, le non-usage est impossible tant que les choses restent au même état : ainsi, pour la servitude de ne pas bâtir, le non-usage ne peut com-

---

[1] L. 11, § 1, de Publ. act.
[2] L. 12, Quem. serv. am.
[3] Comment une servitude est-elle un démembrement de la propriété, par exemple, celle oneris ferendi au profit de mon fonds sur le vôtre ? En ce que j'use de quelque chose de votre fonds, comme si je possédais par quelque fait, « quia in tuo aliquod utor, etsi quasi facto quodam possideo (L. 20, pr., de Servit. urb.).

Comment le fait de possession s'exerce-t-il ? Dans les servitudes continues, comme celle oneris ferendi, je fais acte de possession permanente par le moyen de mes constructions qui pèsent sans cesse sur les vôtres, j'use à tout moment de mon droit, et je le retiens par cet usage. Quant aux servitudes discontinues, par exemple, celle de passage, ne pouvant passer sans cesse, j'use de mon droit par intervalles, en re-

nouvelant de temps à autre le fait de ma possession qui ne peut être permanente (L. 14, pr., de Servit.).

Qu'y a-t-il de commun ? L'usage, l'exercice. Qu'y a-t-il de différent ? Le mode de cet usage ; mais en réalité c'est toujours en exerçant mon droit que je le conserve. D'où il résulte que, doctrinalement parlant, il serait peut-être plus exact de dire, avec la L. 20, Quem. servit. amit., qu'une servitude se conserve par l'usage, « usu retinctur servitus », sans distinguer entre les servitudes continues ou discontinues, urbaines ou rustiques, bien que, d'après le texte de la L. 20, pr., de Servit. urban., les servitudes urbaines se conservent par la possession, comme si la possession différait de l'usage.

[4] L. 13, de Servit., Cod.

11

mencer contre le fonds dominant que du moment où le propriétaire du fonds servant commence à bâtir. Pour ce qui est des servitudes discontinues, la raison de douter se tire du rapprochement de la L. 16, § 1, *de Usufr. et habit.*, et de la L. 13, *de Servit. et aquâ*, au Cod., avec le § 3, *de Usufr.*, aux Instit.; mais nous pensons que, dans ces constitutions, Justinien s'est attaché uniquement à prolonger le délai du non-usage, sans exiger rien de plus pour l'extinction des servitudes discontinues ; et cela nous paraît évident en présence de la L. 14, pr., *de Servit. et aquâ*, dans laquelle l'empereur dit que la réclamation de la servitude de passage après dix ou vingt ans est une réminiscence tardive « *sera pœnitentia* », de la part du propriétaire qui est resté si longtemps sans user de son droit [1].

300. Tant qu'il n'a pas été innové sur le fonds servant « *cum nihil sit innovatum* », le propriétaire du fonds dominant a l'action *in rem* confessoire et l'interdit *quod vi aut clam* pour conserver son droit, par exemple, pour empêcher le propriétaire servant de bâtir au delà de la hauteur fixée [2] ; et après qu'il aurait bâti sans le consentement du propriétaire dominant, celui-ci pourrait faire rétablir les choses dans leur état primitif, au moyen de l'interdit *quod vi aut clam*, tant que la servitude ne serait pas éteinte par non-usage [3].

301. Pour retenir une servitude quelconque, il faut faire littéralement ce qu'elle permet, sans pouvoir s'en écarter. Ainsi celui-là perd son droit qui, ayant *aquæductus* la nuit ou à des heures déterminées, prend de l'eau le jour ou à d'autres heures pendant tout le temps fixé pour l'extinction par non-usage [4]. De même celui qui, ayant le droit de puisage, va à la fontaine sans y puiser, perd non seulement *haustum*, mais encore *iter* [5], parce que l'accessoire suit ordinairement le sort du principal [6].

---

(1) V. art. 706 et 707, Cod. Nap.
(2) L. 4, § 8 ; L. 6, § 1, *Si serv. vind.*, Dig.
(3) L. 1, § 1, *de Oper. nov.*, Dig.; L. 5, *de Servit.*, Cod.

(4) L. 10, § 1, *Quem. serv. am.* —V. art. 708.
(5) L. 17, *eod.*—V. L. 6, *eod.*
(6) L. 129, pr.; L. 178, *de Reg. jur.*

302. Il suffit d'ailleurs, pour la conservation d'une servitude, qu'elle soit exercée par un copropriétaire, un usufruitier, un possesseur de bonne ou de mauvaise foi, par un fermier, par un ami [1].

303. Si le non-usage a été causé par une force majeure, telle que le tarissement d'une fontaine, qui vient ensuite à couler de nouveau quelques années après, bien que la servitude de puisage soit éteinte selon le droit rigoureux, on la rétablit conformément à une constitution impériale, à raison de ce qu'aucune négligence n'est imputable au propriétaire du fonds dominant [2].

304. Enfin la loi 11, § 1, *Quem. servit. amit.*, range encore parmi les causes d'extinction des servitudes la résolution du droit de propriété du maître qui a établi la servitude; mais il serait plus exact de dire que, par suite de cet événement, la servitude est censée n'avoir jamais existé [3].

TITRE IV. — De l'usufruit.

Pr.

305. En étudiant la marche de la nature, on reconnaît que certaines choses sont productives et d'autres stériles; que certaines choses produisent spontanément, d'autres par la culture et le travail; que les unes donnent des productions qui se renouvellent périodiquement, d'autres des productions qui se renouvellent non périodiquement, d'autres enfin des produits qui ne se renouvellent pas. V. nos 129, 450, 451.

Chaque chose a sa destination primitive et apporte, en naissant, sa qualité productive ou improductive; mais cette destination peut être modifiée par les événements ou par la main de l'homme, et toute modification a de l'influence sur les produits. De là l'expression *fruges, fructus,* fruits.

---

[1] L. 5, 20-25, *Quem. serv. am.* — V. art. 597, 709 et 710.
[2] L. 35, *de Serv. rust.*

[3] L. 11, § 1, *Quem. serv. am.* — V. art. 1673.

306. Dans un sens général, le mot *fruges* s'applique à toutes les productions de la terre ; dans un sens plus restreint, il indique celles de ces productions qu'on retire à titre de revenus périodiques [1].

Le mot *fructus*, consacré dans la langue du droit, a aussi une double signification : il comprend tantôt tous les produits de la nature, tantôt ceux de ces produits qui se renouvellent périodiquement ; et il indique toujours ce qui est destiné aux besoins usuels de l'homme [2].

307. Les fruits qui naissent « *ex ipso corpore rei* » se nomment *fruits naturels* ou *fruits industriels*, selon qu'ils sont le résultat de la nature ou du travail, tels que les bois taillis ou les légumes [3]. Puis on a imaginé de créer des fruits incorporels, autrement appelés *fruits civils*, c'est-à-dire des prestations qu'on obtient non du corps même de la chose, « *sed ex aliâ causâ* », à son occasion et par l'effet d'une convention dont cette chose est l'objet, comme les intérêts d'un capital prêté [4], la redevance d'une maison louée [5].

308. Tant que les fruits tiennent au sol, ils ne forment point une chose distincte du fonds, ils en sont une partie intégrante, « *fructus pendentes pars fundi videntur* » [6], et ils appartiennent au même maître, « *non jure seminis, sed jure soli* » [7] ; c'est la séparation qui en fait des *res singulæ*, et alors seulement s'élève la question de savoir à qui ils sont. V. nᵒˢ 129, 401, 450, 452.

309. En principe tous les fruits continuent d'appartenir au propriétaire du fonds après la séparation, mais, par exception, certains fruits peuvent appartenir à un autre, qui les perçoit en vertu d'un droit appelé *usufruit*. V. nᵒˢ 136, 139.

---

[1] V. L. 77, *de Verb. signif.* — V. art. 547, Cod. Nap.

[2] L. 42, *de Usu et us. legat.* — V. art. 582.

[3] L. 121, *de Verb. signif.*; L. 45, *de Usur.* — V. art. 583.

[4] L. 121, *de Verb. signif.*; L. 34, *de Usur.* — V. art. 584, 588.

[5] L. 36, *de Usur.* — V. art. 584.

[6] L. 44, *de Reiv.*; L. 61, § 8, *de Furt.* — V. art. 520, Cod. Nap.

[7] L. 25, pr., *de Usur.* — V. art. 548.

310. Qu'est-ce donc que l'usufruit?

Ususfructus est jus alienis rebus utendi fruendi, salvâ rerum substantiâ, dit le jurisconsulte Paul [1]. V. n°s 136-139.

Mais on ne peut bien se pénétrer du caractère de l'usufruit qu'en analysant la définition de Paul et en la complétant par d'autres textes.

Jus utendi : — droit de se servir d'une chose, c'est-à-dire de l'employer à un usage susceptible de se renouveler, sans en prendre aucune partie matérielle, par exemple, se promener sur un fonds [2].

Fruendi : — droit de percevoir et de s'approprier les fruits d'une chose : mais alors, au lieu de comprendre tous les produits de cette chose, les fruits ne sont plus que les produits qu'elle donne d'après sa destination actuelle [3] et périodiquement [4], *res quœ nasci* [5] *et renasci* [6] *solent* [7].

Alienis rebus : — droit d'user et de jouir des choses qui appartiennent à autrui : car, du moment où l'on se sert de sa propre chose, on ne fait qu'exercer le droit de propriété selon sa constitution légale, « *nec enim potest ei fundus suus servire* » [8]. V. n[os] **22, 240**.

Salvâ rerum substantiâ : — ici les interprètes controversent; d'après les uns, l'usufruit est le droit d'user et de jouir de la chose d'autrui *sans en changer la substance* [9]; suivant les autres, l'usufruit est le droit d'user et de jouir de la chose d'autrui *tant que dure la substance* [10].

Dans la langue juridique on entend par substance d'une chose sa qualité principale, le caractère essentiel qui constitue sa manière d'être et sa destination actuelles : par exemple, la qualité principale d'un verger est de produire des fruits, et

---

[1] L. 1, *de Usufr.*—V. art. 578.

[2] L. 12, § 1, *de Usu et habit.* — V. L. 1, § 1; L. 10, § 4, cod.

[3] L. 13, § 4, 7, 8; L. 15, § 1, *de Usufr.*; L. 10, § 4, *Quib. mod. us. am.*—V. art. 582.

[4] L. 7, § 6-12, *Solut. matr.*—V. art. 593.

[5] L. 18, pr., *de Fundo dot.*

[6] L. 7, § 13, *Solut. matr.*; L. 30, pr., *de Verb. signif.*

[7] V. art. 583 et 590.

[8] L. 5, pr., *Si ususfr. pet.*

[9] Theoph., *Paraphr.*, *h.* §; M. Warnkœnig, *Comment. du dr. rom.*, t. 1, p. 438; la *Thémis*, t. 1, p. 260.—V. art. 578.

[10] V. M. Ortolan, *h. s.*

cette qualité tient à la forme du fonds, à tel point qu'en en
faisant une prairie on changerait la forme, la substance et
la destination [1]; ce qui fait dire avec raison que la substance
d'une chose consiste dans la forme [2].

On dit trop en disant que l'usufruit est le droit d'user et de
jouir de la chose d'autrui *tant que dure la substance,* car il n'est
pas de l'essence de l'usufruit de durer autant que la substance de la chose, il est plutôt de son essence de s'éteindre
auparavant par la mort de l'usufruitier [3].

Toutefois une définition consistant à énumérer les qualités et les attributs qui distinguent une chose d'une autre,
il est naturel de croire que le jurisconsulte Paul a entendu
spécifier une condition sans laquelle l'usufruit ne saurait exister, tandis qu'il n'y avait pas nécessité de parler de la charge
de conserver la substance, pas plus que de l'obligation de
donner caution.

Cette première interprétation semble pouvoir s'appuyer
d'ailleurs sur un texte du jurisconsulte Celsus, qui, en traitant de l'usufruit, dit que c'est un droit sur un corps, et que,
ce corps venant à périr, le droit périt nécessairement aussi,
« *est enim ususfructus jus in corpore, quo sublato, et ipsum tolli
necesse est* » [4].

Tel est aussi le sens que lui donne Théophile en commen-
tant cette partie des Institutes [5]; mais il faut remarquer que
notre texte est composé de deux lois de Celsus et de Paul
cousues ensemble par Justinien [6], et que cela ne prouve
rien sur l'opinion individuelle de chacun de ces jurisconsultes.

D'un autre côté on ne dit pas assez en disant que l'usufruitier doit s'abstenir de changer la substance de la chose,
car, en s'en tenant à cette défense, cela n'empêcherait pas
l'usufruit de durer à son profit après qu'il aurait changé la

---

[1] L. 13, § 7; L. 36, pr., *de Usufr.*
[2] L. 34, § 2, *cod.*
[3] L. 56, *cod.*

[4] L. 2, *de Usufr.*
[5] *Paraphr., h. §.*
[6] L. 12, *de Usufr.*

substance, et cependant il est incontestable que l'usufruit s'éteint par la transformation de la chose.

Pour appuyer cette deuxième interprétation, on peut néanmoins invoquer les §§ 26 et 27 du titre 24 des Règles d'Ulpien, qui traitent du legs de l'usufruit des choses « *quarum salvâ substantiâ utendi fruendi potest esse facultas* », par opposition aux choses dont l'usufruit ne peut être légué parce qu'elles se consomment par l'usage qu'on en fait ; ce qui indiquerait que, suivant Ulpien au moins, jouir d'une chose *salvâ substantiâ*, ce serait jouir sans consommer.

Chacune des deux interprétations laisse donc à désirer ; pour être complétement exact et satisfaisant, il faudrait dire que l'usufruit est le droit d'user et de jouir exclusivement, pendant un temps, des choses d'autrui qui résistent à l'usage qu'on en fait [1].

Au surplus la controverse n'a pas d'importance, car on est d'accord que l'usufruit s'éteint avec la substance et que l'usufruitier doit conserver cette substance ; en lui conférant le droit de l'altérer, on lui aurait permis d'empiéter sur la propriété [2].

311. Voyons avec plus de développement quelle est l'étendue du droit de l'usufruitier.

Déjà nous savons que le *jus utendi* comporte la faculté de retirer de la chose toute l'utilité qu'elle est susceptible de procurer, sans en prendre aucune partie matérielle et sans en changer la substance. De là découle, pour l'usufruitier, le droit de rester sur le fonds [3] et de s'y promener [4], d'habiter les bâtiments [5], d'user des servitudes prédiales qui leur sont dues [6], d'employer les navires à la navigation [7], les esclaves aux fonctions de leur ministère [8], les animaux au travail

---

[1] Ulp., 24, § 27, 28. — V. art. 587, Cod. Nap.
[2] L. 2, *de Usufr.* — V. art. 617.
[3] L. 10, § 4, *de Usu et habit.*
[4] L. 12, § 1, *eod.*
[5] L. 2, *eod.* — V. art. 595.
[6] L. 15, § 7, *de Usufr.* — V. art. 597.
[7] L. 12, § 1, *eod.*
[8] L. 27, § 2, *eod.* ; L. 12, § 5, *de Usu et habit.*

auquel ils sont destinés [1], de chasser, de pêcher et d'oise-
ler [2].

312. Nous savons également que le *jus fruendi* consiste
dans le droit de recueillir et de s'approprier tous les fruits de
la chose mobile ou immobile [3], « *quidquid in fundo nascitur,
quidquid inde percipitur* » [4], c'est-à-dire tous les produits matériels que la chose est destinée à donner périodiquement.
L'usufruitier de bestiaux prend donc le lait, le poil, la laine
et le croît, de sorte que les agneaux, les petits poulains et
les chevreaux lui sont acquis immédiatement [5]. Mais l'usufruitier n'a aucun droit sur les objets qui sont une partie de
la chose plutôt que des produits ordinaires, par exemple, des
bois non destinés à être coupés [6], ni sur les objets qui viennent s'adjoindre accidentellement à la chose principale, tels
que l'enfant d'une esclave [7], le trésor [8], l'alluvion, l'île
nouvellement née [9].

313. Quelle est l'étendue du droit de l'usufruitier sur les
bois, les mines et les carrières qui dépendent du fonds
grevé ?

On ne voit pas que les jurisconsultes romains aient eu sur
ce point une doctrine bien certaine; les textes montrent qu'il
y avait hésitation et dissentiment entre eux [10]. Trois idées
semblent dominer, trois considérations paraissent attirer leur
attention :—les produits des bois, des mines et des carrières,
renaissent-ils après l'extraction; — le père de famille qui a
constitué l'usufruit avait-il coutume de percevoir ces produits; — la perception ne détériore-t-elle pas le fonds ? —
s'ils renaissent, ce sont des fruits que l'usufruitier a le droit
de recueillir; — s'ils ne renaissent pas, l'usufruitier ne peut

---

[1] L. 12, § 3, 4, *cod.*

[2] L. 9, § 5 ; L. 62, *de Usufr.*; Paul.,
3, sent. 6, § 22.

[3] L. 7, pr., *de Usufr.*—V. art. 581.

[4] L. 9, pr.; L. 59, § 1, *cod.*

[5] L. 28, pr., *de Usur.*

[6] L. 10, 11, *de Usufr.* —V. art. 590
à 593.

[7] L. 68, pr., *cod.*; L. 28, § 1, *de
Usur.*

[8] L. 7, § 12, *Solut. matr.*—V. art. 598.

[9] L. 9, § 4, *de Usufr.*; Paul., 3, sent.
6, § 22.—V. art. 596.

[10] L. 9, § 2, 6; L. 10, 11, 12, pr.;
L. 13, § 5, 6, *de Usufr.*; L. 18, pr., § 1,
de Fundo dot; L. 7, § 13, 14; L. 8, *Solut. matr.*

les prendre, à moins que le père de famille n'eût coutume de les percevoir ou que sa volonté n'apparaisse clairement ; — enfin, en dehors de ces deux premières conditions, pourvu que le fonds n'en souffre pas, il peut encore quelquefois en prendre avec modération [1].

314. Ainsi, en supposant le legs de l'usufruit d'un fonds sur lequel croissent des roseaux ou des saules, dont le testateur avait coutume de se servir, le légataire peut couper de ces saules ou roseaux pour son usage, mais il n'en peut vendre, parce qu'il n'est qu'usager de ces saules ou roseaux, quoique usufruitier du fonds. Que si, au contraire, le testateur a légué textuellement l'usufruit de la saussaie, l'usufruitier peut non-seulement cueillir tous les saules, mais encore les vendre, lors même que le testateur ne les vendait pas [2].

315. L'usufruitier d'un bois taillis a aussi le droit de le couper, comme le père de famille avait coutume de le faire ; il peut même vendre ces fruits, bien que le père de famille ne fît que s'en servir sans les vendre ; cela parce qu'il faut se reporter au mode et non à la qualité de l'usage, « *ad modum enim referendum est, non ad qualitatem utendi* » [3].

316. L'usufruitier n'a pas le droit de couper les arbres à haute tige qui se trouvent dans un bois taillis ou dans une forêt de haut bois [4] ; il peut seulement prendre les échalas et les ébranchages de ceux de ces arbres qui sont dans un bois taillis ; il ne peut prendre de ceux qui sont dans un bois non taillis, que pour échalasser les vignes dont il a l'usufruit, et encore pourvu qu'il ne détériore pas le fonds [5].

317. L'usufruitier d'un champ a droit aux arbres qui viennent à mourir, à la charge de les remplacer [6].

Quant aux arbres arrachés ou rompus par les vents et l'ouragan, l'usufruitier peut, en les remplaçant [7], les prendre pour son usage et celui de sa maison de campagne. Il peut

---

[1] *Ibid., ibid.*
[2] L. 9, § 7, *de Usufr.*: Vat. frag., § 70.
[3] *Ibid., ibid.*—V. art. 590, Cod. Nap.
[4] L. 11, *de Usufr.*
[5] L. 10, *eod.*—V. art. 590 à 593.
[6] L. 18, *cod.*—V. art. 594.
[7] L. 18, 59, pr., *eod.*—V. art. 594.

aller jusqu'à couper autant d'arbres qu'il lui en faut pour
remettre cette maison en bon état, de même qu'il peut, pour
cette cause, cuire de la chaux, extraire du sable et prendre
toute autre chose nécessaire pour son édifice, bien que l'usufruit de la sablonnière ne lui appartienne pas [1].

318. D'où la conséquence qu'en principe l'usufruitier
d'un fonds n'a pas le droit d'ouvrir et d'exploiter une carrière [2]. Mais il faut ici distinguer, comme nous l'avons fait
pour les bois et les roseaux : si la carrière ou la mine était
exploitée par le père de famille, l'usufruitier peut aussi faire
des extractions [3]; sinon, il n'a pas ce droit, à moins que ces
extractions ne fassent aucun tort à l'agriculture [4], ou bien
encore à moins que les marbres ou autres produits de la carrière ne renaissent et se reproduisent [5].

319. Quand et comment l'usufruitier devient-il propriétaire des fruits?

Il n'acquiert les fruits naturels ou industriels qu'à mesure
que lui-même les perçoit, « *quàm si ipse eos perceperit* » [6],
c'est-à-dire lorsqu'il les a détachés lui-même ou les a fait
détacher en son nom [7]. Et cette acquisition a lieu au profit
de l'usufruitier, *naturâ sui juris*, par la seule force de son droit,
qui est un *jus in re*, participant du droit de propriété [8]; elle
est tout à fait indépendante de la volonté du nu propriétaire,
qui n'en peut paralyser l'accomplissement, à la différence du
droit du colon, qui, ayant un *jus in personam*, ne cueille les fruits
qu'avec le consentement du locateur, « *voluntate domini* », et
n'en devient propriétaire que par une sorte de tradition [9].
V. notre nº 137.

320. De là il résulte que, suivant le droit strict, les fruits
détachés par le vent ou par un voleur appartiennent au nu

---

[1] L. 12, pr., *cod.;* Val. frag., § 71.
[2] L. 9, § 3; L. 13, § 5, *de Usufr.*
[3] L. 9, § 2, *cod.*—V. art. 598.
[4] L. 13, § 5, *cod.*
[5] L. 18, pr., *de Fund. dot.:* L. 7, §
13, 14, *Solut. matr.:* L. 77, *de Verb.
signif.*

[6] Instit. Just., § 36, *de Div. rer.* —
V. art. 585, Cod. Nap.
[7] L. 38, *de Usufr.;* L. 13, *Quib. mod.
us. am.*—V. art. 595.
[8] L. 76, § 2, *de Legat.,* 2; L. 58, *de
Verb. oblig.*
[9] L. 61, § 8, *de Furt.*

propriétaire et non à l'usufruitier, sauf à celui-ci à en prendre possession ou à les réclamer du nu propriétaire [1], tandis qu'ils appartiendraient immédiatement au possesseur de bonne foi et non au maître du fonds, avant même qu'ils aient été engrangés [2]. V. n° 138.

321. Il en résulte également que les fruits non perçus à la mort de l'usufruitier, bien que mûrs, ne peuvent être cueillis par ses héritiers et restent au propriétaire du fonds [3]. Mais réciproquement l'usufruitier recueille pour lui les fruits non encore perçus, quoique mûrs au moment de l'ouverture de son droit [4]. V. n° 139.

322. Encore bien qu'en règle générale les fruits doivent être mûrs pour que l'usufruitier ait le droit de les percevoir, il n'en acquiert pas moins les bois, les légumes, les foins qu'il coupe d'avance sans intention frauduleuse, et ses héritiers ne sont passibles d'aucune restitution ou indemnité envers le nu propriétaire [5], parce que l'on entend par fruits ce qui est destiné à l'usage de l'homme, et que l'on considère moins la maturité naturelle que le moment où il importe au colon ou au propriétaire de les cueillir [6].

323. Du principe que l'usufruitier doit conserver la substance de la chose découle l'obligation de jouir « *quasi pater bonus familias* » [7], en père de famille sage et prudent ; non pas qu'il suffise que l'usufruitier use de son droit comme en aurait usé le nu propriétaire, qui, lui, peut aller jusqu'à abuser, il est obligé de conserver les éléments constitutifs de cette chose, conformément à sa destination actuelle, « *ità uti eum debere ne abutatur* » [8]. C'est ainsi qu'avec le croît l'usufruitier d'un troupeau doit remplacer non-seulement les têtes mortes, mais

---

[1] L. 12, § 5 ; L. 60, pr., *de Usufr.* V. L. 60, § 5, *Loc. cond.*
[2] L. 13, *Quib. mod. us. am.*; L. 48, § 6, *de Furt.*
[3] L. 13, *Quib. mod. us. am.*; L. 8, *de Ann. legat.*
[4] L. 27, pr., *de Usufr.*—V. art. 585 et 590.
[5] L. 48, § 1, *cod.*—V. art. 1403.
[6] L. 42, *de Usu et us. legat.*
[7] Instit. Just., § 38, *de Div. rer.*; L. 9, § 2, *de Usufr.*; Paul., 3, sent. 6, § 27.
[8] L. 15, § 4, *de Usufr.* — V. art. 578 et 601, Cod. Nap.

encore celles qui ont vieilli [1] : que l'usufruitier doit également renouveler à ses frais les vignes et les arbres, à mesure qu'ils vieillissent ou meurent [2], d'autant plus qu'un troupeau est destiné à se renouveler avec ses propres brebis [3], une vigne avec ses rejetons. Faute de faire ce remplacement, l'usufruitier est responsable envers le nu propriétaire du préjudice qui peut en résulter [4].

324. L'usufruitier est également tenu de ne pas maltraiter les esclaves [5], de les nourrir suffisamment, de les vêtir suivant leur rang et leur dignité [6], de bien cultiver [7], de nettoyer les champs, de tailler les vignes, de curer les canaux [8], en un mot, d'éviter tout ce qui peut nuire au fonds [9].

325. Du même principe il résulte que l'usufruitier ne peut faire d'innovations. Il n'a donc pas le droit de transformer en vase un lingot de métal [10], de refaire en entier un navire avec les mêmes planches, un édifice avec les mêmes matériaux [11]. Il ne peut pas davantage abattre un édifice, achever celui qui n'est qu'ébauché [12], faire une construction nouvelle [13], exhausser un bâtiment [14] ou l'agrandir, démolir ce qui est inutile [15], quand même il se proposerait de le rétablir mieux [16].

326. Cependant l'usufruitier peut améliorer la condition de la propriété, « *fructuarius causam proprietatis deteriorem facere non debet, meliorem facere potest* » [17], c'est-à-dire qu'il lui est permis de placer des peintures, des tableaux, des marbres, des bas-reliefs et d'autres ornements, pourvu qu'il n'altère pas la qualité de l'édifice [18]; mais il ne peut revêtir d'un nouvel

---

[1] L. 68, § 2; L. 69, 70, § 3, *de Usufr.* —V. art. 616.

[2] L. 18, *cod.*—V. art. 590.

[3] Paul., 3, sent. 6, § 20.

[4] L. 70, pr., § 1, 2, *de Usufr.*—V. art. 1382.

[5] L. 23, § 1, *eod.*; Paul., 3, sent. 6, § 23.

[6] L. 15, § 2, *de Usufr.*

[7] L. 9, pr., *cod.*

[8] L. 13, § 2, *cod.*

[9] L. 13, § 4, *eod.*—V. art. 618.

[10] L. 10, § 5, *Quib. mod. us. am.*

[11] § 7, *ibid.*

[12] L. 64, *de Usufr.*

[13] L. 5, § 3, *Quib. mod. us. am.*

[14] L. 13, § 7, *de Usufr.*

[15] L. 7, § 3, *cod.*

[16] L. 8, *cod.*—V. art. 578 et 618.

[17] L. 13, § 4, *cod.*

[18] § 7, *ibid.*—V. art. 599.

enduit une muraille toute nue, parce que autre chose est d'entretenir ce qu'il a reçu, autre chose est de faire un ouvrage nouveau [1].

327. L'usufruitier d'un terrain propre à bâtir n'a pas pour cela le droit de construire [2]; s'il le fait néanmoins, il ne peut démolir [3], mais il peut revendiquer les matériaux qui viennent à être détachés de ces constructions [4].

328. De son côté, le nu propriétaire n'a pas le droit de faire des innovations [5], « ne deteriorem conditionem fructuarii faciat proprietarius » [6]; il ne peut pas même innover en améliorant la position de l'usufruitier, par exemple, bâtir sur un terrain nu [7], il ne peut qu'améliorer sans innover, par exemple, en acquérant une servitude utile au fonds [8].

329. Du principe que l'usufruitier n'a droit qu'aux fruits produits par la chose d'après sa destination actuelle, il résulte qu'il ne peut rien faire qui change cette destination. Il doit donc s'abstenir de convertir une maison d'habitation en magasin, en auberge ou en bain public [9], de changer l'emploi des esclaves, de faire un garçon de bain d'un comédien, un boulanger d'un musicien [10], de substituer une culture à une autre [11], de déplanter un parterre, de transformer un jardin d'agrément en potager [12].

330. Enfin, l'usufruitier supporte toutes les charges usufructuaires: il doit payer les impôts et les autres redevances qui pèsent sur les fruits [13], nourrir, entretenir et soigner convenablement les esclaves [14], supporter les servitudes réelles [15] et le droit d'usage qui peuvent grever le fonds [16], faire toute réparation d'entretien, *refectio modica,* aux immeubles comme

[1] L. 44, eod. —V. art. 578.
[2] Paul., 3, sent. 6, § 21; L. 13, § 6, de Usufr. – V. art. 578.
[3] L. 15, pr., eod.—V. art. 599.
[4] L. 15, pr., de Usufr.
[5] L. 15, § 7; L. 16, eod.—V. art.599
[6] L. 17, pr., § 1, eod.
[7] L. 7, § 1, eod.: L. 5, § 3, Quib. mod. us. am.
[8] L. 15, § 7, de Usufr.—V. art. 599, Cod. Nap.
[9] L. 13, § 7, 8, eod.
[10] L. 15, § 1, eod.
[11] L. 10, § 4, Quib. mod. us. am.
[12] L. 13, § 4, de Usufr.
[13] L. 27, § 3; L. 52, de Usufr. —V. art. 608, Cod. Nap.
[14] L. 15, § 2; L. 45, eod.; L. 4, § 1, de Oper. serv.
[15] L. 27, § 4, de Usufr.—V. art. 597.
[16] L. 42, pr., eod.

aux meubles [1], de sorte que la chose soumise à son usufruit soit toujours entretenue en bon état, « *ut sarta tecta habeat* » [2].

331. L'usufruitier doit en outre rétablir et réparer ce qui a été détérioré par son fait ou par celui de ses gens, car il doit administrer comme le fait un père de famille vigilant et diligent pour ses propres biens [3].

332. Quant à ce qui a péri ou a été détérioré par vétusté, l'usufruitier ni le nu propriétaire ne sont obligés de le rétablir [4], bien que chacun d'eux ait la faculté de le faire, sans pouvoir agrandir les bâtiments ni renverser ce qui est inutile [5], lors même qu'il devrait en résulter une amélioration [6]; puis l'usufruitier continue d'avoir l'usufruit de ce qui est rétabli [7].

333. Avant d'entrer en exercice, l'usufruitier est encore obligé, suivant une institution du droit prétorien, de procurer un fidéjusseur, qui cautionne qu'il jouira en bon père de famille, qu'il veillera à la garde de la chose sans la détériorer, et qu'il restituera ce qui restera à la fin de l'usufruit, « *usurum se boni viri arbitratu, et cùm ususfructus desinet, restituturum quod indè exstabit* », et en cas de refus de fournir cette satisfaction, il y est contraint par le magistrat ou par le juge [8].

334. En l'absence de convention spéciale, le droit d'usufruit comporte les moyens indispensables à son exercice, par exemple, le passage pour recueillir les fruits; mais le nu propriétaire n'est pas obligé de prester ce qui ne serait qu'utile ou commode à l'usufruitier [9].

335. Non-seulement il peut exercer son droit en nature, en exploitant matériellement, en cueillant les fruits des arbres, en faisant l'extraction des mines, en chassant ou en

---

[1] L. 7, § 2, *eod.*
[2] *Ibid.*, Dig. ; L. 7, *cod.*, Cod. — V. art. 605.
[3] L. 65, pr., *eod.*, Dig.—V. L. 13, § 2, *cod.*—V. art. 1382 et 1383.
[4] L. 7, § 2; L. 65, § 1, *eod.*—V. art. 607.
[5] § 3, *ibid.*

[6] L. 8, *cod.*
[7] L. 7, § 2, 3, *cod.*
[8] Tit. *Usufr. quemadm.*, Dig.—V. art. 601-604.
[9] L. 1, *Si ususfr. petat.*; Vat. frag., § 54.—V. L. 13, § 6; L. 73, *de Usufr.*—V. art. 696.

pêchant, il peut aussi concéder à autrui la faculté d'exploiter à sa place en totalité ou en partie [1], en le lui confiant gratuitement, en le lui vendant, ou en louant la chose grevée d'usufruit [2], et alors la *pensio*, la *merces*, c'est-à-dire le loyer qu'il retire, est un fruit civil [3].

336. Pour ce qui est de l'acquisition des fruits civils, on distingue : ceux qui sont la représentation des fruits naturels, comme les fermages d'un champ, ne deviennent la propriété de l'usufruitier qu'autant que la moisson est faite avant l'extinction de l'usufruit, et alors ils lui appartiennent en totalité sans partage, sinon ils restent au nu propriétaire [4] : ceux au contraire qui ne sont pas la représentation d'un fruit naturel s'acquièrent jour par jour : par exemple, le loyer des services d'un esclave appartient à l'usufruitier à proportion de la durée de l'usufruit, et pour le surplus au nu propriétaire [5].

337. Les servitudes personnelles sont-elles indivisibles comme celles réelles ?

L'usufruit est divisible parce que le partage des fruits est naturel et facile, à la différence de l'usage, qui est indivisible, parce qu'on ne saurait se servir partiellement d'une chose, « *frui quidem pro parte possumus, uti pro parte non possumus* » [6]. Ainsi, non-seulement on peut constituer un usufruit « *pro parte indivisâ* [7] » au profit d'une seule personne sur une partie indivise de biens, comme une moitié [8], ou bien au profit de deux personnes sur une chose entière [9], mais encore un usufruit établi originairement sur une chose entière peut être réduit à une partie indivise ou à un fragment de cette chose [10] ; puis l'obligation de prester un usufruit se divise toujours entre les héritiers de celui qui l'a promis [11].

---

[1] L. 39, *de Usufr.*
[2] L. 12, § 2 ; L. 38, 67, *eod.;* L. 2, *de Usu et us. legat.*—V. art. 595.
[3] L. 59, § 1, 2, *de Usufr.;* L. 3, *de Oper. serv.*
[4] L. 58, pr., *de Usufr.*—V. art. 584.
[5] L. 25, § 2; L. 26, *eod.*—V. art. 586.
[6] L. 19, *de Usu et habit.*
[7] L. 5, *de Usufr.*
[8] L. 43, *eod.*
[9] L. 49, *eod.*—V. L. 13, § 3, *eod.*
[10] L. 14, 25, *Quib. mod. us. am.*
[11] L. 5, *de Usufr.*

§ 1.

338. L'institution de l'usufruit et de l'usage paraît postérieure à la loi des Douze Tables, mais elle était certainement connue avant la chute de la République [1]; vint plus tard le droit d'habitation.

339. Ces trois droits se nomment *servitutes personarum* [2] ou bien *servitutes personales* [3], parce qu'ils procurent un avantage direct à une personne autre que le propriétaire, parce que ce sont des avantages attachés à la personne de l'usufruitier, de l'usager, de l'habitant. V. n° 196.

340. Comment s'établit l'usufruit ?

Il faut distinguer entre l'usufruit acquis comme droit réel et l'usufruit dû comme droit personnel, c'est-à-dire entre le démembrement de la propriété et la créance.

Acquérir l'usufruit comme *jus in re*, c'est obtenir pour soi le droit de jouir de la chose d'autrui, en scindant le *dominium*, en séparant le *fructus* de l'*abusus*, de manière que l'usufruitier ait l'*actio in rem confessoria*, pour contraindre le nu propriétaire à le laisser percevoir les fruits [4].

Devoir un usufruit, c'est être obligé de le prester à une personne, de la laisser prendre les fruits, sans que jusque-là il y ait démembrement de la propriété, mais de manière que cette personne, ayant une créance contre le propriétaire, soit protégée par une action *in personam*, non pour le contraindre malgré lui à la laisser cueillir les fruits, mais pour le faire condamner pécuniairement, s'il s'oppose à la perception ou s'il refuse de constituer l'usufruit comme droit réel [5].

Lorsque l'usufruit est acquis, il y a un usufruitier, qui a un droit analogue à la propriété, « *partem fundi* » [6], et par conséquent la faculté de cueillir les fruits malgré l'opposition

---

[1] Cicer., *de Finib. bon. et mal.*, 1, 4.

[2] L. 1, *de Servit.*

[3] L. 8, § 3, *de Liberat. legat.*

[4] L. 2, 6, § 3, *Si serv. vind.*—V. art. 1583 et 1697, Cod. Nap.

[5] Gai., 4, § 2, 52.

[6] L. 58, *de Verb. oblig.*—V. art. 526, 578.

; du nu propriétaire. Quand l'usufruit n'est que dû, au lieu d'un usufruitier réel, au lieu d'un quasi-propriétaire, il y a un créancier, qui ne peut cueillir les fruits contre la volonté du propriétaire, mais qui alors le fait condamner à une indemnité en argent.

341. L'usufruit acquis comme droit réel se sépare de la propriété *per dationem* ou *per deductionem* ; par dation, en transférant l'usufruit et retenant la nue propriété; par déduction, en transférant la nue propriété et retenant l'usufruit [1].

342. Avant Justinien, en employant la forme du legs *per vindicationem* (ou *per præceptionem*), si le maître d'un fonds en léguait l'usufruit, l'héritier avait la nue propriété, et le légataire avait l'usufruit acquis comme droit réel [2]; tandis que l'usufruit était seulement dû par l'héritier quand le testateur léguait *per damnationem* (ou *sinendi modo*) la jouissance de son propre fonds [3], ou du fonds de l'héritier, ou du fonds d'autrui [4]. Depuis Justinien, l'usufruit de la chose du testateur est toujours acquis comme droit réel, quelle que soit la forme du legs ; il est dû comme droit personnel quand il porte sur la chose d'autrui ou de l'héritier [5].

343. En sens inverse, si le maître d'un fonds en léguait la propriété *deducto usufructu*, les jurisconsultes controversaient sur la validité de ce legs et sur la durée de l'usufruit déduit : les uns validaient ce legs et accordaient l'usufruit à l'héritier [6], d'autres annulaient le legs, par la raison que, suivant eux, l'usufruit devait rester à perpétuité dans les mains de l'héritier et des siens, et ne jamais retourner à la propriété. Justinien décide qu'à l'avenir l'héritier aura l'usufruit pendant sa vie seulement, et que la propriété appartiendra au légataire [7].

344. Si le maître veut donner l'usufruit entier à l'un et la

---

[1] Quelquefois on appelle *usufruit formel* celui qui, détaché de la propriété, constitue une servitude personnelle, par opposition à la jouissance ordinaire du propriétaire, qu'on nomme *usufruit causal*.

[2] L. 6, 19, pr., *de l'usfr.*

[3] Paul., 3, sent. 6, § 17.

[4] Tit. *de Usu et us. leg.* — V. L. 2, *de Ann. legat.*

[5] L. 1, *Comm. de legat.*, Cod. — V. art. 610 à 612, Cod. Nap.

[6] Vat. frag., § 47-50 ; L. 6, pr., *de Usufr.*

[7] L. 14, *de Usufr.*, Cod.

12

nue propriété à un autre, il doit avoir soin de léguer à ce
dernier *fundum deducto usufructu* ; car l'usufruit est naturellement attaché à la propriété, et en omettant d'en exprimer la
déduction, le legs pur et simple du fonds renfermerait implicitement le legs de l'usufruit [1], qui alors appartiendrait indi-
visément aux deux légataires [2].

345. Un legs est éventuel, en ce sens que son exigibilité
est subordonnée à la condition que l'institué deviendra héritier
en vertu du testament. De là est née une distinction entre le
dies legati cedit et le *dies legati venit*. On entend par *dies cedit* le
moment où l'importance du legs est fixée [3], et où ce legs
devient transmissible aux héritiers du légataire [4], et l'on
entend par *dies venit* le moment où le legs est acquis définitivement [5]. Il s'écoule ordinairement un délai entre ces deux
événements : le legs devient transmissible du moment de la
mort du testateur, quand il est pur et simple, et du moment
de l'événement de la condition, quand il est conditionnel [6] ;
tandis que ce legs ne devient exigible que par l'adition d'hérédité, qui seule donne force obligatoire aux dispositions
testamentaires [7]. Mais, pour le legs d'usufruit, il y a cela de
particulier que le *dies cedit* se confond avec le *dies venit*, c'est-
à-dire que l'état du legs et son acquisition se trouvent définitivement fixés en même temps par l'adition d'hérédité, suivant
l'opinion de Julien, laquelle a prévalu, contrairement à celle
de Labéon, qui pensait que le *dies cedit* arrivait dans le legs
d'usufruit comme dans les autres legs [8].

A quoi tient cette différence?

A ce que l'usufruit étant un droit temporaire, exclusivement personnel et intransmissible, qui n'existe réellement qu'autant que le légataire commence à jouir lui-même [9], il serait
inutile de placer le *dies cedit* avant le *dies venit*. Si donc on

---

[1] L. 10, *de Usu et us. leg.*
[2] L. 19, *eod.*
[3] L. 27, pr., *de Usufr.*
[4] Ulp., 24, § 30.
[5] L. 2, 3, *Quando dies leg.*—V. L. 5, § 7, *eod.*

[6] Ulp., 24, § 31.
[7] L. 2, 3, *Quando dies leg.*
[8] Vat. frag., § 60.
[9] L. 1, § 2, *Quand. dies us. ced.* ; L. 51, *de Usufr.*

conserve ici l'expression *dies cedit*, ce n'est pas pour la transmissibilité de l'usufruit légué, c'est pour l'importance de cet usufruit, qui a dû être délivré au légataire dans l'état où il existait *cum dies legati cesserit* [1]. Ainsi, en supposant un usufruit légué conditionnellement, quoique l'événement prévu ne vienne à se réaliser qu'après l'adition d'hérédité, le légataire pourra percevoir les fruits encore pendants, bien qu'ils fussent déjà mûrs lors de la mort du testateur, par la raison que le legs doit être délivré dans l'état où il se trouve au moment du *dies cedit*, c'est-à-dire, dans l'espèce, à l'événement de la condition [2].

346. Pour constituer entre-vifs un usufruit comme droit réel, il n'y avait primitivement que trois moyens civils : la cession juridique [3], par laquelle le maître d'une chose abandonnait à autrui l'usufruit en se réservant la nue propriété, ou bien la propriété, déduction faite de l'usufruit [4] ; la mancipation, lorsque le maître transférait à autrui la propriété sous la déduction de l'usufruit [5] ; l'adjudication dans les actions *familiæ erciscundæ* et *communi dividundo*, lorsque le juge adjugeait l'usufruit à l'un et la nue propriété à un autre [6], mais ce résultat n'était atteint que dans un *judicium legitimum* [7] ; tout cela même en province pour les choses mobilières par la *cessio in jure* [8] et la mancipation [9].

347. A la différence des servitudes réelles qui, à raison de leur cause essentiellement perpétuelle, existent purement et simplement ou n'existent pas du tout, la nature temporaire de l'usufruit et des autres servitudes personnelles permet de les constituer jusqu'à un certain terme ou jusqu'à tel événement incertain, à partir d'un certain terme ou à partir de tel événement incertain [10], avec quelques distinctions touchant le mode employé pour cette constitution.

---

[1] L. 72, *de Usufr.*
[2] L. 27, pr., *de Usufr.* — V. L. 5, § 7, *Quando dies leg.*
[3] Ulp., 19, § 11.
[4] Gai., 2, § 30-33 ; Vat. frag., § 47.
[5] Gai., 2, § 33 ; Vat. frag., § 47.

[6] L. 6, § 1, *de Usufr.* ; L. 16, § 1, *Fam. erc.* ; L. 6, § 10, *Com. div.*
[7] Vat. frag., § 47. — V. Gai., 4, § 104.
[8] Gai., 2, § 32.
[9] Gai., 2, § 33.
[10] L. 4, *de Usufr.*

348. L'usufruit peut, en effet, être établi *per dationem* au profit d'autrui *ad certum tempus*, par la cession juridique, le legs, l'adjudication [1]; de même *ad conditionem* [2]. Il peut aussi être légué *ex certo tempore* ou *ex conditione* [3]. Des jurisconsultes admettaient même la validité de la constitution par l'adjudication *ex certo tempore* ou *ex conditione* [4]; d'autres infirmaient la constitution faite par l'adjudication ou la cession juridique, en se fondant sur ce qu'une action de la loi n'a jamais pu être donnée pour un droit à venir [5], que les actes solennels n'admettent ni terme ni condition [6], que ces moyens ne peuvent conférer que des droits actuels.

L'usufruit peut aussi *per deductionem* être établi *ex tempore, ad tempus, ex conditione,* ou *ad conditionem,* au profit du propriétaire qui lègue sa chose à autrui. Mais il y avait, sur l'efficacité de la rétention de l'usufruit dans la mancipation et la cession juridique, une controverse, qui tenait au caractère et à la forme de ces deux actes légitimes [7].

349. Quelquefois encore, la loi confère l'usufruit comme droit réel ; ainsi avant Justinien, le père de famille avait l'usufruit légal des biens qui composaient le pécule adventice de son enfant, mais en l'émancipant, il acquérait un tiers en propriété à la place de cet usufruit [8]; depuis Justinien, le père émancipateur acquiert seulement moitié en usufruit des mêmes biens adventices [9].

350. Lorsque l'usufruit est acquis, l'usufruitier obtient l'*actio in rem confessoria de usufructu*, pour contraindre le nu propriétaire à le laisser jouir ou pour reprendre la jouissance qu'il a perdue [10]. Quand l'usufruit est dû, il obtient l'*actio*

---

[1] Vat. frag., § 48.
[2] Vat. frag., § 48, 49, 50.
[3] Ib d., ibid.—V. art. 580.
[4] L. 16, § 2, *Fam. erc.*
[5] Vat. frag., § 49.
[6] L. 77, *de Reg. jur.;* Vat. frag., § 329.
[7] Vat. frag., § 50. — V. l'*Exposé des Princip. génér. sur la propr. et l'usufr.,* n°s 64, 68, par M. Pellat.
[8] L. 1, *de Bon. matern.,* Cod.

[9] L. 6, § 3, *de Bon. quæ lib.*, Cod. —V. art. 384, 753 et 754, Cod. Nap.
[10] L. 5, pr., § 1, *Si ususfr. petat.:* L. 2, *Si serv. vind.*—De son côté, le propriétaire peut obtenir l'*actio in rem negatoria de usufructu,* pour faire déclarer que tel personne n'a pas l'usufruit sur sa chose (L. 2, *Si serv. vind.*—V. Theoph., *Paraphr.,* § 2, *de Act.*). — V. art. 59, Pr. civ.

in personam ex testamento, pour faire condamner pécuniaire-ment le débiteur qui s'oppose à la perception des fruits, ou qui refuse de constituer l'usufruit à l'état de droit réel en employant la cession juridique [1].

351. En l'absence de tout document et indice, on pense généralement que l'usufruit ne pouvait s'acquérir par l'usuca-pion [2]; mais le magistrat protégeait, par une exception, ap-pelée *præscriptio longi temporis* [3], et par des interdits quasi-possessoires, celui qui avait exercé pendant longtemps un droit d'usufruit [4]; puis Justinien permet d'acquérir désor-mais un droit d'usufruit par la *præscriptio longi temporis*, qui, dans sa législation, prend la place de l'usucapion [5]. V. *suprà* notre n° 282.

352. Quant aux pactes et aux stipulations, moyen employé originairement pour établir une sorte d'usufruit sur les fonds stipendiaires et les fonds tributaires [6], étendu ensuite aux fonds italiques [7], ils conféraient un droit personnel, une créance, et non un droit réel [8]; et cependant le créancier pouvait, au lieu de l'action *in personam*, obtenir des interdits quasi-possessoires, et plus tard la Publicienne, pour faire res-pecter son usufruit fictif [9]. Sous Justinien même, un pacte, une stipulation, une vente ou un autre contrat, n'est pas suf-fisant pour constituer un usufruit à l'état de droit réel; il faut, pour produire cet effet, que la convention soit accompagnée ou suivie de la quasi-tradition [10]. V. n°s 283-287, 508.

353. Toutes les fois, en effet, qu'un usufruit, au lieu d'être acquis comme droit réel, est dû à titre de créance, en vertu d'un legs, d'un pacte ou d'un contrat, le débiteur donne caution qu'il n'empêchera pas le créancier d'user du droit promis [11]; puis on peut ramener cette créance à un

---

[1] Gai., 2, § 204.
[2] L. 43, § 1, *de Adq. rer. dom.*—V. L. 4, § 2, *de Usurp.*
[3] L. 12 *in fine*, *de Præscr. long. temp.*, Cod.
[4] V. Vat. frag., § 90, 91.
[5] L. 12 *in fine*, *de Præscr. long. temp.*, Cod.—V. art. 579, Cod. Nap.

[6] Gai., 2, § 31.
[7] L. 3, pr., *de Usufr.*
[8] V. L. 4, *de Usufr.*, Cod.
[9] V. L. 12, § 2, 3, *de Publ. act.*; Vat. frag., § 61 ; L. 1, § 1, 9, *de Superf.*
[10] V. art. 1138, 1607.
[11] L. 20, *de Servit.*

usufruit réel en employant un moyen civil (à moins qu'il ne s'agisse de fonds stipendiaires ou tributaires), par exemple, le propriétaire qui a vendu un droit d'usufruit satisfait à son obligation de délivrer en cédant *in jure*. En dehors des moyens civils, il suffit que ce vendeur introduise l'acheteur sur le fonds, et l'en laisse jouir, pour que l'usufruit se trouve constitué à titre de droit réel prétorien [1]. Ce dernier moyen, appelé quasi-tradition, est protégé par le magistrat [2], à l'aide de la Publicienne [3] et des interdits quasi-possessoires, qu'il accorde à celui qui a joui par la tolérance du propriétaire [4]; et l'on dit de cet usufruitier prétorien qu'il a « *possessionem duntaxat ususfructus* », tandis que l'usufruitier civil a « *dominium ususfructus* » [5]. V. nos 235, 286.

354. De même, l'usufruit ne pouvant être établi par un mode du droit des gens, celui à qui le propriétaire livrait une chose *mancipi* ou *nec mancipi*, en vue de lui en transférer la jouissance, n'acquérait pas un usufruit civil [6]; et en sens inverse, le maître ne réussissait pas à établir un usufruit civil en livrant sa chose à autrui, *deducto usufructu* [7]; l'un et l'autre n'obtenaient qu'un droit prétorien [8]. V. nº 286.

355. Enfin, dans la législation de Justinien, la rétention et la quasi-tradition sont deux moyens qui produisent toujours un usufruit et une action réelle civile; la mancipation et la cession solennelle n'existent plus, elles sont remplacées par la convention accompagnée ou suivie de la quasi-possession [9]. V. nos 288, 289.

§ 2.

356. A la différence des servitudes réelles, qui n'existent que sur les fonds prédiaux, l'usufruit peut être établi non-

---

[1] L. 3, pr., *de Usufr.*; L. 1, pr., *Quib. mod. us. am.*

[2] *Ibid.*

[3] L. 11, § 1, *de Publ. act.*

[4] L. 4, *Uti possid.*

[5] L. 3, *Si Ususfr. petat.*

[6] Vat. frag., § 48.

[7] § 47, *eod.*

[8] L. 32, *de Usufr.*; L. 5, *de Usufr. adcr*; L. 1, § 1, *Quib. mod. us. am.*

[9] V. art. 1583 et 1607, Cod. Nap.

seulement sur des fonds, mais encore sur des esclaves, des bêtes de somme et toutes autres choses [1] corporelles dont la substance résiste à l'usage qu'on en fait, « *quarum salva substantia utendi fruendi potest esse facultas* » [2].

357. Quant aux choses qui se consomment par l'usage qu'on en fait, comme le vin, l'huile, le froment, elles ne sont susceptibles d'usufruit proprement dit, ni d'après la loi naturelle, ni d'après la loi civile [3]. On peut leur assimiler les pièces de monnaie, qui sont, en quelque sorte, consommées par l'usage dans un échange continuel, « *quæ sunt in abusu* » [4]. Mais vers le commencement de l'empire, le Sénat ayant décidé que chacun pourrait léguer l'usufruit de toutes les choses qu'il avait dans son patrimoine, les jurisconsultes en conclurent qu'on pouvait par testament établir un usufruit même sur les choses « *quæ ipso usu consumuntur* » [5], pourvu que l'usufruitier fournît une caution suffisante [6]. Si donc l'usufruit d'une somme d'argent a été légué, cette somme est délivrée au légataire, qui en devient propriétaire (*ut ejus fiat*); mais en échange ce légataire prend l'engagement de restituer, lors de sa mort ou de sa *capitis deminutio*, à l'héritier du testateur une somme égale [7], et cette restitution est garantie par un fidéjusseur [8]. De même le vin, l'huile ou le froment deviennent par la tradition la propriété du légataire, qui fournit caution de restituer, à sa *capitis deminutio* ou à sa mort, pareille quantité et qualité de choses de la même nature, ou bien, ce qui vaut mieux, une somme pécuniaire égale à l'estimation qui en est faite [9].

358. Bien que les textes qualifient d'*usufruit* le droit établi de cette manière [10], il n'en faut pas moins reconnaître

---

[1] L. 3 , § 1, *de Usufr.* — V. L. 28, 41 , *cod.*

[2] Ulp., 24, § 26. — V. art. 589.

[3] § 27, *cod.* — Les choses qui se consomment par le premier usage ne doivent pas être confondues avec les *choses fongibles*, qui sont toujours celles qui, *d'après l'intention des contractants*, se remplacent par d'autres (V. L. 28, *cod.*).

[4] L. 5, *de Usufr. ear. rer.* — V. L. 8, *eod.*

[5] L. 1, *cod.*

[6] L. 2, pr., *cod.*; Ulp., 24, § 27.

[7] L. 9, *cod.*

[8] L. 2, pr., *cod.*

[9] L. 7, *cod.* — V. art. 587 et 601, Cod. Nap.

[10] Instit. Just., *h.* §; tit. *de Usufr. ear. rer.*

qu'un sénatus-consulte n'a pu en faire un véritable usufruit,
parce qu'il n'a pu changer la nature des choses; mais à l'aide
du remède introduit, c'est-à-dire « *per cautionem* », on s'est
habitué à regarder ce droit comme équivalant à un usufruit,
« *cœpit quasi ususfructus haberi* » [1]; d'où les interprètes ont
tiré la dénomination de quasi-usufruit.

359. Dans notre texte, Justinien a intercalé le mot *vesti-
menta* au § 27 du tit. 24 des Règles d'Ulpien, pour soumettre
les vêtements au quasi-usufruit; mais, si cette interprétation se
prête à l'intention des parties intéressées, elle n'en est pas
moins inexacte à un double point de vue, d'abord en ce que la
nature des habits résiste bien à l'usage, ensuite en ce que les
jurisconsultes romains les soumettaient à un usufruit réel [2]
toutes les fois que le testateur, en léguant, avait considéré les
vêtements comme corps certains et non comme choses fongibles, « *non sicut quantitatis ususfructus* » [3].

360. Notons enfin que le quasi-usufruit a moins d'analogie avec l'usufruit réel qu'avec le *mutuum* ou prêt de consom-
mation, auquel il ressemble complétement quant à la transmission de propriété et à la restitution [4].

§ 3.

361. Notre texte énumère cinq causes d'extinction de l'u-
sufruit : la mort, la *capitis deminutio*, le non-usage, la cession,
la perte de la chose ou son changement [5], auxquelles il faut
ajouter l'acquisition de la propriété [6], le temps [7] et la renonciation de l'usufruitier [8]. V. nº 201.

362. L'usufruit étant exclusivement personnel, celui établi au profit et sur la tête d'une personne *sui juris* s'éteint toujours radicalement par sa mort [9].

---

[1] L. 2, § 1, *cod.*
[2] L. 9, § 3, *Usuf. quem.* — V. art. 589.
[3] L. 15, § 4, *de Usufr.*
[4] Gai., 3, § 90. — V. art. 1892-1897.
[5] Paul., 3, sent. 6, § 28.
[6] *Ibid.*

[7] § 33, *eod.*
[8] L. 48, 64, *de Usufr.*
[9] L. 3, § 3, *Quib. mod. us. am.* — V.
L. 61, § 1, *de Adq. rer. dom.* — V. art.
617, Cod. Nap.

363. Quand l'usufruit a été constitué au profit d'une cité, il s'éteint par la révolution de cent ans, terme ordinaire de la vie la plus longue de l'homme [1], en considérant qu'après cette période il n'existera vraisemblablement plus un seul des membres de la corporation qui sont nés en même temps que cet usufruit.

364. Dans le droit antéjustinien, l'usufruit s'éteignait aussi radicalement par la *capitis deminutio maxima, media* aut *minima* [2], c'est-à-dire par tout changement d'état de l'usufruitier, qui, en lui faisant perdre la liberté, la cité ou la famille, le faisait considérer comme mort [3]. Justinien, qui tend à effacer les effets de la *capitis deminutio minima*, veut que désormais elle n'empêche pas l'usufruit de subsister au profit et sur la tête de l'usufruitier [4].

365. Mais si un usufruit advenait à un chef de famille par son fils ou son esclave, on distinguait, quant à son extinction : si cet usufruit était advenu par suite de stipulation, il continuait d'exister au profit du chef malgré la mort ou l'aliénation de l'esclave [5], malgré l'émancipation, la mort ou la *capitis deminutio* du fils, parce que l'on ne considère que la personne du père de famille pour la validité d'une stipulation faite par le fils ou l'esclave [6]; dans le cas où, au contraire, l'usufruit avait été légué *per vindicationem* au fils ou à l'esclave, les jurisconsultes controversaient sur la question de savoir si cet usufruit était éteint par la mort ou l'aliénation de l'esclave [7], par l'émancipation, la mort ou la *capitis deminutio* du fils, en considérant que, dans le legs, on ne regarde la personne du chef que pour savoir s'il y a faction de testament entre le testateur et lui, tandis que la disposition réside pour le surplus en la personne du fils ou de l'esclave, de manière que le maître n'acquiert et ne conserve par cet esclave que les droits que celui-ci pourrait acquérir et conserver pour

---

[1] L. 56, *de Usufr.*—V. art. 619.
[2] Paul., 3, sent. 6, § 29; Vat. frag., § 61.
[3] L. 209, *de Reg. jur.*

[4] L. 16, § 2, *de Usufr.*, Cod.
[5] Vat. frag., § 57.
[6] V. Instit. Just., tit. *de Stipul. serv.*
[7] Vat. frag., § 57.

lui-même s'il était libre [1]. Justinien abolit encore cette distinction, et il décide, d'une part, que, dans tous les cas, l'u-
sufruit profitera au chef de famille jusqu'à sa mort ou sa *capitis deminutio*, malgré l'aliénation partielle [2] ou même totale de l'esclave, son affranchissement ou sa mort [3], malgré
le changement d'état ou la mort du fils, et d'une autre part
que l'usufruit advenu par le fils passera sur sa tête et lui profitera après la mort ou la *capitis deminutio* du père [4].

366. Nous venons de voir que, dans le droit antéjustinien,
l'usufruit s'éteint par toute *capitis deminutio ;* ce qui est vrai
sans distinction de la *maxima* et de la *media*, parce que l'u-
sufruit ne peut exister au profit d'un esclave ni de celui qui
a perdu la qualité de citoyen. Mais la *minima capitis deminutio*
ne détruit que l'usufruit qui était déjà acquis ou dû à ce moment. Si donc un légataire se donne en adrogation avant le *dies
legati cedit*, il n'en acquiert pas moins le droit d'usufruit lors
de cet événement. [5]. Cette particularité avait introduit dans
l'usage le legs d'usufruit *in singulos annos, vel menses, vel dies,*
et comme un tel legs, au lieu d'un seul usufruit, renfermait
autant de droits distincts qu'il y avait d'années, de mois ou de
jours [6], il en résultait que la *capitis deminutio minima* n'éteignait que l'usufruit de l'année, du mois ou du jour commencé, sans empêcher celui de la période suivante de prendre naissance au profit du légataire [7]; et le non-usage produisait un effet aussi limité [8].

367. Comment l'usufruit s'éteint-il « *non utendo per modum et tempus ?* »

D'après l'opinion commune, ces expressions signifient « par
le non-usage suivant le mode prescrit et pendant le temps
légal » : *suivant le mode prescrit*, c'est-à-dire que l'usufruitier
doit exercer conformément à la convention arrêtée ou à la

---

[1] L. 82, § 2, *de Legat.* 2.
[2] L. 15, *de Usufr.*, Cod.
[3] V. L. 17, *eod*, Cod.
[4] L. 17, *eod.*, Cod.
[5] Vat. frag., § 62 ; L. 1, § 1, *Quib. mod. us. am.*

[6] Vat. frag., § 64; L. 1, § 3, *Quib. mod. us. am.*
[7] L. un., pr., *Quando dies us. ced.;* L. 10, *Quando dies legat.*
[8] L. 28, *eod.* — V. L. 8, *de Ann. legat.*

nature de son droit, à peine de le perdre, par exemple, celui qui, ignorant avoir le *jus utendi fruendi*, exerce seulement le *jus utendi*, perd le *fructum* et ne conserve que l'*usum* [1]; *et pendant le temps légal*, c'est-à-dire que l'usufruit est éteint quand l'usufruitier a cessé de l'exercer, dans le droit antéjustinien, pendant un an pour les meubles et deux ans pour les immeubles [2], dans le droit nouveau, pendant trois ans pour les meubles, pendant dix ans entre présents et vingt ans entre absents pour les immeubles [3].

D'après une autre opinion, ces expressions signifient « suivant le mode et pendant le temps que notre constitution a déterminés »; ce qui, en traduisant la décision de Justinien [4], voudrait dire que cet empereur a introduit, non pas un, mais deux changements notables quant à l'extinction de l'usufruit, d'abord en prolongeant le délai de non-usage à dix ou vingt ans pour les immeubles, en second lieu en ne faisant partir ces dix ou vingt ans que du jour où il aurait été fait un acte contraire à l'usufruit. D'où la conséquence que, dans la législation justinienne, il ne suffirait pas que l'usufruitier eût cessé de jouir pendant le temps légal pour perdre son droit, il faudrait encore qu'une autre personne eût joui pendant ce délai.

Nous croyons, en nous rangeant à la première interprétation, que le changement de législation porte uniquement sur le temps, qu'il suffit que l'usufruitier d'un immeuble ait cessé de jouir pendant dix ans entre présents et vingt ans entre absents, pour perdre son droit, sans qu'il soit besoin qu'un autre ait exercé cette jouissance pour son propre compte : *ei decennii vel viginti annorum dedimus spatium*, dit Justinien, en parlant de l'extinction de l'usufruit par le non-usage [5]. V. n°s 297-299.

568. L'usufruit s'éteint encore « *si domino proprietatis ab usufructuario cedatur* » ; quel est le sens de cette phrase ?

---

[1] L. 20, *Quib. mod. us. am.* — V. L. 12, § 2, 3, 4, L. 38, 39, 40, *de Usuf.*
[2] Paul. 3, sent. 6, § 30.
[3] L. 16, § 1, *de Usufr.*, Cod. — V.

Theoph., *Paraph.*, h. §; M. Ortolan, *cod.*
[4] L. 16, § 1, *de Usufr.*, Cod.
[5] L. 13, *de Servit.*, Cod. — V. art. 617, Cod. Nap.

L'usufruit emportant le droit de percevoir tous les fruits,
peu importe au nu propriétaire par qui ces fruits sont recueillis, pourvu que l'exploitation soit régulière et convenable;
de là le droit, pour l'usufruitier, de vendre ou de louer à
autrui l'exploitation de sa jouissance sans perdre son titre [1].
Mais le *jus utendi fruendi*, le titre d'usufruitier étant exclusivement personnel, reste nécessairement, pendant toute sa
durée, attaché à la tête de l'usufruitier actuel; s'il était possible de le faire passer réellement sur une autre tête, on
pourrait, par des cessions successives, en retardant l'extinction de l'usufruit jusqu'à la mort du dernier cessionnaire,
arriver à reculer indéfiniment sa réunion à la propriété, ce
qui serait contraire à l'essence du *jus utendi fruendi* [2]; aussi
ne peut-on que l'éteindre en cherchant à le déplacer. Suivant
Pomponius, en effet, quand l'usufruitier cédait *in jure* son
droit au nu propriétaire, le magistrat déclarant en présence
de cet usufruitier que le droit d'user et de jouir appartenait
au propriétaire, cette cession avait pour effet d'éteindre l'u-
sufruit en le réunissant à la propriété, tandis qu'en le cédant
à un autre, cet usufruit ne passait pas au cessionnaire, et
comme l'usufruitier n'avait pas contesté devant ce magistrat
que cet usufruit fût à autrui, il en résultait qu'il n'était plus
à lui et qu'il avait fait retour à la propriété [3]. Gaius et Paul
admettaient également que la cession juridique, faite au nu
propriétaire, avait pour effet de lui restituer l'usufruit et de le
réunir à la nue propriété; mais Gaius, s'attachant plus à l'intention qu'à la forme, pensait que, malgré la cession faite à
un autre qu'au nu propriétaire, l'usufruitier retenait son droit
et était censé n'avoir rien fait [4]. V. n° **212**.

Sous Justinien, la *cessio in jure* n'est plus en usage; elle est
remplacée par la convention des contractants jointe à l'exercice du droit transféré. Alors les mots *si domino proprietatis ab*

---

[1] Val. frag., § 41.
[2] L. 3, § 4, *de Usufr.*
[3] L. 66, *de jure dot.* — V. Gai.
2, § 15, 36.

[4] Gai., 2, § 30. — V. Paul., 3, sent.
6, § 32. —V. Voet., *ad Pandect.*, lib. 8,
tit. 4, 2; Perèze, *ad Codic.*, lib. 3, tit.
33, 28.

usufructuario cedatur, signifient que l'usufruit finit lorsque l'usufruitier renonce à son droit au profit du nu propriétaire, tandis que l'usufruitier ne fait rien en cherchant à le transférer à un autre *(nam cedendo extraneo nihil agit)*. Ce qui montre que Justinien a adopté, en tous points, l'opinion de Gaius.

569. Si c'est l'usufruitier qui acquiert la nue propriété, son droit d'usufruit s'éteint par la consolidation [1], qu'on nomme aussi confusion [2], parce qu'on ne peut avoir de servitude quelconque sur sa propre chose [3].

570. La perte complète de la chose grevée met encore fin à l'usufruit ; par exemple, quand toutes les têtes d'un troupeau sont mortes ou réduites à une, le troupeau ayant cessé d'exister, l'usufruit est éteint et ne dure pas même sur la chair et le cuir [4]. Bien plus, sans qu'il y ait eu destruction entière, l'usufruit périt par le changement de la chose « *rei mutatione* » [5], c'est-à-dire par son changement de substance, « *cum animâ vel rei substantiâ expirare* » [6], ainsi, quand un terrain nu, grevé d'usufruit, reçoit des constructions [7] ; de même quand une maison soumise à un usufruit s'écroule, est abattue ou incendiée, cet usufruit disparaît entièrement et pour toujours, sans rester sur le sol ni sur les matériaux, sans renaître après la reconstruction [8], à moins que cette reconstruction ne soit faite avant la perte par non-usage [9].

571. Sans que l'objet soit entièrement détruit, il peut être tellement modifié ou altéré qu'il ne puisse plus servir au même usage, et c'est encore une cause d'extinction de l'usufruit [10]. V. n° 310.

572. L'usufruit qui a été constitué *ad certum tempus*, par

---

[1] Text. h ; Vat. frag., § 83.
[2] L. 27, *Quib. mod. us am.* ; L. 4, *Usufr. quem.*
[3] V. art. 617, Cod. Nap.
[4] L. 30, 31, *Quib. modus us. am.* — V. art. 616 et 617.
[5] Paul., 3, sent. 6, § 31,
[6] L. 16, § 2, *de l'usufr. et habit.* Cod.

[7] L. 5, § 3, *Quib. mod. us. am.* — V. L. 10, § 2-6, l. 12, pr., § 1, cod.
[8] Paul., 3, sent. 6, § 31 ; L. 20, § 2, *de Serv. urb.* ; L. 10, § 7, *Quib. mod. us. am.* — V. art. 624.
[9] V. L. 71, *de Usufr.*
[10] L. 13, § 7, L. 36, pr., *de Usufr.*

exemple pour deux ou trois ans [1], finit à l'époque déterminée [2], suivant les principes du droit civil; tandis que les
servitudes prédiales temporaires ne s'éteignent à l'époque
fixée qu'à l'aide du droit prétorien. V. nº 270.

373. On dit encore que l'usufruit s'éteint par la résolution du droit de propriété de celui qui a fait la constitution [3];
mais en réalité, l'usufruit est alors censé n'avoir jamais
existé [4].

§ 4.

374. Lorsque l'usufruit tout entier est éteint, il fait retour
à la propriété, et de ce moment, le nu propriétaire a un plein
pouvoir sur la chose (*plenam in re potestatem* [5]). Mais, de même
que l'usufruit peut se constituer sur une partie indivise ou
sur un fragment de la chose, de même l'usufruit établi sur
toute la chose peut s'éteindre partiellement [6]; par exemple
quand l'usufruit d'un fonds entier a été légué à Seius et à
Titius « *separatim* », la mort de l'un des légataires ne reporte
à la propriété que l'usufruit de moitié, en laissant subsister
l'autre moitié; si, au contraire, cet usufruit a été légué
« *conjunctim* » à Seius et à Titius, la part de celui des deux qui
mourra le premier, même après le *dies legati cedit*, se réunira
par droit d'accroissement à la part du colégataire survivant,
au lieu de retourner actuellement à la propriété [7].

375. Enfin, le quasi-usufruit finit par les mêmes causes
que l'usufruit proprement dit, excepté par le non-usage [8];
et alors le quasi-usufruitier restitue pareilles quantité et qualité ou l'estimation. V. nᵒˢ 357-359.

---

[1] L. 5, § 2, *Quib. mod. us. am.*
[2] Paul., 3, sent., 6, § 33.—V. L. 5,
de Usufr. Cod.—V. art. 617.
[3] L. 16, *Quib. mod. us. am.*
[4] V. art. 1673, Cod. Nap.
[5] Paul., 3. sent., 6, § 28.—V. L. 15,
§ 4, *de Castr. pecul.*

[6] V. L. 5, *de Usufr.*; L. 14, 25, *Quib.*
mod. us. am.

[7] L. 1, pr., *de Usufr. adcr.* —V. Vat.
frag., § 75-89.

[8] Vat. frag., § 46.

TITRE V. — *De l'usage et de l'habitation.*

Pr.

376. Toutes les choses qui sont susceptibles du droit d'usufruit peuvent aussi être grevées du droit d'usage [1]. On distingue également entre l'usage acquis comme droit réel et l'usage dû comme droit personnel. Et les moyens d'établir et d'éteindre l'usage ont toujours été les mêmes que ceux d'établir et d'éteindre l'usufruit [2]. V. nos nos **201, 340, 341** et suiv.

377. Ainsi, sous la législation des Pandectes, l'usage se constituait *per dationem* ou *per deductionem*, par la *cessio in jure*, la *mancipatio*, l'adjudication, le legs, les pactes et stipulations, la quasi-tradition; et il se perdait par la mort, la *capitis deminutio*, le non-usage, la *cessio in jure*, la perte de la chose ou son changement, l'acquisition de la propriété, la renonciation de l'usager et le temps. Sous Justinien, ces moyens sont les mêmes, si ce n'est que la mancipation et la cession juridique ont cessé d'exister, et que la *minima capitis deminutio* n'est plus une cause d'extinction de l'usage ni de l'usufruit [3].

378. Mais il n'y eut jamais à Rome de droit d'usage légal; tandis que, dans le Bas-Empire, le père de famille avait l'usufruit légal du pécule adventice de son enfant en puissance, et depuis Justinien, le père émancipateur conserve la moitié en usufruit des mêmes biens adventices. V. n° 349.

379. Puis, tandis que la possibilité de diviser les fruits rend l'usufruit divisible, l'usage est, au contraire, indivisible, parce qu'on ne saurait se servir partiellement d'une chose; d'où la conséquence que le *jus utendi* ne peut être établi sur une chose *pro parte indivisâ* [4], ni s'éteindre *pro parte indivisâ*.

---

[1] L. 5, § 2, *de Usufr. ear. rer.*
[2] L. 1, § 1, *de Usu et habit.*; L. 3, § 3, *de Usufr.* — V. art. 625, Cod. Nap.

[3] Instit. Just., h. pr.; L. 16, § 2, *de Usufr. et habit.* Cod.
[4] L. 19, *de Usu et habit.*

380. A la différence de l'usufruit, qui consiste dans le droit complexe de percevoir tous les fruits périodiques d'une chose et, en outre, de retirer de cette chose toute l'utilité qu'elle peut procurer sans en prendre aucune partie matérielle, l'usage n'est que le droit de retirer l'utilité de la chose sans en prendre aucune partie matérielle, même parmi les fruits. V. nᵒˢ 185, 310.

L'usufruitier a donc le double droit d'user et de jouir, tandis que l'usager « *uti potest, frui non potest* » [1]. Aussi, quand on veut comparer l'usufruit avec l'usage, on nomme ce dernier usage nu, « *nudus usus, id est, sine fructu* » [2], c'est-à-dire usage sans fruits, usage séparé de la jouissance.

381. Ce n'est pas seulement des fruits naturels que l'usager est privé, il l'est également des fruits civils, et c'est pour cela qu'il ne peut ni louer ni concéder à autrui l'exercice de son droit [3]. Mais du moins, si l'usager n'a droit qu'aux services de la chose, sans pouvoir prendre de fruits, ces services appartiennent à lui seul et en totalité, « *plenum autem usum debet habere* » [4]; il a droit à tout l'usage, à l'exclusion du propriétaire ou de l'usufruitier, à qui il n'en doit laisser que jusqu'à concurrence de ce qui lui est nécessaire pour cultiver et recueillir les fruits [5].

382. Tel était le droit rigoureux. Mais les jurisconsultes le modifièrent et l'adoucirent successivement et par degrés, en se fondant sur l'intention présumée du testateur, ou bien en considérant que l'usage simple n'eût procuré aucun avantage réel. C'est ainsi qu'ils permirent quelquefois à l'usager de prendre des fruits pour ses besoins quotidiens [6], qu'ils admirent certaines personnes à habiter avec lui [7], qu'ils lui permirent même de prendre un locataire à côté de lui [8]. Toutefois, on n'alla pas jusqu'à reconnaître en principe à l'usager

---

[1] L. 2, pr., *de Usu et habit.*
[2] L. 5, § 4, *eod.*
[3] L. 8, *cod.*.—V. art. 631.
[4] L. 12 pr., § 3, *cod.*
[5] L. 42, pr., *de Usufr.*; L. 10, § 4,

L. 11, 15, § 1, *de Usu et habit.*
[6] L. 12, § 1, L. 15, pr., *cod.*—V. art. 630, Cod. Nap.
[7] L. 2-7, *eod.*
[8] L. 2, 3, 4, 8, pr., *cod.*

le droit de louer ou de vendre son droit [1], par la raison qu'un locataire ou un acheteur aurait des besoins différents des siens, qu'il pourrait consommer plus de fruits, et que la position du propriétaire pourrait se trouver empirée.

383. On voit, par ce qui précède, que les avantages d'une chose peuvent être répartis entre trois personnes, que l'usage, la jouissance et la propriété peuvent être séparés et isolés, « *poterit autem apud alium esse usus, apud alium fructus sine usu, apud alium proprietas* » [2]. Alors l'usager aura tous les services avec les fruits qui lui sont concédés par extension ; l'usufruitier prendra tous les fruits, moins ceux concédés à l'usager, et il aura l'usage nécessaire pour cultiver et récolter [3] ; enfin le nu propriétaire aura tous les autres avantages. V. n° 185.

Entrons dans le détail du texte.

§ 1.

384. Suivant le droit strict, d'après la nature du *jus utendi*, l'usage d'un fonds de terre se réduit au droit d'aller et venir, de se promener, « *deambulandi et gestandi jus* » [4] ; et quand il y a des bâtiments, l'usager a, en outre, le droit d'habiter la maison, de se servir des celliers et des greniers, à l'exclusion du propriétaire [5], quand même une partie resterait vacante [6] ; il peut même empêcher le propriétaire d'aller et venir sur les lieux, pourvu qu'il ne lui cause aucun préjudice et qu'il n'entrave point les travaux d'exploitation [7] ; c'est à peine si l'on a admis que le propriétaire pourrait habiter sur les lieux pendant le temps nécessaire à la vendange ou à la moisson [8].

385. Mais le droit d'usage d'un fonds rural pouvant parfois être illusoire, on l'a étendu peu à peu par une interpré-

---

(1) L. 8 pr., *cod.* — V. art. 631.
(2) L. 14, § 3, *cod.*
(3) L. 42, pr. *de l'usufr. et quem.*
(4) L. 12, § 1, *de l'usu et habit.*

(5) L. 10, § 4, L. 12, § 1, *cod.*
(6) L. 22, § 1, *cod.*
(7) L. 10, § 4, L. 11, 15, § 1, *cod.*
(8) L. 12, pr., *cod.*

tation bénévole de la volonté du testateur, et l'on a fini par
reconnaître à l'usager le droit de prendre des légumes, des
fruits, des fleurs, du fourrage, du foin, du bois, pour son
usage quotidien. Tel est le résultat des concessions successivement faites par les jurisconsultes, et en dernier lieu par
Ulpien, qui est d'avis que ces concessions doivent être pro-
portionnées à l'abondance des produits du fonds, « *si abun-
dent in fundo* », et à la dignité de l'usager, « *pro dignitate ejus
cui relictus est usus* » [1].

386. On va même jusqu'à assimiler le legs d'usage au legs
d'usufruit, lorsque sans cette interprétation l'usage serait inutile, par exemple, le legs de l'usage des choses qui se consomment par l'usage [2], le legs de l'usage d'une forêt, qui permet
au légataire de faire des coupes et de vendre [3].

387. Dans ces divers cas, on présume que le testateur a
entendu léguer plus que l'usage nu, lorsque l'exercice rigoureux serait sans utilité pour le légataire [4]; en un mot, sor-
tant des limites étroites du droit d'usage, on ajoute au droit
naturel une extension qui est fondée sur la volonté présumée
du testateur, et que n'admettrait peut-être pas une constitution entre-vifs, qui prête moins à interprétation [5]. Mais alors
même l'usager n'a pas un droit absolu portant directement
sur la totalité des fruits du fonds, il n'est pas autorisé à les
recueillir tous au fur et à mesure de leur maturité, mais un
à un au fur et à mesure de ses besoins, sans pouvoir jamais
les dépasser : droit conséquemment toujours variable. Puis,
si ces besoins viennent à absorber les fruits jusqu'au dernier [6], il arrivera qu'en fait la jouissance de l'usager équi-
vaudra à celle de l'usufruitier du même fonds ; mais il n'en
restera pas moins vrai qu'en principe l'objet du droit de l'usager aura toujours été la quantité de fruits nécessaire à ses
besoins et non l'ensemble de tous les fruits, tandis que cet

---

[1] L. 12, § 1, *eod.*
[2] L. 5, § 2, *de Usufr. ear. rer.*
[3] L. 22, pr., *de Usu et habit.*—V. art.
636, Cod. Nap.

[4] *Ibid.*
[5] L. 12, *de Reg. jur.*
[6] L. 15, pr., *de Usu et habit.* — V.
art. 635.

ensemble forme toujours l'objet du droit de l'usufruitier. C'est pour cela que l'usager ne peut ni louer, ni vendre, ni céder gratuitement son droit à personne [1], bien que l'usufruitier le puisse. Notre texte a donc raison de dire qu'il y a moins de droit dans l'usage que dans l'usufruit [2].

§ 2.

388. L'usager ayant toujours le *jus utendi* en entier [3], celui qui a l'usage d'une maison a le droit de l'habiter en totalité, et, quand même il n'en occuperait qu'une partie, il peut empêcher le propriétaire d'habiter les pièces vacantes [4]. Mais il doit user lui-même, sans pouvoir transférer ce droit à autrui [5]. Néanmoins, après une longue et vive controverse entre les jurisconsultes, on a admis que l'usager pourrait habiter avec sa famille, son conjoint, ses enfants, ses ascendants, ses esclaves, ses affranchis, qu'il pourrait recevoir un client ou un hôte [6]; Ulpien est même d'avis que, si l'usager loue une partie du bâtiment, s'il y reçoit un locataire « *inquilinum* », on ne doit pas lui envier ce profit [7], mais toujours à la condition que lui aussi habite cette maison « *dùm ipse quoque inhabitat* » [8], tandis que le père de famille ou le maître peut, même en l'absence du fils ou de l'esclave, habiter seul la maison dont l'usage a été légué à ce dernier [9].

§ 3.

389. Pareillement l'usager d'un esclave n'a que le droit d'user lui-même de ses travaux et de ses services, et de l'employer au service de ses enfants et de son conjoint [10]. On n'a pas été jusqu'à lui permettre de transférer ce droit à autrui,

---

[1] L. 8, pr. *eod.*—V. art. 631.
[2] L. 10, § 4, *eod.*
[3] L. 12, pr.; L. 15, *cod.*
[4] L. 22, § 1, *eod.*
[5] L. 8, pr.,, *eod.*
[6] L. 2-8, § 1, L. 9, *eod.*
[7] L. 4, pr., *eod.*
[8] L. 4, pr.; L. 8, pr., *eod.*
[9] L. 17, *eod.*
[10] L. 12, § 5, *eod.*

13.

par location, vente ou autrement [1]; mais en employant l'esclave pour son compte, il n'importe pas que les ouvrages
concernent l'usager personnellement ou comme entrepreneur [2].

390. Ce que nous venons de dire des esclaves est également
ment vrai des bêtes de somme [3].

391. Ajoutons que l'usager d'un esclave acquiert par lui
tout ce qui provient *ex re usuarii*, à l'occasion de la chose de
l'usager, par exemple, quand cet esclave reçoit la possession
d'une chose qui est due à cet usager [4], ou bien quand une
libéralité lui est faite à l'intention de l'usager [5]. Mais les acquisitions qui proviennent du travail de l'esclave, *ex operis
servi*, appartiennent à celui qui en a l'usufruit [6].

§ 4.

392. De même, d'après le droit rigoureux, l'usager d'un
troupeau n'a que le droit d'employer les brebis à fumer son
champ (*ad stercorandum agrum suum*), sans prendre aucune
partie du lait, du croît, de la laine, parce que ce sont des
fruits qui reviennent au propriétaire ou à l'usufruitier. Mais,
en considérant que l'usage nu d'un troupeau serait à peu près
illusoire, Ulpien, par interprétation de la volonté du testateur,
est d'avis que l'usager peut prendre un peu de lait, « *modico
lacte usurum* » [7].

§ 5.

393. Qu'est ce que l'habitation ?

Quelles sont ses ressemblances et ses différences avec l'usufruit et avec l'usage ?

---

[1] § 6, *ibid.*
[2] § 6, *ibid.*
[3] § 3, 4, *ibid.*
[4] L. 14, pr., L. 20, *cod.*
[5] L. 16, § 2, *cod.*
[6] Gaï., 2, § 91 ; L. 10, § 3, *de Adq.*

rer. *dom.* — Indépendamment de l'usage
d'un esclave, une personne peut avoir
droit aux travaux d'un esclave, *ad opera
servi*, comme le montre le Digeste, au
titre *de Oper. serv.* et au titre *de Usu
et usufr. et reditu.*
[7] L. 12, § 2, *de Usu et habit.*

Dans l'origine on ne connaissait pas d'autres servitudes personnelles que l'usufruit et l'usage. Vint ensuite l'habitation d'une maison.

Anciennement, lorsqu'un testateur avait légué l'habitation d'une maison, « *usufructu habitationis legato* », les jurisconsultes discutaient sur le point de savoir si le droit légué se confondait avec l'usage ou l'usufruit, ou bien si c'était un droit propre distinct des deux autres [1].

D'après une opinion, la propriété de la maison, le « *dominium* » même était légué [2]. Suivant une autre opinion, ce n'était que la faculté d'habiter la maison, selon les uns pendant une année, selon d'autres pendant toute la vie [3].

Les jurisconsultes ne s'accordaient pas davantage sur l'étendue de ce droit : les uns permettaient, comme pour l'usage, d'habiter avec sa famille et avec certaines personnes, sans pouvoir louer ; d'autres, comme dans l'usufruit, permettaient même de louer [4].

Au résumé, l'opinion la plus commune reconnaissait au légataire de l'habitation le droit d'habiter pendant sa vie sans pouvoir louer.

Mais au fond, l'habitation n'avait pas le caractère d'une servitude personnelle : au lieu de participer de la nature de la propriété, comme l'usufruit et l'usage, au lieu de former un démembrement du *dominium*, l'habitation consistait plutôt dans un fait que dans un droit, « *in facto potiùs quam in jure* » [5]. C'était un avantage quotidien, qui s'ouvrait et s'acquérait jour par jour, *in dies singulos* [6], et qui, conséquemment, ne pouvait périr ni par la *capitis deminutio minima* ni par le non-usage [7].

Pour faire cesser toute controverse, Justinien décide que l'habitation ne doit être confondue ni avec l'usage ni avec

---

[1] L. 13, *de usufr. et habit.*, Cod.
[2] *Ibid.*, Cod.
[3] L. 10, § 3, *de Usu et habit.*, Dig.
[4] L. 10, pr., § 1, *eod.* —V. art. 633 et 634, Cod. Nap.

[5] L. 10, *de Capit. min.*
[6] L. uu., *Quando dies ususfr.*
[7] L. 10, *de Capit. min.*: L. 10, pr., *de Usu et habit.*

l'usufruit, que c'est un droit d'une nature particulière (*quasi proprium aliquod jus*); il permet à celui qui a un tel droit, non-seulement d'habiter lui-même, mais encore de louer à d'autres, et il rapproche ainsi l'habitation de l'usufruit par ses effets, en même temps qu'il achève de la ranger parmi les servitudes personnelles [1].

---

[1] Instit. Just., *h. §*; L. 13, *de Usufr. et habit.*, Cod. — V. art. 633 et 634, Cod. Nap.

TROISIÈME ET DERNIÈRE PARTIE.

DE LA PROPRIÉTÉ ET DE SES DÉMEMBREMENTS SUIVANT LE DROIT FRANÇAIS.

394. Après avoir, en traitant du droit romain, étudié à fond, quelquefois même développé longuement les règles fondamentales de la propriété à Rome, après avoir reconnu que la plupart de ces règles sont d'accord avec le droit naturel, il ne nous reste plus qu'à exposer les principes de la propriété actuellement en vigueur en France, en nous arrêtant plus particulièrement sur ceux de ces principes qui s'écarteraient du droit naturel ou du droit romain. C'est ce que nous ferons rapidement, en prenant pour guide le texte du Code civil, autour duquel nous grouperons quelques autres dispositions législatives. V. nos 1-26, 27-393.

CODE NAPOLÉON. — LIVRE DEUXIÈME.

DES BIENS ET DES DIFFÉRENTES MODIFICATIONS DE LA PROPRIÉTÉ.

TITRE Ier. — *De la distinction des biens.*

395. Dans la langue du droit français, le mot *biens* est devenu technique : il indique tout ce qui peut contribuer au bien-être de l'homme, lui aider à satisfaire ses besoins et ses goûts, lui procurer quelque avantage sensible ; en d'autres termes, on entend, en France, par *biens* tout ce qui est soumis individuellement au pouvoir et à la puissance de l'homme. C'est aussi en ce sens que se prend parfois le mot *choses*, quoique, dans son acception générale, il indique tout ce qui est dans la nature. V. nos 28, 30.

396. Le Code civil constate que « tous les biens sont
meubles ou immeubles » (art. 516) ; et nous savons que les
immeubles sont les choses qui ne peuvent être déplacées, les
meubles les choses qui peuvent être déplacées. V. nᵒˢ 29,
399, 418.

Cette distinction revient à dire que tous les droits sont
mobiliers ou immobiliers, selon qu'ils ont pour objet un bien
meuble ou un bien immeuble. Il est de principe, en effet, que
la nature mobilière ou immobilière d'un droit s'apprécie par
la nature « de l'objet auquel il s'applique » (art. 526, 529),
sans considérer l'origine, la cause ni l'importance de ce droit.
Ainsi un droit est mobilier quand le prétendant peut demander un meuble ; un droit est immobilier quand le prétendant
peut demander un immeuble [1].

Puis les droits mobiliers ou immobiliers se subdivisent en
personnels ou réels, selon qu'ils grèvent une personne ou
une chose, parce qu'il est de principe que le caractère personnel ou réel d'un droit s'apprécie par le caractère personnel
ou réel de l'individu qui en est grevé [2]. Ainsi, un droit est
personnel quand il y a obligation d'une personne envers une
autre personne, et un droit est réel quand, au lieu d'y avoir
obligation d'une personne, c'est une chose qui se trouve en-
gagée envers une autre chose ou envers une personne ; en
d'autres termes, le droit personnel engendre la créance, et le
droit réel engendre la propriété avec ses démembrements ;
le droit personnel engendre l'action personnelle, par laquelle
le demandeur soutient que le défendeur est obligé de lui
procurer une chose ou de s'abstenir d'un fait, et le droit réel
engendre l'action réelle, par laquelle le demandeur revendique une chose comme sienne, sans exciper d'une obligation
contre le défendeur (art. 711, 712, 1134, 1135, 1138, Cod.
Nap.). V. nᵒ 193.

---

[1] « *Actio quæ tendit ad mobile, mobilis
est : actio quæ tendit ad immobile, immo-
bilis* » (Pothier, *de la Communauté*, nᵒ 69).

[2] Demolombe, *Cours de Code Napoléon*, t. 9, nᵒˢ 345 et suiv.

De là il résulte qu'il y a des droits personnels mobiliers et des droits personnels immobiliers, des droits réels mobiliers et des droits réels immobiliers.

Est personnelle et mobilière l'action par laquelle je soutiens que vous êtes obligé de me remettre un cheval, tandis que l'action est réelle et mobilière quand je soutiens que tel cheval est à moi ; est personnelle et immobilière l'action par laquelle je soutiens que vous êtes obligé de me fournir une certaine étendue de terrain, telle que dix hectares, à prendre dans le département de la Seine-Inférieure, tandis que l'action est réelle et immobilière quand je revendique comme mien le domaine de Beauséjour [1]. V. n° 411.

Le droit réel a cela de particulier, qu'il est absolu et qu'il s'exerce envers et contre tous, abstraction faite de toute personne, n'importe quel adversaire se présente : par exemple, quand je soutiens que le domaine de Beauséjour est à moi, j'intente la revendication contre le détenteur, quel qu'il soit. Au contraire, le droit personnel s'exerce uniquement contre la personne qui s'est obligée : ainsi, je ne puis agir que contre vous, quand je prétends que vous avez pris l'engagement de me fournir dix hectares de terrain à prendre dans le département de la Seine-Inférieure.

397. Les principes que nous venons d'exposer sont incontestables, bien que leur application soulève tous les jours de graves controverses dans la doctrine et la jurisprudence ; il semble surtout qu'il soit plus difficile de reconnaître un droit mobilier d'avec un droit immobilier que de distinguer un droit personnel d'avec un droit réel. Certes, le sujet est délicat, s'il en fut jamais, et il est aisé de s'y tromper. Nous croyons néanmoins que ces difficultés viennent principalement d'une confusion de mots, qui engendre une confusion d'idées, et qu'elles seraient bien aplanies, si l'on se préoccu-

---

[1] Pothier, *Introduction générale aux Coutumes*, n°s 110, 112, 119; Ducaurroy, Bonnier et Roustain, *Commentaire du Code civil*, t. 2, n° 28 ; Chavot, *de la Propriété mobilière*, t. 2, n° 52.

pait moins des conséquences de la solution recherchée, si
l'on procédait avec plus de méthode. En voici une que nous
proposons.

Au lieu de confondre les expressions *droit* et *action*, nous ne
conservons que le mot *droit*, malgré la synonymie; au lieu de
confondre ou de mettre sur la même ligne le droit conditionnel et le droit pur et simple, le droit unique et le droit alter-
natif, nous raisonnons sur chacun individuellement, comme
s'il était seul; au lieu de nous préoccuper des résultats à venir de ce droit, au lieu de rechercher ce qu'il produira en
réalité, nous l'examinons tel qu'il est actuellement; et de
cette manière nous voyons *uniquement l'objet que le prétendant
peut demander présentement en vertu de son droit considéré isolément.*

Appliquons cette méthode, et ce sera le résumé de notre
doctrine sur cette matière.

Lorsque Charles vend une terre à Eugène, le droit de se
faire payer le prix est mobilier, tandis que le droit de l'a-
cheteur de se faire délivrer l'immeuble ou d'en prendre possession est immobilier, quand bien même il se convertirait tôt
ou tard en dommages-intérêts.

Lorsque Charles vend à Eugène un navire *ou* une terre, au
choix de l'acheteur, celui-ci a présentement un droit mobilier en ce qu'il peut demander un navire, un droit immobilier en ce qu'il peut demander une terre, n'importe comment il usera de l'alternative, n'importe ce qu'il obtiendra
du vendeur, tandis que le droit de demander le paiement du
prix sera toujours mobilier. Il y a là autant de droits distincts
qu'il faut traiter séparément.

Quant au droit de résolution de la vente pour défaut de
paiement du prix, il est mobilier en ce qui concerne le navire,
et immobilier en ce qui concerne la terre [1], corrélativement
aux deux droits alternatifs de l'acheteur, que la résolution
tend à détruire. Ce droit de résolution est subsidiaire, car il

---

[1] Zachariæ, *Cours de Droit français*, t. 1, p. 344.

est subordonné à la condition que le prix ne sera pas payé : il est donc distinct du droit de demander le paiement et doit être traité séparément.

Nous le décidons ainsi, lors même que le contrat de vente renferme le pacte commissoire, qui stipule la résolution de plein droit à défaut de paiement. Nous rejetons l'opinion de M. Demolombe, d'après laquelle, dans ce cas, « ce serait « non pas une action en restitution, puisque le contrat serait « déjà résolu, mais une action en revendication, comme se-« rait aussi l'action intentée contre le tiers détenteur de l'im-« meuble par le vendeur, qui aurait déjà obtenu la résolution « contre l'acquéreur direct » [1]. A notre avis, la résolution ne s'opère pas tellement de plein droit, que le vendeur rentre dans sa propriété et puisse la revendiquer sans jugement. Il est vrai qu'après la sommation de payer, restée infructueuse malgré le pacte commissoire, le juge de l'action en résolution ne peut plus accorder de délai : d'où il résulte que l'acheteur a perdu le droit de contraindre le vendeur à recevoir le prix ; mais il n'en résulte pas que le vendeur ait perdu le droit de le recevoir volontairement ni de le demander ; et s'il vient à le recevoir effectivement, la résolution ne sera point prononcée (art. 1139, 1183, 1184, 1654, 1656, Cod. Nap.).

Le droit d'exercer le pacte de rachat ou de réméré est mobilier ou immobilier, selon que l'objet vendu est meuble ou immeuble, parce que le vendeur tend uniquement à reprendre la chose vendue (art. 1659 [2]).

Est immobilier le droit de réclamer un immeuble contre le tiers détenteur, lorsque la résolution de la première vente a déjà été prononcée, puisque alors l'exercice de ce droit serait la revendication proprement dite (art. 1664).

Est également immobilier le droit de demander la nullité

---

[1] T. 9, n° 356.
[2] *Contrà*, Proudhon, *de la Propriété*, t. 1, n° 180.—V. aussi l'arrêt de la Cour de cassation du 5 déc. 1826, qui est rapporté dans le *Journal du Palais*, t. 20, p. 994.

ou rescision d'une vente d'immeuble ou d'un démembrement pour cause d'erreur, violence, dol ou incapacité, parce que la reprise de l'immeuble est le seul objet de ce droit (art. 1109, 1304). Et l'on ne rencontre pas ici les équivoques ou les incertitudes qui voilent et compliquent la question de résolution, puisqu'au lieu du droit de demander le paiement du prix et subsidiairement la résolution, le vendeur ne peut demander que l'anéantissement de la vente, c'est-à-dire la reprise d'un immeuble qui n'a jamais cessé de lui appartenir, même fictivement.

Il en est de même de la nullité ou rescision d'un contrat d'échange ou de dation en paiement d'un immeuble, quand la demande est fondée sur les mêmes causes (art. 1595, 1702, 1707).

Lorsqu'une vente est arguée de nullité pour lésion de plus de sept douzièmes, c'est l'exercice d'un droit immobilier, parce que le vendeur ne peut demander que « la rescision de la vente » (art. 1674), dont l'objet est de faire rentrer l'immeuble en ses mains. Nous sommes loin d'admettre que l'exercice de ce droit ait « pour objet principal et direct le supplément du juste prix de l'immeuble » [1], ce supplément n'étant que facultatif à l'acheteur (art. 1681) [2].

Est encore immobilier le droit de demander la révocation d'une donation d'immeuble, pour cause d'inexécution des conditions, pour cause d'ingratitude ou pour cause de survenance d'enfant, parce que ce droit tend uniquement à la reprise de l'immeuble (art. 954, 958, 960, Cod. Nap.), tandis que le droit de demander l'exécution même des conditions de la donation est mobilier, s'il tend à procurer un meuble,

---

[1], *Contrà*, Cass. 23 prair. an XII, S., 4.1.369; 14 mai 1806, S., 6.1.331. — V. aussi Taulier, *Théorie du Code civil*, t. 2, p. 155, 156.

[2] Cette action est « immobilière (dit Pothier, dans son *Traité du Contrat de vente*, nº 349), comme tendant directement à la restitution de l'immeuble, et non au supplément du juste prix, qui est *non in obligatione, sed in facultate solutionis.* » — V. dans le même sens Dumoulin, *Coutume de Paris*, glose 1ʳᵉ, nº 44, § 33; Delvincourt, *Cours de Code civil*, t. 3, note, p. 167; Troplong, *de la Vente*, t. 2, nᵒˢ 808, 825, 837, 840; Zachariæ, t. 1, p. 243; Demolombe, t. 9, nᵒ 357.

comme il arrive ordinairement ; en un mot, il y a là deux droits bien distincts dans leur nature et leur exercice.

Nous voyons également un droit immobilier dans celui qu'a la femme mariée de demander la nullité, rescision ou révocation d'une vente d'immeuble frappé d'inaliénabilité sous le régime dotal (art. 1554, 1560), ou d'une vente d'immeuble qu'elle a faite sans autorisation régulière (art. 217, 225 [1]), parce qu'il ne ressort de la tentative de vente qu'une nullité (art. 1117) dont l'exercice a pour but de rétablir dans les mains de la femme un immeuble qui légalement ne lui a jamais échappé. Cela est évident pour nous, à tel point que la femme ne peut avoir droit au prix fixé dans la vente sans un nouveau fait juridique, sans une ratification expresse ou tacite qui change la nature de son droit primitif [2]; et cela est surtout frappant sous le régime dotal pour ce qui concerne l'immeuble dotal, qui est tellement inaliénable en principe, que la femme ne saurait donner de ratification valable durant le mariage, et qu'ainsi elle ne peut jamais avoir droit au prix en argent avant sa dissolution (art. 1304, 1560, 1561).

Nous touchons à un point encore plus controversé que les précédents ; c'est celui qui concerne les prélèvements, reprises et récompenses de la femme mariée.

Toutes les fois que la femme mariée exerce une reprise ou un prélèvement en nature, soit qu'elle reprenne l'objet même qu'elle a apporté ou qui lui est advenu en mariage, soit qu'elle reprenne un objet acquis en remploi et subrogé légalement à un propre, soit qu'elle prélève un objet à titre de préciput, il est clair qu'elle a un droit de propriété, un droit réel, qui est mobilier ou immobilier, selon la nature de l'objet qu'elle peut revendiquer (art. 1401, 1408, 1434, 1435, 1515).

Mais souvent à la place d'une reprise en nature, la femme a droit à une récompense ou à une reprise en argent, c'est-à-

---

[1] Caen, 2 juin 1858, *Recueil des arrêts de Caen*, t. 2, p. 206; Demolombe, t. 9, n° 359.

[2] Demolombe, t. 9, n° 360.

dire à une créance; et toujours ce droit est mobilier, selon nous, n'importe la cause de cette créance, n'importe le régime matrimonial adopté, n'importe que la femme accepte ou répudie la communauté. Ainsi, au cas de séparation de biens, lors· que le mari est responsable du défaut d'emploi du prix de l'immeuble aliéné, il est clair que le droit de la femme est mobilier, puisqu'il n'a d'autre objet qu'une créance (art. 1450 (1)); sous le régime d'exclusion de communauté et sous le régime dotal, le résultat est le même (art. 1530, 1535, 1549, 1580); sous le régime de la communauté, le droit de reprise ou de récompense est aussi mobilier, soit qu'il s'exerce sur les biens communs, soit qu'il s'exerce sur ceux du mari (art. 1433, 1436, 1439, 1468, 1481, 1492, Cod. Nap.).

Sur ce dernier point, on paraît généralement d'accord que son droit est mobilier, lorsque la femme acceptante exerce ses reprises sur les biens du mari à cause de l'insuffisance de ceux de la communauté (art. 1472), et même lorsqu'elle renonce, parce qu'alors tous les biens de la communauté appartiennent au mari (art. 1492, 1493, 1495) (2).

Au contraire, on controverse vivement lorsqu'il s'agit d'appliquer l'article 1471, d'après lequel la femme qui accepte exerce ses prélèvements avant ceux du mari « pour les biens qui n'existent plus en nature, d'abord sur l'argent comptant, ensuite sur le mobilier, et subsidiairement sur les immeubles de la communauté » (art. 1471).

Suivant une opinion, qui a été vivement soutenue dans ces dernières années, la nature du droit de la femme est en suspens, comme le caractère d'une créance alternative, et elle est subordonnée au résultat de la liquidation : le partage donne-t-il un immeuble à la femme, c'est que son droit était immobilier dès l'origine, car elle est réputée n'avoir jamais eu qu'un immeuble; le partage lui donne-t-il un meuble, c'est que son droit était mobilier (3).

---

(1) Demolombe, t. 9, n° 358.
(2) Demolombe, t. 9, n° 362.

(3) Paris, 21 févr. 1846; consult. de M. Coin-Delisle; S., 46.2.305; Cass. 24

Ce système repose évidemment sur l'idée que la femme acceptante est copropriétaire, qu'elle exerce ses prélèvements, reprises et récompenses, en qualité de propriétaire et non de créancière, comme ayant *à priori* un droit réel, et pas seulement un droit personnel, autrement on ne parlerait pas de partage et de ses effets [1]. Mais ce système ne nous paraît pas fondé. Nous croyons, avec la Cour de cassation [2] et avec M. Demolombe [3], que la femme qui accepte la communauté n'exerce ses prélèvements et reprises qu'à titre de créancière (de même que la femme qui renonce), et que conséquemment son droit est mobilier; nous croyons que cette doctrine ressort du texte et de l'esprit du Code (art. 1431, 1433, 1436, 1470, § 3, 1471, 1472, 1473, 1474, 1493, § § 2 et 3, 1495), et nous la voyons d'ailleurs s'appuyer sur l'ancienne jurisprudence française [4].

Toutes les fois, au résumé, que la femme, au lieu de reprendre en nature un propre réel ou un propre subrogé, exerce une récompense ou une reprise par équivalent, elle n'a qu'un droit personnel, qu'un droit de créance; puis, quand la liquidation lui a attribué un meuble ou un immeuble, c'est une dation en paiement qui l'a rendue propriétaire d'un meuble ou d'un immeuble, et à la place du premier droit personnel qui se trouve éteint, elle a un droit réel de revendication, qui est mobilier quant au meuble, ou immobilier quant à l'immeuble; mais il a fallu un nouvel acte pour opérer cette conversion. Et tout cela est également vrai des reprises et des récompenses du mari, au cas d'acceptation de la communauté par la femme (art. 1433, 1434, 1436, 1470, Cod. Nap.), car tous les biens et toutes les charges de cette communauté

---

mars 1849, D., 49.1.97; Marcadé, *Cod. civ.*, t 5, art. 1472, n°^s 2, 3; Pont et Rodière, *du Contrat de Mariage*, t. 1, n° 335.

[1] *Ibid., ibid.*

[2] 16 janv. 1858 (ch. réun.), *Gazette des Trib.*, 17 janv.

[3] T. 9, n°^s 364, 365.

[4] Lebrun, *de la Communauté*, p. 530, n° 79; Ferrière, sur l'art. 232 *de la Coutume de Paris*, préface; Bacquet, *des Droits de Justice*, ch. XXI, n° 306; Renusson, *des Propres*, ch. IV, sect. VI, n° 3; Pothier, *des Propres*, ch. III, sect. XIII, n° 16; Merlin, *Répertoire*, v° *Legs*, sect. IV, § 2.

se confondent avec ceux du mari, quand la femme renonce
(art. 1494).

Quel est l'intérêt de cette question? Cet intérêt est sensible
dans diverses circonstances, notamment dans le cas où une
femme mariée vient à mourir après avoir légué tous ses biens
meubles à l'un, et tous ses biens immeubles à un autre : alors
le légataire des biens meubles a seul droit aux récompenses
encore dues à la succession de la femme, tandis que le légataire des biens immeubles a seul droit aux immeubles dépendant de cette succession, n'importe qu'ils soient des propres
de la femme ou qu'ils lui aient été attribués en paiement de
ses récompenses pendant sa vie ; puis, si depuis la mort
de la femme, les récompenses dues à sa succession viennent
à être payées au moyen de l'attribution d'un meuble quelconque ou d'un immeuble, cet objet, quel qu'il soit, reviendra au légataire des biens meubles. Il en serait de même au
cas de legs fait par celui qui a vendu un immeuble : le légataire des meubles aurait seul droit au prix de cette vente qui
serait encore dû, et une fois ce droit acquis, la faculté de demander la résolution pour défaut de paiement lui appartiendrait par voie de conséquence, tandis que, si le vendeur
mourrait dans le cours de l'instance en résolution poursuivie
à sa requête, cette action avec ses conséquences appartiendrait au légataire des biens immeubles. En un mot, pour l'exécution d'un testament, quand il s'agit de savoir à qui revient
un droit, il faut considérer l'époque du décès du testateur,
et attribuer au légataire des biens meubles tout ce qui est
mobilier à cette époque, et au légataire des biens immeubles
tout ce qui est immobilier, à moins qu'il n'apparaisse de
l'intention du testateur qu'il y a lieu de décider autrement,
par exemple, quand il est positif que la femme a voulu laisser
à tout événement l'émolument de ses récompenses au légataire de ses meubles, il y a lieu de lui attribuer même les
immeubles que la testatrice a reçus en paiement dans l'intervalle entre la confection de son testament et sa mort.

398. Du reste, la division des biens en meubles et en immeubles s'accorde avec la nature des choses en général, et présente une grande utilité dans l'application, aussi bien que dans l'étude. C'est la seule que le législateur français ait mise en relief et consacrée par un texte formel, bien qu'en réalité le Code reconnaisse d'autres distinctions des choses, en corporelles et incorporelles (Rubr. du ch. VIII, tit. VI, liv. III), divisibles et indivisibles (art. 1217), principales et accessoires (art. 1615), fongibles et non fongibles (art. 1291, 1874, 1875, 1892), individuelles ou collectives (art. 616), qui résistent ou non au premier usage (art. 587, 589, 1532).

CHAPITRE Ier. — Des immeubles.

399. D'après l'article 517 du Code Napoléon, « les biens sont immeubles, ou par leur nature, ou par leur destination, ou par l'objet auquel ils s'appliquent ».

400. Sont immeubles par leur nature toutes les choses corporelles qui ne peuvent se transporter d'un lieu à un autre, ni par elles mêmes, ni par l'effet d'une force étrangère ; c'est-à-dire par excellence les fonds de terre, le sol, et avec le sol toutes ses productions et tout ce qui y est incorporé à la surface ou à l'intérieur, parce que l'incorporation fait perdre aux objets mobiliers leur individualité au profit du sol, qui les absorbe dans sa substance immobilière. V. n° 29.

401. On distingue ainsi les immeubles par leur nature :

1° Les fonds de terre et les bâtiments qui y adhèrent, n'importe qui a fait les constructions (art. 518, 552 (1)) ;

2° Les moulins à vent ou à eau fixés sur piliers ou faisant partie d'un bâtiment ; l'une de ces deux conditions suffit, comme il résulte des articles 519 et 531 combinés ensemble (2); en d'autres termes, les moulins à vent ou à eau sont

---

(1) Demolombe, t. 9, n° 104.

(2) Demolombe, t. 9, n° 124. — Mais lorsqu'un moulin est mobile sur sa base, c'est un immeuble par destination toutes les fois qu'il a été placé par le propriétaire pour le service et l'exploitation de son fonds (art. 524, Cod. Nap.; Pothier, de la Communauté, n° 36).

14

immeubles par cela seul qu'ils adhèrent à une construction incorporée au sol [1];

3° Les tuyaux qui servent à la conduite des eaux sur un fonds auquel ils adhèrent par incorporation, et auquel ils appartiennent (art. 523, Cod. Nap. [2]);

4° Les fruits et récoltes pendants par branches ou par racines, tant qu'ils ne sont pas détachés ou coupés [3]; mais ils deviennent meubles au fur et à mesure de leur séparation, quoique non enlevés (art. 520);

5° Spécialement les bois taillis et les futaies [4], lesquels ne deviennent meubles qu'à mesure de leur abatage, soit qu'ils aient été mis en coupes réglées (art. 521), soit qu'ils n'y aient pas été mis.

6° Sont également immeubles par nature tous les arbres, arbustes, fleurs et plantes qui adhèrent au sol, parce qu'alors ils y sont incorporés, n'importe qui les y a placés [5]. Cela est vrai en principe, même pour les arbres des pépinières [6], à moins qu'ils n'aient été déposés que passagèrement dans le sol par le propriétaire du terrain, par un pépiniériste ou par un fermier, parce qu'alors il n'y a réellement ni plantation ni incorporation [7]. Mais sont meubles les arbres et les fleurs en caisse ou en vase, lors même que ces caisses sont placées en pleine terre [8]. V. n° 461 et les notes.

---

[1] Quand une personne construit un moulin, non sur son fonds, mais sur une rivière navigable ou flottable dont le sol est à l'Etat, elle n'en a pas moins une propriété immobilière, si elle a obtenu de l'Etat une concession superficiaire ou emphytéotique (art. 664, Cod. Nap.; Duranton, *Cours de Droit français*, t. 4, n° 24; Demolombe t. 9, nᵒˢ 127, 128).

[2] Demolombe, t. 9, nᵒˢ 149, 150. — Un tuyau posé sur le sol, sans y être fixé par incorporation, ne serait pas immeuble par nature; mais il le serait par destination, s'il avait été destiné par le propriétaire au service et à l'exploitation de son fonds.—V. n° 405.

[3] Ils sont immeubles relativement au propriétaire du fonds auquel ils sont attachés, mais meubles pour le fermier qui y a droit (Duranton, t. 4, n° 42; Demolombe, t. 9, nᵒˢ 151 et suiv.).

[4] On peut, néanmoins, dans les six semaines qui précèdent l'époque ordinaire de la maturité ou de la coupe, faire saisir les fruits, récoltes, *bois taillis et futaies mises en coupes réglées*, par voie de *saisie-brandon*, qui a le caractère d'une saisie mobilière, lors même qu'elle est pratiquée sur le propriétaire du fonds (article 626 à 635, Pr. civ.; Demolombe, t. 9, n° 138; Chauveau, quest. 2109 *bis*; Colmet-Daage, *de la Procédure civile*, t. 3, n° 223).

[5] Demolombe, t. 9, n° 144.

[6] Duranton, t. 4, n° 44.

[7] Demolombe, t. 9, n° 146.

[8] Zachariæ, t. 1, p. 337.—Puis les arbustes et fleurs en caisse peuvent être im-

402. Sont immeubles par destination tous objets mobiliers que le propriétaire a attachés à son fonds à perpétuelle demeure (art. 524 [1]); ce qui arrive particulièrement pour les objets qui sont scellés dans ce fonds à plâtre, à chaux ou à ciment, ou bien qui ne peuvent être détachés sans être fracturés et détériorés, ou sans briser et détériorer la partie du fonds à laquelle ils sont attachés.

Ainsi les glaces d'un appartement sont censées mises à perpétuelle demeure, lorsque le parquet auquel elles sont attachées fait corps avec la boiserie; il en est de même des tableaux et autres ornements adhérents au bâtiment.

Quant aux statues, elles sont immeubles lorsqu'elles ont été placées par le propriétaire du fonds dans une niche pratiquée exprès pour les recevoir, « encore qu'elles puissent être enlevées sans fracture ou détérioration », dit l'article 525 du Code civil. V. notre n° 410.

403. Comme il faut, suivant l'article 524, pour leur faire acquérir le caractère d'immeubles par destination, que les objets mobiliers dont nous venons de parler aient été attachés *par le propriétaire, à son fonds,* et *à perpétuité,* il est positif que les objets placés par un locataire ou un fermier ne sont point immeubles par destination; mais alors il se peut qu'ils soient devenus immeubles par nature à raison de leur incorporation au fonds [2]; et nous décidons de même pour les objets placés par l'usufruitier d'un immeuble [3], bien que quelques auteurs les considèrent comme immeubles par destination [4].

404. Dans l'intérêt de l'agriculture, lors même qu'ils n'y ont pas été placés à perpétuité, sont immeubles par destination [5] les animaux que le propriétaire d'un fonds livre à

---

mobilisés par destination suivant les circonstances.—V. n°s 405, 406.

[1] Cette disposition a été empruntée à la coutume de Paris, art. 356.

[2] Demolombe, t. 9, n° 204.—*Contra,* Delvincourt, t. 1, p. 135, note 4; Toullier, *Droit civil français,* t. 2, n° 11.

[3] Demolombe, t. 9, n° 211.

[4] Duranton, t. 4, n° 59; Dalloz, *Répertoire de jurisprudence,* v° *Biens,* n° 119.

[5] C'est notre Code civil qui a, le premier, formulé cette règle de l'immobilisation par destination, bien que le germe en fût dans l'ancienne jurisprudence française (Pothier, *des Choses,* partie 2, § 1).

14.

son fermier ou métayer pour la culture, estimés ou non, tant qu'ils demeurent attachés à ce fonds par l'effet de la convention. Mais les animaux restent meubles quand ils sont livrés, soit à un autre qu'au fermier ou métayer du fonds, soit par un autre que le propriétaire de ce fonds (art. 522).

405. Aussi dans l'intérêt de l'agriculture, sans même y avoir été attachés à perpétuité, sont immeubles par destination les objets que le propriétaire d'un fonds y a placés pour le service et l'exploitation de ce fonds, tels que les animaux attachés à la culture d'un fonds exploité par le propriétaire lui-même [1].

406. Tels sont également :

Les ustensiles aratoires ;

Les semences données aux fermiers ou colons partiaires, même avant qu'elles soient mises en terre [2] ;

Les pailles et engrais ;

Les échalas des vignes ;

Les pigeons des colombiers ;

Les lapins des garennes ;

Les ruches à miel ;

Les poissons des étangs ;

Les pressoirs, chaudières, alambics, cuves et tonnes ;

Les ustensiles qui servent à l'exploitation des forges, papeteries et autres usines (art. 524).

Il n'importe pas que le propriétaire exploite par lui-même ou par autrui, qu'il ait affermé ou non, pourvu que ce soit lui qui ait placé ces objets pour le service et l'exploitation de son fonds.

407. Mais lorsque le propriétaire cultive, suffit-il que des ustensiles ou animaux soient employés par lui au service et à l'exploitation de son fonds pour qu'ils aient le caractère d'immeubles par destination ?

---

[1] Par opposition au cas prévu sous le n° 404.

[2] Duranton, t. 4, n° 57; Demolombe, t. 9, n° 248. — Une fois en terre, les semences seraient immobilisées par incorporation. — V. nos nᵒˢ 104, 108, 401.

Suivant M. Demolombe [1], il faut en outre que ce propriétaire soit présumé, d'après l'usage général et constant du pays, avoir voulu placer ces animaux et ustensiles à perpétuelle demeure sur son fonds. C'est là une opinion particulière au savant professeur, qui nous paraît avoir le premier soulevé et seul jusqu'alors examiné la question.

Nous ne partageons point son sentiment.

Nous croyons fermement que les rédacteurs du Code ont voulu formuler deux modes et espèces d'immobilisation par destination, l'un pour les objets que le propriétaire attache à perpétuelle demeure à son fonds immobilier, quel qu'il soit, l'autre pour les objets qu'il destine au service et à l'exploitation de son fonds, principalement de son fonds agricole ou industriel. C'est ainsi que la distinction nous semble avoir été nettement posée dans le rapport fait au Corps législatif lors de l'examen du projet des articles 522, 524 et 525 du Code civil, et nous en retrouvons la preuve, bien évidente pour nous, dans le discours de l'orateur du Tribunat : « en traçant, dit-il, des dispositions aussi générales et aussi positives, le projet tarit dans leur source les contestations infinies qui s'élevaient sur le classement des immeubles, soit *par destination*, soit *à perpétuelle demeure* : on avouait le principe de ces *deux* exceptions, mais la nomenclature des objets était livrée à l'arbitraire des tribunaux » [2].

408. Enfin sont immeubles par destination, les bâtiments, machines, puits, galeries et autres travaux établis à demeure pour l'exploitation d'une mine, conformément à l'article 524 du Code Napoléon, les agrès, outils et ustensiles servant à la même exploitation, et les chevaux exclusivement attachés aux travaux intérieurs de cette mine (L., **21 avril 1810,** art. 8). V. notre n° **413.**

409. Au résumé : — sont immeubles par nature tous les objets qui ont été incorporés à un fonds immobilier, n'im-

---

[1] T. 9, n° 254.
[2] Locré, *Législation civile et commer-* | *ciale de la France,* t. 8, vi, 3, tit. *De la distinction des biens.*

porte par qui, et immeubles par destination tous les objets que le propriétaire d'un fonds y a placés pour la culture, le service et l'exploitation de ce fonds, ou qu'il y a attachés à perpétuelle demeure ; — les objets placés par autrui ne sont jamais immeubles par destination, encore bien qu'ils servent à l'usage et à l'exploitation du fonds ; — quand on reconnaît qu'un objet n'est pas incorporé au fonds, il n'y a pas encore de certitude qu'il soit meuble, car il peut avoir le caractère d'immeuble par destination ; et réciproquement quand un objet n'est pas immeuble par destination, il se peut encore qu'on lui reconnaisse à l'examen le caractère d'immeuble par nature ; — enfin, quand les objets étaient à autrui au moment de leur incorporation, le propriétaire du fonds qui les retient doit indemniser celui à qui ils appartenaient. V. nᵒˢ 400-407, 455, 460.

410. Mais une question délicate est de savoir comment et à quels signes on distinguera les objets immobilisés par nature d'avec les objets immobilisés comme attachés à perpétuelle demeure par le propriétaire à son fonds.

Plusieurs systèmes se sont produits sur ce point, dont deux nous ont surtout frappé.

MM. Ducaurroy, Bonnier et Roustain [1] enseignent que les rédacteurs du Code ont adopté, à cet égard, la doctrine de Pothier, qui distinguait les choses servant à compléter la maison, *ad integrandam domum*, des choses servant à l'orner et à la meubler, *ad instruendam domum*, c'est-à-dire les choses devenues immeubles des choses restées meubles.

« Il faut donc trouver une doctrine qui fasse à chacun des articles 518 et 525 sa part d'application, dit M. Demolombe [2].... Et voici, pour notre part, celle que nous croyons pouvoir proposer : — Nous considérons comme immeubles par leur nature toutes les parties, toutes les pièces constitutives et *intégrantes* du bâtiment, *ad integrandam domum* ; et cel-

---

[1] T. 2, nᵒ 27.   [2] T. 9, nᵒˢ 290-296.

les-là, nous les considérons comme immeubles par leur nature, non-seulement lorsqu'elles y sont physiquement adhérentes, mais même lorsqu'elles sont mobiles et transportables. C'est la part de l'article 518. »—« Nous considérons au contraire comme immeubles par destination toutes les parties, toutes les pièces qui ne constituent pas, s'il est permis de dire ainsi, la substance du bâtiment lui-même, qui ne s'y confondent pas tout à fait et ne forment pas absolument avec lui, malgré leur union, un seul et même être; et celles-là, nous les considérons comme immeubles par destination, non-seulement lorsqu'elles ne sont pas adhérentes au bâtiment, mais lors même qu'elles y seraient attachées à fer ou à clou, en plâtre, à chaux ou à ciment. C'est la part de l'article 525.... » — « Mais comment et à quels signes reconnaître qu'un meuble employé dans la construction d'un bâtiment en fait partie intégrante? » — « Deux circonstances, à notre avis, en témoignent presque toujours. D'une part, le meuble, qui devient ainsi immeuble *par sa nature*, change de *nature*.... Cela est évident! C'est-à-dire que, dans cette transformation, il perd son individualité propre, sa propre substance, et jusqu'à son nom! L'immobilisation par nature l'altère, ou plutôt elle l'éteint, elle l'anéantit. La pierre, c'est le *mur* maintenant! Le bois, c'est la *charpente*, c'est la *fenêtre*, c'est la *porte!...* Chacun de ces matériaux, considéré dans sa substance propre, a disparu; ils sont tous devenus le *bâtiment* que voilà (art. 518). — D'autre part, le plus souvent et presque toujours, les meubles ainsi employés dans une construction ont été l'objet d'un travail qui les a façonnés *ad hoc*, spécialement et tout exprès, pour les approprier, pour les adapter à telle construction déterminée, dont ils deviennent ainsi des éléments propres, des pièces tout à fait intégrantes; si bien : 1° que l'on ne pourrait pas les enlever sans démembrer, sans défigurer et mutiler le bâtiment lui-même dans ses parties constitutives; 2° qu'on ne pourrait pas les employer ailleurs, sans de graves modifications.... » — « Au contraire (et c'est là notre seconde proposition), le meuble qui ne devient immeuble que par destination, conserve sa propre substance, son individualité spéciale, son nom propre ; il reste véritablement *après* ce qu'il était *avant*.... Une glace, par exemple, ou un tableau est toujours et partout une glace ou un tableau, c'est-à-dire en réalité un meuble meublant. Simplement posés, ils restent tout à fait meubles ; encadrés dans la boiserie, ils deviennent immeubles par destination, parce que cette circonstance annonce la volonté de les laisser là à perpétuelle demeure. Voilà toute la différence (art. 525). »

Ce deuxième système nous paraît approcher de la solution plus que le premier ; cependant il ne signale que quelques-uns des moyens ou signes qui peuvent aider à résoudre notre question, sans les indiquer tous ; d'où il résulte que cette doctrine est incomplète et par conséquent insuffisante.

Voici, selon nous, les éléments de constatation auxquels il faut s'arrêter.

Les objets mobiliers devenus immeubles par nature sont toutes les parties essentielles d'un bâtiment, toutes les pièces qui y ont été incorporées par nécessité, de telle sorte que ce bâtiment serait incomplet dès qu'il en manquerait une ; toutes pièces qui ont été façonnées spécialement pour leur destination actuelle, qui, isolées, ne présenteraient plus d'utilité ou qu'une utilité secondaire, et qui ne pourraient être adaptées à un autre bâtiment sans être modifiées ; tels sont le toit, les murailles, les cheminées, les portes, les volets, les persiennes (art. 518.)

Les objets devenus immeubles par leur annexe à perpétuelle demeure sont toutes les pièces qui, loin d'être essentielles à l'existence du bâtiment, y ont été annexées à titre d'ornement, d'agrément ou d'utilité, de sorte que leur absence ou leur enlèvement n'ôterait rien de l'intégrité de ce bâtiment ; ces pièces ont une utilité propre distincte de leur adjonction au bâtiment ; n'ayant point été façonnées uniquement en vue de leur place actuelle, en les supposant isolées, elles n'en présenteraient pas moins d'utilité, et elles pourraient être adaptées ailleurs sans subir de modification ; tels sont les tableaux, les glaces, les pendules, les forges, les mécaniques, les métiers scellés dans le bâtiment (art. **524, 525**).

Nous n'apercevons point, en définitive, de signe distinctif absolu, auquel on puisse reconnaître *à priori* une espèce d'immeuble d'avec l'autre espèce. Ainsi, l'on s'accorde généralement à dire que les objets attachés à perpétuelle demeure se reconnaissent ordinairement à ce signe, que leur enlèvement produit une fracture, une détérioration, un vide qui choque la vue; mais c'est là, évidemment, un indice trompeur, car il se rencontre encore plus fréquemment dans le cas de démolition ou de déplacement d'objets immobilisés par nature. Cependant les objets attachés à perpétuelle demeure ont cela de particulier qu'ils frappent les yeux, attirent les regards par leur forme plus ou moins saisissante, comme des superfluités du bâtiment, quelquefois même des excentricités, tandis qu'il en est autrement des objets immobilisés par nature, qui occupent toujours une place naturelle; d'où il résulte qu'en fait la distinction est plus facile durant l'état d'immobilisation qu'après la démolition ou le déplacement.

Au résumé, les objets immobilisés par leur annexe à perpétuelle demeure se reconnaissent à deux signes particuliers, à leur forme propre et individuelle qui frappe la vue, et à leur utilité propre et distincte qui survit au déplacement.

Du reste, cette question offre un grand intérêt : — sous le rapport de la formation et de la composition de ces deux sortes d'immeubles, car la maxime *ædificium solo cedit* s'applique aux objets immobilisés par nature, n'importe à qui ils appartinssent et qui les a incorporés au sol, tandis qu'il n'y a d'immobilisés par le placement à perpétuité que les objets qui y ont été attachés par le propriétaire lui-même, et qu'ainsi la maxime ne peut être appliquée aux objets qui auraient été scellés par un fermier; — dans le cas de vente de l'immeuble avec réserve des objets immobilisés par leur placement à perpétuelle demeure, ou avec une clause générale relative à ces immeubles; — au point de vue de l'hypothèque et du démembrement de l'immeuble hypothéqué; — en cas d'expro-

priation pour cause d'utilité publique, dans lequel tout ce qui
est immeuble par nature doit être exproprié, tandis que les
objets attachés à perpétuelle demeure doivent être détachés
et conservés par l'exproprié; — et à divers autres points de
vue. V. nᵒˢ 95, 403, 458 et suiv.

411. Notons ici que les immeubles par destination, ainsi
que les immeubles par incorporation, suivent le même sort
que le fonds auquel ils sont attachés : ils sont hypothéqués
avec lui, transmis avec lui, à moins de convention contraire,
expresse ou tacite. Par conséquent, un créancier du propriétaire ne pourrait les faire détacher, saisir et vendre séparément comme meubles; la loi veut qu'ils ne puissent être
vendus forcément qu'avec le fonds et suivant les formes de la
saisie immobilière; ce qui est logique, bien qu'en fait souvent
on procède autrement dans la pratique (art. 592, Pr. civ.).

Mais aussitôt que la destination vient à cesser, par exemple,
quand les objets sont détachés par le propriétaire, ils reprennent la nature et le caractère de meubles (arg. art. 524, § 2,
Cod. Nap.), avec toutes leurs conséquences juridiques (art.
2119), pourvu que le déplacement ne soit pas accidentel ou
provisoire [1].

412. Sont immeubles par l'objet auquel ils s'appliquent
l'usufruit des choses immobilières et les servitudes ou services
fonciers. V. nᵒ 426.

L'art. 526 classe aussi parmi les immeubles de cette espèce
les actions qui tendent à revendiquer un immeuble, c'est-à-
dire les actions réelles, immobilières; mais il est évident que
ces actions se confondent avec le droit de propriété même,
dont elles ne sont que la sanction [2].

Il est plus exact de classer parmi cette sorte d'immeubles
les actions personnelles immobilières, qui tendent à la délivrance d'un immeuble indéterminé et non à la reprise de tel
immeuble déterminé. V. nᵒ 396.

---

[1] Demolombe, t. 9, nᵒ 235.
[2] Pellat, *Principes généraux du droit* | *de propriété*, p. 9. — V. Locré, t. 8, v. 5, | vi, 4, tit. *De la distinction des biens.*

On peut encore ranger exactement dans cette classe d'immeubles l'usage et l'habitation (art. 625 à 636, Cod. Nap.), ainsi que le droit d'emphytéose à temps (L., 18-29 déc. 1790 [1]), et le droit de superficie (art. 553, 664 [2]).

413. Enfin, outre les trois espèces d'immeubles qui viennent d'être indiquées, la propriété en comprend beaucoup d'autres, dont le caractère immobilier a été déterminé par des lois particulières. Ce sont des immeubles par la volonté de la loi. Ainsi :

1° Les mines exploitées en vertu d'un acte de concession du Gouvernement, lesquelles constituent une propriété immobilière distincte de la propriété de la surface [3], soit que la concession ait été faite au propriétaire de cette surface, soit qu'elle ait été faite à un tiers (L., 21 avr. 1810, art. 5-8, 19);

2° La redevance formant le prix de la concession d'une mine avec la surface à laquelle elle est réunie, que la concession ait eu lieu au profit du propriétaire du sol [4] ou d'un tiers (même loi, art. 6, 7, 18, 19 ; L., 17 juin 1840);

---

[1] Merlin, *Questions de Droit*, v° *Emphytéose*, sect. 5, n° 8; Duranton, t. 4, n°s 75 à 80; Troplong, *des Priv. et Hyp.*, t. 2, n° 405; Duvergier, *du Louage*, n° 154; Lesenne, *Commentaire de la loi du 23 mars 1855*, sur la transcription en matière hypothécaire, n° 23; Cass., 6 mai 1850; Championnière et Rigaud, *Droits d'Enregistrement*, t. 6, n°s 838, 841. — M. Demolombe, t. 9, n°s 490, 529, 697, admet que l'emphytéose est généralement acceptée comme fait, mais il soutient qu'elle n'est plus autorisée par la loi, qu'elle est même prohibée. — V. n° 189.

Le bail ordinaire entre, à coup sûr, dans la classe des biens meubles. Mais il faut avouer que, sous l'empire de la loi du 23 mars 1855, art. 2, qui oblige à transcrire au bureau des hypothèques les baux d'une durée de plus de dix-huit années que l'on veut rendre opposables aux tiers, ces baux à *longues années* ressemblent bien à un droit réel immobilier, lors même qu'ils n'ont pas le caractère emphytéotique.

On est aussi porté à ranger l'antichrèse parmi les immeubles par l'objet auquel ils s'appliquent, en la considérant comme un droit réel ayant une individualité propre ; mais on reconnaît bientôt qu'elle n'est que la garantie d'un droit principal, c'est-à-dire un accessoire, comme le gage, l'hypothèque et le privilége, et dès lors il devient constant que cette garantie accessoire a le même caractère que le droit principal, dont elle suit le sort (art. 2085 à 2091, Cod. Nap.; 2, L., 23 mars 1855).

[2] Demolombe, t. 9, n° 644; Cass., 7 mai 1838, S., 38.1.749.

[3] V. notre n° 408, dans quels cas le matériel d'une mine est immeuble.

[4] Chose étrange et peut être inouïe dans une législation, c'est que le propriétaire de la surface, concessionnaire de la mine, se doive à lui-même la redevance qui représente la valeur de cette mine, ou plutôt c'est la propriété du dessous qui doit à la propriété du dessus. Ce qui n'est pas moins remarquable, c'est que cette redevance a le caractère de l'ancienne rente foncière, et peut être hypothéquée avec la surface à laquelle elle est réunie. Et de cette manière un même fonds de terre procure deux propriétés, et en quelque sorte

3° Les actions de la Banque de France immobilisées régulièrement (Décr., 16 janv. [1], 1ᵉʳ mars [2], 21 déc. 1808 [3]);

4° Les inscriptions de rentes sur le grand-livre de la dette publique, aussi quand elles ont été immobilisées régulièrement (Décr., 1ᵉʳ mars 1808; ordonn., 2 avr. 1817, art. 1, 6 [4]);

5° Les actions immobilisées du canal du Midi (Décr., 10 mars 1810 [5]);

6° Et les actions immobilisées des canaux d'Orléans et de Loing (Décr., 16 mars 1810 [6]).

Du reste, les actions et les inscriptions de rentes immobilisées peuvent recouvrer leur caractère de meubles par l'accomplissement de certaines formalités ; spécialement pour rendre ce caractère aux actions de la Banque de France, il faut faire sur les registres de cette compagnie une déclaration, qui a besoin d'être transcrite au bureau des hypothèques de Paris, conformément à la loi du 17 mai 1834, art. 5.

414. Les biens immeubles conservent-ils toujours le caractère immobilier ?

Non, puisque les immeubles doivent cette qualité à leur état d'immobilité naturelle ou légale, réelle ou fictive, il est évident qu'ils restent tels tant qu'ils ne sont pas devenus mobiles, qu'ils cessent de l'être par la mobilisation réelle ou légale.

C'est ainsi que les immeubles par destination perdent ce caractère aussitôt que la destination vient à cesser, par exemple, quand le propriétaire d'un fonds détache les objets qu'il y avait attachés à perpétuelle demeure, quand il reprend les animaux qu'il avait livrés à son fermier pour la culture, quand il retire les objets qu'il avait attachés au service et à l'exploitation de son fonds. V. nᵒˢ 402, 404, 408.

---

trois, au même maître. Du reste, il n'y a là rien d'arbitraire dans l'espèce.

(1) *Bull. des lois*, nᵒ 2959.

(2) *Bull. des lois*, nᵒ 3207.

(3) *Bull. des lois*, nᵒ 4029.

(4) D'après cette ordonnance, les rentes sur l'État, et même sur les villes, doivent être immobilisées, lorsqu'elles sont acquises par des communes ou par certains établissements publics, en remploi d'effets mobiliers donnés ou légués.

(5) *Moniteur universel*, nᵒ 71.

(6) *Bull. des lois*, nᵒ 5355. — Duranton, t. 4, nᵒ 102.

Il en est de même des immeubles par la détermination de la loi, par exemple, des inscriptions de rente et des actions immobilisées, qui redeviennent meubles par le changement de leur destination, c'est-à-dire quand elles cessent d'être affectées à l'emploi qui avait légitimé leur immobilisation. V. n° 413.

Les immeubles par l'objet auquel ils s'appliquent s'éteignent par la révolution du temps assigné à leur fin, par la renonciation, par la consolidation et par l'effet de la loi, sans pouvoir durer plus que l'immeuble réel qui en est affecté (art. 617, 625, 703, 710, Cod. Nap.). V. n° 412.

Quant aux immeubles par leur nature, il faut distinguer entre le sol et la superficie. Le sol, le *tréfonds*, comme l'appelaient les anciens jurisconsultes, l'immeuble par essence, par excellence, conserve toujours en masse le caractère immobilier, sans pouvoir le perdre autrement que par fractions. Il en est autrement de la superficie, qui peut facilement être mobilisée par la démolition des édifices, la coupe des arbres, la récolte des fruits : ainsi les produits périodiques des immeubles, c'est-à-dire les bois taillis, les futaies aménagées, les mines et carrières en exploitation, les céréales, sont destinés à être coupés ou extraits à des époques régulières, sinon ils seraient perdus ou dépréciés, le fonds pourrait en souffrir, la fertilité du sol pourrait même être compromise; par suite, la nécessité de cueillir les fruits à leur maturité et l'usage de couper les bois à des intervalles réglés marquent bien le terme naturel de leur immobilisation; tandis que, pour les portions de la superficie qui ne sont ni fruits ni produits périodiques, par exemple, les futaies non aménagées, les carrières non encore ouvertes, les édifices, leur adhérence avec le sol est plus intime, plus solide, elle participe davantage de la perpétuité du fonds, et par conséquent l'immobilisation en est plus durable. Telle est la distinction qui peut servir également de délimitation entre les actes d'administration et les actes qui ne sont point d'administration. V. n°s 416, 417. V. aussi n°s 158, 159.

415. Lorsque le propriétaire d'un immeuble vend à quel-

qu'un, ou bien cède à tout autre titre, soit les matériaux à provenir d'un édifice, les bois de la coupe d'une futaie, les minéraux à extraire d'une carrière, soit le droit de faire la démolition, la coupe ou l'extraction pour son compte, est-ce que le bâtiment, la carrière ou la futaie se trouve immédiatement mobilisé ?

Non, ces portions de la superficie restent immeubles d'une manière absolue, envers et contre tous, jusqu'au moment de leur séparation d'avec le sol, de même que les céréales restent immeubles, malgré la convention locative qui autorise le fermier à les cueillir ; telle est la conséquence logique et rigoureuse des deux maximes : *ædificium solo cedit*, et *fructus pendentes pars fundi videntur*. V. nos 95-109, 129.

416. Puisque la superficie vendue pour être démolie ou coupée reste immeuble d'une manière absolue tant que la séparation n'a pas eu lieu, il doit en être ainsi même dans les rapports du propriétaire du sol avec le cessionnaire *et vice versâ ?*

Nous croyons que tel est, au fond, le sentiment à peu près unanime. Néanmoins en examinant cette question (car c'en est une), les jurisconsultes s'accordent généralement à dire que ces portions superficiaires ¡sont meubles relativement à celui qui a acheté le droit de les couper ou démolir, parce que ces jurisconsultes les voient déjà, par la pensée, détachées du sol, qu'ils les considèrent d'avance comme démolies ou coupées, comme étant déjà individuellement des pierres, des moellons, des poutres, des pièces de bois, en un mot, parce qu'ils les mobilisent fictivement [1]. Et suivant ce raisonnement, d'après ce point de vue, on décide généralement que :

Les fruits et récoltes pendants par branches ou par racines sont meubles à l'égard de l'acheteur du droit de les couper, bien qu'il ne l'ait pas encore fait (arg. art. 69, § 5, n° 1, l. 22 frim. an VII; 1, l. 22 pluv. an VII; 1, l. 5 juin 1851 [2]);

---

[1] Demolombe, t. 9, nos 154-164.   [2] Demolombe, t. 9, n° 156.

Les bois taillis et les bois de haute futaie aménagés ou non sont aussi meubles à l'égard de celui qui a acheté le droit de les couper (*Ibid.*, *ibid.* [1]);

Les matières minérales quelconques sont également meubles relativement à qui a acheté le droit de les extraire de la carrière [2];

Les matériaux à provenir de la démolition qu'une personne est autorisée à faire d'une maison sont aussi meubles [3];

Enfin les fruits et récoltes non encore coupés sont meubles relativement au fermier [4].

Pour décider que la superficie vendue est meuble à l'égard des contractants dès avant la séparation, les partisans de cette opinion s'appuient notamment sur ce que cette sorte de vente peut être consentie par le tuteur, le mineur émancipé, l'individu pourvu d'un conseil judiciaire, la femme séparée de biens, toutes personnes qui sont cependant incapables de faire une vente d'immeuble sans assistance, autorisation, ou formalités particulières [5].

Or cette démonstration manque d'exactitude. La véritable cause de la capacité de ces personnes, c'est qu'il s'agit ici d'actes d'administration, qui rentrent dans la limite de leur aptitude ordinaire. En effet, bien qu'il n'existe aucun texte qui les habilite explicitement à céder la coupe anticipée d'arbres ou de fruits, plusieurs dispositions les autorisent à administrer, à passer des baux : c'est ainsi qu'en donnant à ferme ou à loyer une métairie, une vigne, un bois aménagé, ces personnes font un acte valable (art. 450, 481, 1449, Cod. Nap.), qui renferme au fond une cession anticipée des récoltes et des bois, et la cession particulière de bois ou de fruits plus près de leur maturité ne diffère guère du bail. Ce

---

[1] Cass., 4 avril 1827, S., 27.1.440; Zachariæ. t. 1, p. 338.

[2] Pont, *Revue critique de la jurisprudence*, t. 1, p. 545; Cass., 11 janv. 1843, S., 43.1.317. — V. cependant Troplong. *des Privil. et Hypoth.*, t. 2, n° 404 bis, qui semble faire une distinction.

[3] Championnière et Rigaud, t. 6, n° 366; Cass., 12 mai 1824, S., 24.1.199.

[4] Demolombe, t. 9, n° 155.

[5] Demolombe, t. 9, n° 180.

qui prouve d'ailleurs que telle est la cause réelle de la validité de ces actes, c'est que ces mêmes personnes seraient incapables de céder un édifice à démolir, une futaie non aménagée à couper, parce qu'il n'y aurait point là un acte d'administration, bien que la séparation dût en faire des meubles. V. nᵒ 414.

Quelle que soit la pensée, un peu voilée d'ailleurs sous la forme d'expression que nous venons de rapporter, il est certain que, relativement à la superficie non encore détachée, le droit du cessionnaire ou du fermier n'est point immobilier. Pour mettre le langage d'accord avec les principes, il faut, à notre avis, reconnaître non-seulement que ce droit est mobilier, parce qu'il tend à procurer au fermier ou cessionnaire des meubles au moment de la prise de possession, mais en outre qu'il est personnel, parce qu'il oblige le propriétaire du sol à le laisser couper ou démolir, c'est-à-dire en réalité, à lui faire avoir des récoltes et des matériaux [1] ; en un mot le

---

[1] V. notre nᵒ 396. — Dans notre ancienne jurisprudence on n'avait jamais mis en doute que le droit du fermier ou du locataire ne fût personnel et mobilier (L. 9. *de Locat. cond.*, Cod. Justinian.; Dumoulin, *Cout. de Paris.* § 30, nᵒˢ 108 et suiv.; Pothier, *du Louage*, nᵒ 228). Et le même principe était admis à l'unanimité sous l'empire du Code Napoléon, lorsque M. Troplong a entrepris de le contester dans son traité *du Louage*, nᵒˢ 1 et suiv., et dans son traité du *Contrat de Mariage*, nᵒ 402. L'éminent jurisconsulte soutient que ce droit, de personnel et mobilier qu'il était, a été transformé par le Code en un droit réel immobilier ; et il a rallié à son opinion M. de Fréminville (*de la Minorité*, nᵒ 528) et M. Bélime (*du droit de Possession*, nᵒ 509). M. Troplong base sa doctrine, toute nouvelle, sur l'article 1743 du Code, qui ne permet pas à l'acquéreur d'un immeuble d'expulser le fermier dont le bail a date certaine, à moins que ce bail n'en contienne la réserve : cet acquéreur, dit le savant écrivain, n'est point obligé *personnellement* à l'exécution du bail, ni comme ayant traité avec le fermier, ni en qualité d'ayant cause à titre singulier du bailleur-vendeur ; c'est donc que le fermier a sur la chose louée un *droit réel* opposable aux tiers détenteurs, droit qui est aussi *immobilier*. — Mais M. Demolombe (t. 9, nᵒ 493) combat vivement ce nouveau système. Suivant lui, le droit du fermier n'a pas cessé d'être personnel ; et il le démontre par l'analyse de l'article 1709 suivant lequel le bailleur est obligé de faire jouir le preneur de la chose louée, par les éléments constitutifs du droit personnel renfermés dans cet article, par l'historique du même article et par les principes traditionnels de l'ancienne jurisprudence. « C'est qu'en effet, ajoute l'éminent professeur, le preneur n'a pas la chose elle-même en son pouvoir, c'est qu'il a seulement le droit de s'adresser au bailleur, qui s'est obligé à l'en faire jouir... Qu'on ne dise donc pas que l'acquéreur n'est point obligé personnellement envers le preneur. Eh ! si vraiment, il est obligé, soit en vertu d'un contrat tacite et présumé, soit en vertu d'un quasi-contrat, soit même en vertu de l'autorité seule de la loi » (art. 1370.) — Nous nous rangeons à l'opinion de M. Demolombe, en considérant d'ailleurs que le louage est un acte d'administration nécessaire et même indispensable, que le

fermier ou cessionnaire a un droit mobilier, qui est actuellement personnel, et qui deviendra réel par la perception des fruits. D'où il résulte que le cessionnaire, de même que le fermier, n'a encore aucun droit acquis sur les récoltes non détachées, qu'il en deviendra propriétaire par la récolte faite en son nom, que, pour en acquérir immédiatement la propriété, il eût fallu qu'il les achetât séparées du sol, et qu'enfin la superficie continue d'appartenir au propriétaire du fonds jusqu'à la séparation.

Les partisans de la mobilisation anticipée de la superficie s'appuient encore sur ce que le propriétaire du sol, qui a fait la cession, ne pourrait s'opposer ni à la coupe ni à la démolition pour conserver cette superficie en indemnisant le cessionnaire. Ces interprètes ne font pas attention que ce résultat tient à la convention arrêtée entre le propriétaire cédant et le cessionnaire, à la convention par laquelle le cédant a promis de laisser couper et démolir, à la convention qui a créé contre lui une obligation licite, à une convention, en un mot, qui, étant légalement formée, tient lieu de loi entre le cédant et le cessionnaire (art. 1134, Cod. Nap.); et il en sera ainsi tant qu'une loi n'aura pas, à l'imitation de celle des Douze Tables, prohibé la démolition des édifices. V. n° 96.

417. Nous avons posé en principe que la superficie, vendue pour être séparée du sol, reste néanmoins immeuble envers et contre tous jusqu'à la séparation. Cette proposition

---

preneur a traité avec le bailleur dans la pleine confiance que sa location, toute naturelle et toute simple, serait exécutée jusqu'au bout, que le bail se présente tout naturellement, que l'acquéreur doit aisément en supposer l'existence, qu'il y aurait donc iniquité à dépouiller le preneur de son droit au bail lorsque la date certaine prouve sa bonne foi. (V. notre n° 414 in fine.) Ces considérations militent avec non moins de force au profit du fermier ou locataire vis-à-vis d'un créancier hypothécaire antérieur ou postérieur au bail (V. n° 417), vis-à-vis du concessionnaire d'un droit d'usufruit ou de servitude réelle. En principe, nous reconnaissons encore plus que jamais au droit du fermier ou locataire le caractère personnel et mobilier, depuis que la loi du 23 mars 1855, art. 2, oblige à transcrire hypothécairement les baux d'une durée de plus de dix-huit années, si l'on veut les opposer aux tiers. Tout en regrettant qu'elle n'ait pas obligé à transcrire les baux de plus de neuf années, cette loi est, à nos yeux, une preuve que le bail de dix-huit années ou au-dessous ne confère qu'un droit personnel mobilier au preneur.

s'applique-t-elle aux tiers qui n'ont point été parties dans l'acte de concession [1] ?

Il faut distinguer entre les personnes qui ont un droit réel acquis sur l'immeuble et celles qui n'en ont pas, entre les portions superficiaires qui sont des produits périodiques et celles qui ne le sont pas.

Lorsque Charles a cédé à Camille la faculté de démolir un bâtiment, de couper une futaie non aménagée, et que Charles me vend ensuite le sol avec le bâtiment non démoli, avec la futaie non encore coupée, sans me prévenir de la première concession, je suis fondé à repousser Camille, qui veut faire la démolition ou la coupe. Mais, si la futaie vendue a été aménagée, mise en coupes réglées par le propriétaire du sol, et que l'acte de concession à Camille ait acquis date certaine avant mon acte d'achat, son droit prévaut sur le mien, parce que c'est un acte d'administration du propriétaire du sol; de même qu'un bail, qui est un acte d'administration, pourrait m'être opposé, s'il avait acquis date certaine avant mon achat (art. 1328, 1743, 1750, Cod. Nap.).

De même, lorsque Charles, propriétaire d'une métairie, a cédé à Camille la faculté de prendre une portion de la superficie, de démolir un bâtiment, de couper une futaie non aménagée, je peux exercer sur ces portions superficiaires, non encore détachées du sol, le droit d'hypothèque et tous autres droits réels que j'ai acquis sur l'immeuble, soit avant la concession du droit de démolir, soit depuis cette concession, sans en avoir été averti [2], tandis que mon droit d'hypothèque ne pourrait aucunement entraver le droit du concessionnaire d'une coupe à faire de bois aménagés, pas plus que le droit du fermier dont le bail a date certaine, parce qu'en

---

[1] ... « Nous croyons, dit M. Demolombe (t. 9, n° 484), qu'il faut distinguer deux hypothèses : 1° celle de la vente volontaire; 2° celle de la vente forcée ou de la saisie immobilière. » — C'est une distinction que nous n'admettons pas.

[2] Persil, *Régime hypothécaire*, t. 1, p. 249; Valette, *des Hypothèques*, t. 1, p. 187; Cass., 10 juin 1841, S. 41.1.484.

me conférant cette hypothèque, le propriétaire, Charles, s'est réservé tacitement le droit d'exercer tous actes d'administration, soit en concédant l'exploitation, soit en exploitant lui-même le fonds grevé d'hypothèque, et que le fermier ou cessionnaire du droit d'exploiter a traité avec le propriétaire de l'immeuble sous la foi de cette réserve ou convention (arg., art. 683, Pr. civ.) [1].

Quant aux tiers qui n'ont aucun droit réel sur l'immeuble, par exemple, les créanciers non hypothécaires, ils ne peuvent nullement empêcher le cessionnaire de couper les bois ou de démolir. Ces créanciers ayant suivi la foi du débiteur, s'étant contentés du gage commun, ont tacitement consenti, non-seulement qu'il administrât ses biens, mais encore qu'il en disposât librement, et le cessionnaire du droit de démolir n'a traité avec le propriétaire que dans la confiance que lui inspirait cette position [2].

Du reste, la superficie devient meuble par sa séparation d'avec le sol ; et, par ce fait, les objets qui en proviennent se trouvent en général affranchis des droits réels qui existaient dessus. De là l'intérêt pour les ayants droit de prévenir tout démembrement qui serait de nature à leur porter préjudice. C'est ainsi que les créanciers hypothécaires peuvent s'opposer

---

[1] Troplong, *des Priv. et des Hypoth.*, t. 2, n° 404, t. 3, n° 834 ; Proudhon, *de la Propriété*, t. 1, n° 100.

[2] M. Demolombe (t. 9, n°* 186 et 187) admet ce résultat, mais par des motifs qui diffèrent des nôtres : « Les créanciers, dit-il, lorsqu'ils pratiquent une saisie sur les biens meubles ou immeubles de leur débiteur, agissent en son nom et ne font qu'exercer ses droits (art. 1166); bien différents de l'acquéreur à titre singulier, qui ne succède pas aux obligations personnelles de son auteur, les créanciers ne sont, eux, que les ayants cause, ou plutôt même les mandataires de leur débiteur, et par conséquent ils ne peuvent pas avoir plus de droits que lui-même : or leur débiteur s'est personnellement dessaisi des biens qu'il a vendus; il a concédé à l'acquéreur le droit d'enlever ces objets adhérents au sol, ces objets mobiliers déjà, dans leurs rapports réciproques par l'effet même de la vente : donc les créanciers personnels ne peuvent pas exercer sur ces objets, du chef de leur débiteur, un droit qui ne lui appartient plus. » Et à l'appui de son raisonnement, M. Demolombe cite M. Marcadé, sur l'article 521, n° 2. — Il est évident pour nous que cette démonstration manque d'exactitude, car, si les créanciers personnels étaient les mandataires de leur débiteur, les créanciers hypothécaires le seraient également, par conséquent ces créanciers hypothécaires n'auraient pas plus de droits que leur débiteur vis-à-vis du cessionnaire d'une coupe à faire ; et cependant M. Demolombe n'hésite pas à décider qu'ils peuvent saisir immobilièrement le fonds avec la superficie et repousser le cessionnaire.

15.

à la mobilisation anticipée de leur gage, empêcher la démolition des bâtiments, la coupe des bois non aménagés, la distraction anticipée des fruits et récoltes [1] ; de même qu'ils peuvent, après la séparation, s'opposer à l'enlèvement, ou bien demander la réintégration sur le fonds, des objets enlevés (art. 2119, Cod. Nap.).

Chapitre II. — *Des meubles.*

418. L'article 527 du Code civil divise les biens meubles en meubles par leur nature, et en meubles par la détermination de la loi.

Sont meubles par leur nature, les corps qui peuvent se transporter d'un lieu à un autre, soit qu'ils se meuvent par eux-mêmes, comme les animaux, soit qu'ils ne puissent changer de place que par l'effet d'une force étrangère, comme les choses inanimées (art. 528). V. notre n° 29.

419. Et l'article 531 donne pour exemple de meubles par nature les bateaux, bacs, navires, moulins et bains sur bateaux, et généralement toutes usines qui ne sont ni fixées sur piliers, ni incorporées à un bâtiment. Néanmoins, la saisie de quelques-uns de ces objets peut, à raison de leur importance, être soumise à des formes particulières (art. 620, Pr. civ.; 190, 215, Cod. Comm.).

420. De même, les matériaux provenant de la démolition d'un édifice, et les matériaux rassemblés pour en construire un nouveau, sont meubles par nature jusqu'à ce qu'ils soient employés dans une construction (art. 532, Cod. Nap.).

421. Sont meubles par la détermination de la loi :

1° Toutes les créances qui ont pour objet des sommes d'argent ou des effets mobiliers exigibles en principe, et qui constituent des obligations contre le débiteur; ce qui comprend même les droits résultant d'un bail non emphytéotique;

2° Les actions ou intérêts dans les compagnies de finance,

---

[1] Cass., 10 juin 1841, S. 41.1.484.

de commerce ou d'industrie, lors même qu'elles possèdent des immeubles : car, tant que la compagnie existe à l'état d'être moral légalement constitué, elle seule est propriétaire de ces immeubles, et les actions ou intérêts sont meubles à l'égard de chaque associé [1] ; mais après la dissolution de la société, chacun a un droit indivis, qui est meuble sur les meubles de l'ancienne société, et immeuble sur ses immeubles ;

3° Les rentes perpétuelles ou viagères sur l'État, sur une société ou sur des particuliers (art. 529) ;

4° Toutes pensions quelconques sur particuliers, sur une société ou sur l'État.

422. Toute rente établie à perpétuité pour le prix [2] de la vente d'un immeuble ou comme condition [3] de la cession, à titre onéreux ou gratuit, d'un fonds immobilier, est essentiellement rachetable, c'est-à-dire que le débiteur peut s'affranchir de son service en payant, une fois pour toutes, une certaine somme au crédi-rentier, ce qu'on appelle vulgairement rembourser la rente. Il est néanmoins permis au crédi-rentier de régler les clauses et conditions du rachat, par exemple, en stipulant que la rente ne pourra lui être remboursée qu'après un certain terme, qui ne peut excéder trente ans, à peine de nullité, ou plutôt de réduction [4] à ce terme, de la convention qui fixerait un délai plus long (art. 530, Cod. Nap. ; décr., 21 mars 1804).

423. Quant à la rente établie à perpétuité pour l'abandon d'une somme d'argent ou d'objets mobiliers, elle est aussi essentiellement rachetable. Il est seulement permis de stipuler que le remboursement ne sera pas fait avant un délai qui ne

---

[1] L'article 529 porte : « Les actions ou intérêts sont réputés meubles à l'égard de chaque associé *seulement*, tant que dure la société. » D'après la ponctuation, le mot *seulement* semblerait signifier que *ces actions ou intérêts* sont immeubles à l'égard de la compagnie; ce qui serait inexact, car une compagnie n'a aucun droit dans les actions ou intérêts qui sont sa représentation pécuniaire, et elle n'a d'immobiliers que les immeubles qui lui appartiennent par leur nature, leur destination, la détermination de la loi, ou par l'objet auquel ils s'appliquent. L'équivoque n'existerait pas, si la virgule était placée avant le mot *seulement*, puisqu'il est vrai qu'après la dissolution de la société chaque associé a sur les immeubles un droit indivis qui est immobilier.

[2] V. L. 44, § 6, *de Obl. et act.*, Dig.

[3] V. Duranton, t. 4, nos 147 à 155.

[4] Demolombe, t. 9, n° 430.

pourra excéder dix années, ou sans avoir averti le créancier au terme d'avance qui sera déterminé par les contractants (art. 1911).

424. Bien qu'en principe le crédi-rentier ne puisse exiger le rachat d'une rente perpétuelle, constituée à raison d'un meuble ou d'une somme d'argent, le débiteur peut être contraint à ce rachat, s'il cesse de remplir ses obligations pendant deux années, s'il manque à fournir au crédi-rentier les sûretés promises par le contrat (art. 1912), s'il tombe en faillite ou en déconfiture (art. 1913); et spécialement le débiteur d'une rente constituée à raison d'un immeuble peut être contraint au rachat dès qu'il cesse de remplir ses engagements (article 1184 [1]).

425. Sont aussi meubles par la détermination de la loi :

1° Les offices dont les titulaires ont obtenu le droit de présentation, en vertu de la loi du 28 avril 1816 ;

2° La propriété littéraire et artistique, qui consacre et protége les droits des auteurs et des artistes (L., 13 janv.; 19 juill. 1791 ; 19 juill., 1ᵉʳ sept. 1793 ; et autres lois [2]);

3° La propriété industrielle, qui comprend les droits des inventeurs consacrés par des brevets d'invention, les dessins et marques de fabrique ou de commerce (L., 18 mars 1806 ; 5 juill. 1844 ; 31 mai 1856 ; 23 juin 1857 [5]) ;

4° Les fonds de commerce avec l'achalandage [4].

426. Pour compléter la division des biens meubles, il faut y ajouter l'usufruit des choses mobilières, qui évidemment est meuble par l'objet auquel il s'applique, de la même manière que l'usufruit des choses immobilières est immeuble par l'objet auquel il s'applique. V. n° 412.

---

[1] Demolombe, t. 9, n° 431. V. Gilbert, *Code civil annoté*, sur l'article 19₁2.

[2] V. Renouard, *Traité des droits d'auteurs;* Dalloz, *Répertoire de jurisprudence,* v° *Propriété littéraire;* Regnault (Théodore), *de la Propriété littéraire;* Lesenne, *Traité des droits d'auteurs, d'inventeurs et des brevets d'invention.*

[3] V. Lesenne, *id.; Code des brevets d'invention, dessins et marques de fabrique ou de commerce en France et à l'étranger;* Blanc, *L'inventeur breveté;* Nouguier, *Brevets d'invention;* Répertoire du Palais, v° *Brevets d'invention;* Regnault (Théodore), *Code progressif, Brevets d'invention.*

[4] Demolombe, t. 9, n° 440.

427. Du reste, le mot *meuble* n'a pas de sens précis et positif; employé seul dans les dispositions de la loi ou de l'homme, sans autre addition ni désignation, ce mot ne comprend pas l'argent comptant, les pierreries, les dettes actives, les livres, les médailles, les instruments de sciences, des arts et métiers, le linge de corps, les chevaux, équipages, armes, grains, vin, foin et autres denrées; il ne comprend pas davantage ce qui fait l'objet d'un commerce (art. 533, Cod. Nap.).

428. L'expression *meubles meublants* ne comprend que les meubles destinés à l'usage et à l'ornement des appartements, comme tapisseries, lits, siéges, glaces, pendules, tables, porcelaines et autres objets de cette nature. — Les tableaux et les statues, qui font partie du meuble d'un appartement, y sont aussi compris, mais non les collections de tableaux qui peuvent être dans les galeries ou pièces particulières. — Il en est de même des porcelaines ; celles seulement qui font partie de la décoration d'un appartement sont comprises sous la dénomination de *meubles meublants* (art. 534).

429. Enfin l'expression *biens meubles*, celle de *mobilier* ou d'*effets mobiliers*, comprennent généralement tout ce qui est meuble d'après les règles ci-dessus établies, c'est-à-dire tout ce qui n'est pas immeuble (art. 535). — D'où il résulte une logomachie vraiment regrettable, source abondante de difficultés et de confusion, que le législateur aurait dû éviter.

CHAPITRE III. — *Des biens dans leur rapport avec ceux qui les possèdent.*

430. Sans s'occuper textuellement des choses qui jouissent de leur liberté naturelle, la loi française reconnaît que les biens appartiennent, ou aux particuliers, ou à des communautés légales, ou aux communes municipales, ou à l'Etat; elle ajoute que certaines choses sont considérées « comme des dépendances du domaine public » (art. 537 à 543, 910, Cod. Nap.). Et cette distinction se résume à celle-ci : biens du domaine privé, biens du domaine public. V. nᵒˢ 30, 433.

431. Composent le domaine public les choses qui sont affectées à un service public par une destination spéciale permanente, et qui se trouvent ainsi placées hors du commerce. Ce caractère les rend inaliénables et imprescriptibles (article 2226), à cause des entraves que la propriété privée apporterait à l'usage auquel ces choses sont destinées ; mais elles sont susceptibles d'entrer dans le domaine privé par le changement de destination (art. 541), ou en vertu d'un acte de l'autorité publique (art. 537) [1]. V. nᵒˢ 33, 434, 435, 437.

432. Composent le domaine privé les choses qui, au lieu d'être affectées à un service public, sont dans le commerce et à la libre disposition des propriétaires, sous les modifications établies par la loi (art. 537). Ce caractère les rend aliénables et prescriptibles (art. 541, 560, 2227). V. nos nᵒˢ 30, 435, 438, 440.

433. Puis on divise tous les biens, dans leur rapport avec les possesseurs, en biens nationaux ou de l'Etat, biens communaux ou des communes, biens des associations légales et biens des particuliers, en faisant remarquer qu'il n'y a que la nation et les communes municipales qui aient tout à la fois un domaine public et un domaine privé. V. nᵒˢ 33-50, 434-441.

434. Dépendent du domaine public de l'Etat, 1° les chemins, routes et rues à la charge de l'Etat [2], les fleuves et rivières navigables ou flottables [3], les rivages [4] de la

---

[1] V. décr. de l'Ass. const., 22 nov.-1ᵉʳ déc. 1790, art. 2, 8, 36.

[2] V. Proudhon, *Traité du domaine public.*

[3] V. ordonnance d'août 1669, tit. 27, art. 41, sur les eaux et forêts; ordonnance, 10 juill. 1835; Demolombe, nᵒ 457 *bis.* — La limite du lit doit être fixée au point où arrivent les plus hautes eaux dans l'état normal du fleuve et au-dessus duquel commence le débordement (Pardessus, *des Servitudes*, nᵒ 35; Demolombe, t. 10, nᵒ 52; Lefèvre de la Planche, *Traité du Do-*

maine, liv. 1, chap. 3 ; L. 31 *de Flumin.*, Dig.; Arrêt du Cons. d'Etat, 7 févr. 1837, 19 mai 1843; Lyon, 23 févr. 1843, S. 43. 2.315).

[4] Suivant l'ordonn. de 1681, sur la marine, liv. 6, tit. 7, art. 1, « est réputé bord ou rivage de la mer tout ce qu'elle couvre et découvre pendant les nouvelles et pleines lunes, jusqu'où le plus grand flot de mars se peut étendre » ; tandis que, d'après les lois 96 et 112 *de Verb. signif.*, au Dig., le rivage de la mer comprend tout l'espace que couvrent les vagues de la plus haute

mer [1], les ports, les havres, les rades (art. 538, Cod. Nap.).
V. n°s 31, 34, 36-39 ;

2° Les portes, murs, fossés, remparts des places de guerre
et des forteresses (art. 539) ;

3° Les chemins de fer établis en vertu d'une décision de
l'autorité publique (L., 15 juill. 1845, art. 1er [2]) ;

4° Les vaisseaux et tout le matériel de nos flottes, le matériel des arsenaux ;

5° Les objets d'art qui sont dans les musées nationaux.

435. Le domaine privé de l'Etat comprend : 1° les lais et
relais de la mer, qui primitivement avaient été classés inexactement parmi les choses du domaine public par l'article 538
du Code civil, et qui ont été ramenés à leur véritable caractère par la loi du 16 septembre 1807, art. 41 [3];

2° Les terrains, les fortifications et remparts de places qui
ont cessé d'être places de guerre (art. 541, Cod. Nap.), et qui
ont ainsi cessé d'être dépendances du domaine public en chan-
geant de destination. V. n° **431**.

Il comprend en outre :

3° Des palais, des châteaux, des forêts, des propriétés
rurales ou urbaines ;

4° De nombreux objets mobiliers, particulièrement tout ce
qui est renfermé dans les magasins de l'Etat en tabac, papier
timbré, cartes à jouer, poudre de chasse ;

5° Des créances, des rentes ;

6° Les successions des personnes qui meurent sans héritiers
et les successions qui sont abandonnées (art. 539, 723, 724,
768);

7° Tous les biens vacants et sans maître appartiennent
aussi au domaine privé de l'Etat (art. 539, 713), excepté ce-

---

marée d'hiver (*suprá*, n° 32). D'où il apparaît une différence, que l'on concilie
ainsi : la loi romaine s'applique aux rivages de la Méditerranée, l'ordonnance de
1681 aux rivages de l'Océan (Demolombe,
t. 9, n° 457 *bis*). V. n°s 34, 36-38.

[1] Quant aux lais et relais de la mer,
V. notre n° 435.

[2] Demolombe, t. 9, n° 457 *bis*; Rebel
et Juge, *Législation des Chemins de fer,*
n° 365.

[3] Demolombe, t. 9, n° 458.

pendant les choses communes, les *res nullius*, y compris les objets mobiliers abandonnés par le maître, toutes choses qui sont acquises au premier occupant ou à celui qui les a trouvées. V. nᵒˢ 512-518 ;

8° Enfin le butin fait à la guerre entre dans le domaine privé de l'Etat. V. nᵒ 519.

436. L'Etat possède à titre de propriétaire toutes les choses qui sont dans son domaine privé. Il les fait exploiter pour son compte, les afferme ou les loue. V. nᵒ 40.

Toutefois, pour composer la dotation de la couronne du chef de l'Etat, on prélève ordinairement quelques-uns de ces biens, qui restent soumis aux règles du droit commun sur les propriétés privées, à moins que la loi organique de la liste civile n'y ait apporté des dérogations [1]. Aujourd'hui, les biens meubles et immeubles qui composent la dotation de la couronne sont inaliénables et imprescriptibles, et ils ne peuvent, en principe, être vendus, échangés, engagés ni hypothéqués (Sénatus-consulte, 12 déc. 1852).

437. Dépendent du domaine public des communes [2], les chemins vicinaux [3], les chemins communaux, les places, la maison commune, les églises, les lieux consacrés à la sépulture, et généralement toutes les choses mobilières et immobilières qui sont consacrées à un usage public communal ou plus général encore. V. nᵒˢ 39, 41-49.

438. Le domaine privé d'une commune comprend les biens à la propriété ou au produit desquels la collection des habitants a un droit acquis, à l'instar d'un particulier (art. 542), tels que maisons qu'elle donne à loyer, propriétés rurales qu'elle afferme, bois qu'elle exploite ou qu'elle vend, créances sur particuliers, meubles divers [4]. V. nᵒ 40.

Quelquefois même les biens du domaine privé d'une commune sont laissés en nature aux habitants, qui envoient leurs

---

[1] Demolombe, t. 9, nᵒ 459.
[2] Demolombe, t. 9, nᵒ 460.
[3] L., 28 juill. 1824, 21 mai 1836.

[4] V. Favard de Langlade, *Répertoire*, v *Commune.*

bestiaux pâturer, ou qui reçoivent chacun sa part de bois à brûler (L., 18 juill. 1837).

459. Il n'y a que la nation et les communes qui aient deux domaines, l'un public, l'autre privé. Les biens du domaine public national ont les mêmes caractères légaux que les biens du domaine public communal, avec une différence touchant l'étendue de la collection, c'est-à-dire que les premiers servent au peuple français tout entier, les derniers plus particulièrement aux membres de la commune. Mais il existe une différence fondamentale entre les biens du domaine public en général et les biens du domaine privé, puisque ceux-ci, étant dans le commerce, sont aliénables et prescriptibles en principe, tandis que les autres, placés hors du commerce, sont inaliénables et imprescriptibles, comme nous l'avons vu plus haut. Du reste, les biens du domaine privé de la commune ou de la nation ne peuvent être aliénés que dans les formes et suivant les règles qui leur sont particulières (art. 537) (Cod. Nap. [1]). V. nᵒˢ 33, 39, 40, 44, 46, 48, 431, 432.

440. Les particuliers n'ont à eux que des biens en domaine privé, dont ils disposent librement, sous les modifications établies par les lois (art. 537, Cod. Nap.). V. nos nᵒˢ 50, 182.

441. Les êtres collectifs, sociétés de commerce ou d'industrie, congrégations religieuses, toutes les communautés légalement établies, n'ont qu'un domaine privé, et les biens en dépendant ne peuvent être aliénés que suivant les règles et les formes qui leur sont particulières (art. 537). V. nᵒˢ 40, 50.

442. Puis, d'après ces distinctions, l'État, les communes, les particuliers, les communautés, peuvent avoir sur les biens du domaine privé, ou un droit de propriété, ou un simple droit de jouissance, ou seulement des services fonciers à prétendre (art. 543). V. nᵒˢ 182-189.

Ajoutons qu'ils peuvent encore avoir un droit de superficie

---

[1] V. L., 22 nov.-1ᵉʳ déc. 1790, art. 8 ; 5 août 1791 ; 2 prair. an v ; 9 vent. an xii ; 2 janv. 1817.

(art. 553, 664), un droit d'emphytéose temporaire, un droit d'antichrèse, de gage, d'hypothèque, de privilége (art. 2071 à 2084; 2095, 2114), ou seulement la possession (art. 2228). V. nos n°s 189, 223-235, 412 et les notes.

443. En dehors de ces droits, qui ont un caractère plus ou moins réel, les personnes ne peuvent faire, relativement aux biens du domaine privé, aucun acte tendant à démembrer la propriété, mais seulement des actes constitutifs de droits personnels, comme le droit qui résulte du bail ou de la cession d'une coupe de superficie à faire ; les lois qui organisent la propriété avec ses démembrements sont toujours d'ordre public, par conséquent les conventions des particuliers n'y peuvent rien changer pour créer d'autres droits réels que ceux législativement établis et autorisés par nos Codes [1]. « Ce livre (di-« sait le conseiller d'Etat Treilhard, dans l'exposé de motifs « sur le livre II du Code civil) renferme quatre titres : —*De la* « *distinction des biens ; — De la propriété ; — De l'usufruit et de* « *l'habitation ; — Des servitudes ou services fonciers.* —Voilà, en « effet, les seules modifications dont les propriétés soient « susceptibles dans notre organisation politique et sociale ; il « ne peut exister sur les biens aucune autre espèce de droits : « ou l'on a une propriété pleine et entière qui renferme égale-« ment et le droit de jouir et le droit de disposer ; ou l'on n'a « qu'un simple droit de jouissance, sans pouvoir disposer « des fonds ; ou, enfin, l'on n'a que des services fonciers à « prétendre sur la propriété d'un tiers ; services qui ne peu-« vent être établis que pour l'usage et l'utilité d'un héritage ; « services qui n'entraînent aucun assujettissement de la per-« sonne ; services, enfin, qui n'ont rien de commun avec les « dépendances féodales, brisées pour toujours » [2]. Enfin, la loi du 23 mars 1855, sur la transcription en matière hypo-

---

[1] Demolombe, t. 9, n°s 514-519. — *Contrà*, Toullier, t. 3, n° 96; Ducaurroy, Bonnier et Roustain, t. 2, n° 69; Coulon, *Questions de droit*, t. 3, n° 146; Duvergier, *du Louage*, t. 1, n° 198; Champion-nière et Rigaud, t. 4, n°s 3060 et suivants; Troplong, *du Louage*, t. 1, n° 55.
[2] V. Locré, t. 8, v, I, *titre de la Distinction des biens.*

thécaire, est, à nos yeux, la consécration de cette doctrine, aussi ancienne que le monde. V. n⁰ˢ 171, 173, 177, 179, 417.

TITRE II. — *De la propriété.*

444. D'après le Code civil, « la propriété est le droit de jouir et disposer des choses de la manière la plus absolue, pourvu qu'on n'en fasse pas un usage prohibé par les lois ou par les règlements » (art. 544). Et nous allons voir que la plupart des restrictions au droit absolu de la propriété [1] sont établies dans l'intérêt général, qui passe toujours avant l'intérêt particulier. V. nᵒˢ 50, 182.

445. Ainsi, les grains en vert ne peuvent être vendus que dans les six semaines qui précèdent l'époque ordinaire de la maturité (art. 626, Pr. civ.), et ils ne doivent pas être coupés avant leur maturité complète ; — il peut être défendu aux détenteurs de grains et de farines de les exporter hors du territoire français ; — personne ne peut cultiver le tabac dans son propre fonds sans une autorisation spéciale de l'autorité (L., 23 avr. 1840).

446. Nul ne peut construire de fours à chaux ou d'autres établissements insalubres qu'à une certaine distance des villes et faubourgs (Ordonn., 14 janv. 1815) ; — le propriétaire qui joint immédiatement le mur d'autrui peut forcer celui-ci à lui en céder la propriété (art. 661, Cod. Nap.) ; — et celui dont le terrain n'a point d'issue pour accéder à la voie publique peut contraindre son voisin à le laisser passer sur son fonds moyennant une indemnité (art. 682).

447. Mais la plus importante des restrictions au droit de propriété est celle qui nous oblige à céder notre chose pour cause d'utilité publique, moyennant une juste indemnité

---

[1] Le mot *propriété* est synonyme du mot romain *dominium* ou maîtrise, et la qualification de *propriété* répond à celle de *dominus*, ou maître ; enfin, *propriété* ou *propriétaire* dérive du mot *propre* en français, *proprium* en latin. V. n⁰ˢ 171, 182-186.

qui doit être payée d'avance [1], de manière que le propriétaire exproprié peut s'opposer à la prise de possession tant
que cette indemnité ne lui est pas payée, à moins qu'il n'y
ait, de son côté, un obstacle au paiement (art. 545, Cod.
Nap.; L., 22 juill. 1791, art. 29; 21 mai 1836, art. 16;
3 mai 1841; 19 janv., 7 mars, 13 avril 1850; 22 juin
1854 [2]).

448. En principe, « la propriété d'une chose, soit mobilière, soit immobilière, donne droit sur tout ce qu'elle produit et sur ce qui y naît accessoirement, soit naturellement, soit artificiellement. Ce droit s'appelle *droit d'accession* », dit l'article 546 du Code Napoléon.

449. Voila donc l'*accession* législativement consacrée en
France comme un moyen d'acquérir la propriété, malgré les
incertitudes et les controverses de la législation romaine sur
ce point. Mais il faut bien reconnaître et avouer, dès à pré-
sent, que l'accession n'est souvent qu'un mot, qui, au fond,
manque d'exactitude dans les applications que le législateur
a entendu en faire; nous verrons que le mode appelé accession n'est, le plus souvent, que la loi, c'est-à-dire le bienfait
de la loi, ou bien le résultat forcé de la nature des choses.
V. nᵒˢ **72-76, 450-502.**

CHAPITRE Iᵉʳ. — *Du droit d'accession sur ce qui est produit par la chose.*

450. En étudiant la constitution de la propriété dans la
législation romaine, nous avons reconnu l'existence de fruits
naturels, de fruits industriels et de fruits civils, c'est-à-dire
de produits qu'une chose peut donner périodiquement ou non
périodiquement, et qui se perçoivent à des époques plus ou
moins rapprochées. Cette division, créée par la nature même
des choses, nous la retrouvons dans l'organisation de la propriété en France. V. nᵒˢ 129, 305-307, 414.

---

[1] V. Instit. Just., § 2, *de His qui sui vel alieni jur.*

[2] V. Montesquieu, *de l'Esprit des lois*, liv. XXVI, chap. xv.

451. Nous savons que les fruits naturels consistent dans le produit spontané de la terre, tels que coupes de bois taillis et de futaies (Art. 583, 590, 591, 592). Le produit et le croît des animaux sont aussi des fruits naturels (art. 583). V. n°s 69-71.

Les fruits industriels sont les produits qui s'obtiennent par la culture et le travail (art. 583), tels que les légumes, les céréales [1], les extractions des mines, les tissus et toutes les productions d'une usine, d'une fabrique, d'une mécanique ou d'un instrument (art. 598).

Quant aux fruits civils, ils consistent en prestations périodiques, qui sont dues en vertu de la convention ou de la loi, comme les fermages des biens ruraux, les loyers des maisons, les intérêts des capitaux, les arrérages des rentes, les dividendes sociaux (art. 584). V. n° 307.

452. Et l'article 547 attribue ces divers fruits au propriétaire de la chose qui les produit, en déclarant textuellement que tous lui appartiennent par droit d'*accession*, mot qui semble exact dans l'espèce, bien qu'il soit spécieux. V. n°s 69-71, 129, 308.

453. Néanmoins, le simple possesseur fait les fruits siens par la perception, dans le cas où il possède de bonne foi (art. 549), c'est-à-dire « quand il possède comme propriétaire, en vertu d'un acte translatif de propriété dont il ignore les vices », en d'autres termes, quand il a cru acquérir d'une personne capable d'aliéner ; « il cesse d'être de bonne foi du moment où ces vices lui sont connus » (art. 550 [2]). V. nos n° 129-132, 134.

Quels sont donc les fruits que le possesseur de bonne foi fait siens ?

C'est une question délicate que de savoir si notre Code lui attribue seulement les fruits périodiques, ceux qui ont cou-

---

[1] Duranton, t. 4, n° 348. — V. cependant Demolombe, t. 10, n° 272.

[2] Nous ne parlons pas de l'envoyé en possession provisoire ni de l'héritier putatif, qui acquièrent aussi les fruits en totalité ou en partie (art. 127, 138, Cod. civ.).

tume de naître et de renaître de la chose productive, ou bien
s'il lui concède même certaines productions extraordinaires,
telles que les extractions des mines, des carrières, des futaies.

Suivant quelques jurisconsultes, le possesseur de bonne
foi acquiert uniquement les fruits périodiques, en d'autres
termes, ceux qui entrent dans la jouissance d'un usufruitier.

On va parfois jusqu'à lui accorder tous les produits de la
chose possédée, tels que bois de haute futaie mis ou non en
coupes réglées par le véritable propriétaire, extractions de
carrières et mines ouvertes ou non par le propriétaire [1].

D'autres enfin, adoptant un terme moyen, lui attribuent,
outre les fruits ordinaires, les produits extraordinaires qui,
en fait, ont été rangés dans la classe des fruits par le véritable propriétaire, tels que coupes réglées de bois de haute
futaie, extractions de carrières et mines. Mais ils lui refusent
les produits extraordinaires qui n'avaient pas été mis en exploitation par le propriétaire, hautes futaies, carrières, mines,
etc. [2], et cette opinion est adoptée par la Cour de cassation [3]. C'est celle à laquelle nous nous rangeons, en considérant l'exposé des motifs et les travaux qui ont présidé à
l'adoption des articles 547 et 549 du Code [4]. V. n° 134.

454. Mais, dans le silence de notre texte, à quel moment et
par quel événement le possesseur de bonne foi fait-il les
fruits siens ?

De même que l'article 548 attribue formellement tous les
fruits naturels, industriels et civils, au propriétaire du fonds,
de même l'article 549, qui en est le corrélatif, attribue tous les
fruits périodiques ou non, sans distinction, au possesseur de
bonne foi [5]. Ce possesseur acquiert irrévocablement les fruits
naturels et industriels par la perception qu'il en fait durant
sa bonne foi, et il n'est tenu d'en rendre aucun, lors même

---

[1] Marcadé, t. 2, art. 549, n° 2.
[2] Duranton, t. 4, n°s 350 et 356 ;
Chavot, de la propriété mobilière, t. 2,
n°s 473, 474; Demolombe, t. 9, n° 622.
[3] Arr. 8 déc. 1836, J. Pal.,1837.1.126.

[4] Locré, t. 8, vi, 11-14, vii, 8, viii,
10-12, titre de la Propriété.
[5] Demolombe, t. 9, n°s 586, 628;
conf. art. 138, 1240, Cod. Nap.

qu'il ne les a pas tous consommés au moment où il vient à connaître les vices de sa possession. V. n°s 129-132, 134.

Quant aux fruits civils, ce possesseur de bonne foi les acquiert définitivement jour par jour, lors même qu'il ne les recevrait qu'après la découverte des vices de sa possession [1]. Il est en effet de principe, en France, que les fruits civils sont acquis jour par jour à l'usufruitier (art. 586), à la communauté conjugale (art. 1401 2° [2]), au mari (art. 1448, 1537, 1571), au rentier viager (art. 1980), tandis que les fruits naturels ou industriels ne s'acquièrent que par la perception (art. 585, 1401 2°).

Pourquoi en serait-il autrement à l'égard du possesseur de bonne foi ? Ne ressemble-t-il pas de près à un usufruitier, n'a-t-il pas compté sur son revenu quotidien, dépensé chaque jour, tandis que le véritable propriétaire n'a nullement considéré des fruits qu'il n'attendait pas ! Il faut donc éviter une solution qui pourrait enrichir le propriétaire en appauvrissant le possesseur de bonne foi, il faut décider que celui-ci acquiert les fruits civils jour par jour, n'importe à quelle époque il les reçoive réellement, et les fruits naturels ou industriels par la perception seulement ; et nous le décidons ainsi avec d'autant plus de confiance que l'article 549, en disant que le simple possesseur fait les fruits siens, ne parle ni de *perception*, ni d'*échéance*, ni d'autre moyen. V. n°s 130, 131.

455. Le possesseur de mauvaise foi, au contraire, est tenu de rendre en nature ou en équivalent non-seulement tous les fruits qu'il a perçus ou reçus (art. 549), mais encore tous ceux qu'il a négligé de percevoir et qu'aurait perçus le propriétaire [3], à moins qu'il ne soit en état d'opposer la prescription trentenaire (art. 2262 [4]).

456. Enfin, toutes les fois que des frais de labour, travaux

---

[1] *Contrà*, Demolombe, t. 9, n°s 586, 628; Cass. rej., 30 juin 1840, J. Pal., t. 35, p. 756.

[2] Durantor, t. 14, n° 146.
[3] Duranton, t. 4, n° 360, V. n° 133.
[4] Duranton, n° 363.

et semences, ont été faits par des tiers, ces frais doivent leur être remboursés en entier ou proportionnellement par le propriétaire qui recueille tout ou partie des fruits (art. 548); ce que nous étendons également à toutes autres dépenses corrélatives aux fruits [1]. Nous appliquerions même cette disposition aux cas où ces diverses avances auraient été faites par un possesseur de bonne ou de mauvaise foi sur un fonds de terre [2] ou sur une chose quelconque, et aux cas où les fruits seraient recueillis par un autre que le propriétaire.

CHAPITRE II. — *Du droit d'accession sur ce qui s'unit et s'incorpore à la chose.*

457. Tout ce qui s'unit et s'incorpore à une chose appartient au propriétaire, conformément aux règles qui vont être établies dans les deux sections suivantes (art. 551, Cod. Nap.).

SECTION I. — *Du droit d'accession relativement aux choses immobilières.*

458. En France comme à Rome, « la propriété du sol emporte la propriété du dessus et du dessous » [3]. V. nᵒˢ 95, 97, 99, 102-109.

Le propriétaire du sol peut faire au-dessus toutes plantations et constructions qu'il juge à propos, en se conformant aux restrictions et aux obligations qui sont établies au titre : *Des servitudes* ou *Services fonciers*, et aussi par quelques règlements de l'autorité concernant la sûreté ou la salubrité publique.

Il peut aussi faire au-dessous toutes les constructions et fouilles qu'il juge à propos, et tirer de ces fouilles tous les produits qu'elles sont susceptibles de donner, sous les modifications résultant des lois et règlements relatifs aux mines, et

---

[1] Demolombe, t. 9, nᵒ 588.

[2] *Ibid.*, nᵒ 589. V. nᵒ 135.—*Contrà*, pour ce qui concerne le possesseur de mauvaise foi, Proudhon, *de la Propriété*, t. 2, nᵒ 554.

[3] *Qui dominus est soli dominus est cæli et inferorum*, dit un ancien brocard.

des lois et règlements de police (art. 552, Cod. Nap., L.,
21 avr. 1810).

459. Peu importe qui a bâti ou planté, n'importe à qui
appartenaient les matériaux ou le plant, la présomption est
que toutes constructions, plantations et ouvrages faits sur un
terrain ou dans l'intérieur, l'ont été avec les matériaux ou
plantes du propriétaire du terrain et à ses frais, que le tout
lui appartient, si le contraire n'est établi (art. 553, 664 [1]).
C'est à la personne qui prétendrait avoir construit avec ses
propres matériaux, planté ses propres arbres, à le prouver;
et lorsqu'elle a fait cette preuve, elle est traitée de la manière
suivante.

460. Si le constructeur ou le planteur est de bonne foi,
c'est-à-dire s'il s'est cru propriétaire du terrain lors de la
confection des travaux, le véritable propriétaire ne peut demander la suppression des plantations ou constructions; mais
il a le choix, ou bien de rembourser la valeur des matériaux
et du prix de la main-d'œuvre, sans avoir égard à la plus ou
moins-value du fonds, ou bien de payer une somme égale à
celle dont ce fonds a augmenté de valeur au moment où il est
réclamé (art. 555); et, dans tous les cas, nulle compensation
ne peut être établie entre l'indemnité due au possesseur
évincé et les fruits dont il a profité [2]. V. nos 98, 100, 106.

461. Si, au contraire, le constructeur ou le planteur est
de mauvaise foi, et cela s'applique même au locataire et
au fermier [3], à l'emphytéote [4], à l'antichrésiste [5], à l'usufruitier [6], le propriétaire du fonds a le droit, ou bien de retenir les plantations et ouvrages, en payant la valeur des matériaux et du prix de la main d'œuvre, sans égard à la plus ou
moins-value reçue par le fonds, ou bien d'obliger celui qui a

---

[1] Demolombe, t. 9, nos 104, 654, 693.
[2] Demolombe, t. 9, n° 680.—*Contra,*
Troplong, *des Priv. et hyp.*, t. 3, n° 839.
[3] Duranton, t. 4, n° 384.—V. Cass.,
1er juill. 1851, S., 51.1.481.
[4] Demolombe, t. 9, n° 697.
[5] Cass., 15 janv. 1839, S., 39.1.97.

— V. Pothier, *du Nantissement*, n° 31.
[6] Demolombe, t. 9, nos 695, 696. —
Mais, à notre avis, le fermier, le locataire,
l'emphytéote ou l'usufruitier, a le droit
d'enlever les fleurs qu'il a mises en terre,
et cela en vertu d'une convention tacite.
—V. notre n° 401 et la dernière note.

fait ces travaux à les enlever à ses frais, sans aucune indemnité pour lui, mais en indemnisant le propriétaire du fonds, s'il a éprouvé un préjudice (art. 555). V. n°s 99, 107.

462. En sens inverse, quand le propriétaire du sol a fait des constructions, plantations et ouvrages avec des matériaux ou des arbres qui ne lui appartenaient pas, sachant ou ignorant qu'ils fussent à autrui, il est tenu d'en payer la valeur ; puis il doit en outre des dommages-intérêts, s'il a causé un préjudice au maître de ces matériaux. Mais le propriétaire du sol n'est jamais obligé de démolir et de rendre les matériaux ou les plantes, pas plus qu'il n'a l'option de démolir ou de déplanter, pour contraindre l'ancien maître à les reprendre en nature (art. 554). Il pourrait d'ailleurs être poursuivi criminellement ou correctionnellement, s'il s'était procuré les matériaux ou les plantes par un moyen illégitime (art. 379, C. pén.). V. n°s 95, 96, 108, 109.

463. Dans les divers cas où le propriétaire du sol a le droit, soit de conserver les arbres plantés dans son fonds, soit de les rendre, il peut le faire sans distinguer si les arbres ou sarments ont pris racine ou non, parce que la loi ne distingue pas et qu'il y a incorporation dès que les plantes ont été mises en terre avec l'intention de les y laisser ; à la différence du droit romain, qui n'attribuait définitivement la propriété de la plante d'autrui au maître du sol qu'autant qu'elle y avait pris racine. V. n°s 104-108.

464. Enfin, dans tous les cas où il y a lieu de lui rembourser la valeur des matériaux ou des arbres et du prix de la main-d'œuvre, ou de lui payer la plus-value du fonds, le possesseur de bonne ou de mauvaise foi a, selon nous, le droit de retenir ce fonds jusqu'au paiement réel (arg. art. 867, 1673, 1749, 1948, C. Nap. [1]). V. n°s 98, 99, 106, 107.

465. L'alluvion, c'est-à-dire l'atterrissement ou accroissement qui *se forme* « successivement et imperceptiblement

----

[1] Demolombe, t. 9, n° 682.

aux fonds riverains d'un fleuve ou d'une rivière [1] », profite au propriétaire riverain, qu'il s'agisse d'un fleuve ou d'une rivière navigable, flottable ou non, à la charge de laisser, quand le cours d'eau est navigable, le marchepied ou chemin de halage conformément aux règlements (art. 556 [2]). V. nos 34, 78.

466. « Il en est de même des relais que *forme l'eau courante qui se retire insensiblement* de l'une de ses rives en se portant sur l'autre [3] » : le propriétaire du fonds contigu à la rive découverte profite de l'alluvion, sans que le riverain du côté opposé y puisse venir réclamer en compensation du terrain qu'il a perdu, qu'il s'agisse d'un fleuve ou d'une rivière navigable, flottable ou non. Mais le droit d'alluvion n'a pas lieu à l'égard des relais de la mer (art. 557), de manière que l'alluvion profite toujours à l'Etat, et jamais au particulier qui a acquis ces relais par titre ou par prescription. V. notre n° 435.

467. En accédant au fonds riverain, l'alluvion ou l'atterrissement ne forme pas un fonds nouveau [4], elle ne fait qu'augmenter le premier, en développer les limites, elle s'assimile et ne fait qu'un avec lui, elle est associée identiquement à sa condition légale [5]. Par conséquent, l'alluvion accroît la jouissance usufructuaire (art. 596) ou emphytéotique [6] qui grève le fonds riverain ; elle est soumise aux mêmes hypothèques (art. 2133), antichrèses et servitudes foncières que lui [7] ; puis au cas de résolution ou de rescision de l'aliénation du fonds riverain, l'alluvion survenue entre ces deux actes retournerait au propriétaire qui a consenti l'aliénation.

---

[1] Ce qui montre que l'alluvion doit être l'œuvre de la nature.

[2] Cette matière est régie par l'ordonnance d'août 1669, *sur les eaux et forêts*, tit. 28, art. 7, et par le décret du 22 janvier 1808.

[3] Ce qui prouve encore que le relai doit être l'œuvre de la nature.

[4] Bartole, *de Flumin.*, t. 1, p. 628, col. 2. — V. etiam L. 11, § 7, *de Publ. in rem act.*, Dig.

[5] Demolombe, t. 10, n° 84.

[6] *Id.*, n° 87 *bis*.

[7] *Id.*, n° 87.

468. L'alluvion accroît-elle à la jouissance du fermier du fonds riverain ?

On ne peut pas se fonder sur le principe que nous venons d'exposer pour répondre affirmativement d'une manière absolue, par la raison que le fermier n'a pas de droit réel sur le fonds riverain, qu'il n'a qu'un droit personnel contre le bailleur, qui a promis uniquement de lui procurer la jouissance de ce fonds tel qu'il était au moment de la location. Cependant l'alluvion profitera au fermier, elle lui profitera forcément toutes les fois que l'accroissement sera inappréciable, de même que ce fermier ne serait pas fondé à réclamer une diminution du fermage, si le fonds riverain avait éprouvé une diminution inappréciable par l'action des eaux, comme il arrivera le plus souvent[1]. Mais lorsque l'accroissement sera reconnaissable et appréciable, le fermier n'en profitera point ; et cela est équitable, puisqu'il pourrait demander une diminution de fermage, ou même la résiliation du bail, en cas de perte d'une portion notable du fonds riverain (art. 1722).

469. Quant aux « îles, îlots, atterrissements, qui se forment dans le lit des fleuves ou des rivières navigables ou flottables » , ils appartiennent à l'Etat et entrent dans son domaine privé, parce qu'ils ont une autre destination que le cours d'eau, qui est du domaine public ; ce qui fait que ces îles et atterrissements peuvent être acquis aux particuliers par titre ou par prescription (art. 560 [2]). V. nos 78, 90.

470. En comparant ici la législation française avec la législation romaine sur la dévolution de l'île et de l'alluvion qui se forment dans un fleuve, on voit qu'à Rome ces deux sortes d'accroissement appartenaient, l'une et l'autre, au riverain dont le fonds n'était *pas limité*, et au premier occupant lorsque le fonds contigu était *limité*, tandis qu'en France l'île appartient à l'Etat, et l'alluvion au riverain.

Comment expliquer cette différence ?

---

[1] V. Persil, *Régime hypothécaire*, t. 1, art. 2133, n° 3.

[2] Demolombe, t. 10, n° 123.

C'est qu'à Rome le lit du fleuve n'était public qu'à raison de la masse d'eau qui le couvrait ; qu'il cessait d'être tel et devenait *res nullius* partout où cette eau cessait de couler : alors la partie du lit ou le lit desséché était acquis par l'occupation réelle au premier qui en prenait possession, quand le fonds riverain était limité, et par une sorte d'occupation abrégée au riverain dont le fonds n'était pas limité. Mais en France, où le lit du fleuve est, aussi bien que la masse d'eau, une dépendance du domaine public, ce lit continue d'appartenir à la nation malgré le desséchement. C'est en vertu de ce principe que la loi française attribue à l'Etat l'île et le lit desséché, ou bien qu'elle donne cet ancien lit à titre d'indemnité aux propriétaires même non riverains dont les fonds sont occupés par le nouveau lit; et il est évident que, si l'alluvion profite au riverain, avec les relais, c'est parce que ces accroissements, toujours formés imperceptiblement et successivement, ne permettent pas de distinguer où s'arrêtait la limite primitive du fonds riverain [1], tandis que la naissance d'une île ou le desséchement complet des eaux n'empêchant pas de reconnaître cette limite, on comprend alors l'application directe et immédiate du principe, qui attribue à l'Etat le lit du fleuve dont les eaux se sont desséchées complétement sans prendre leur cours ailleurs [2]. V. nᵒˢ 79-85, 90, 465, 466, 469.

471. Ces dispositions ne s'appliquent pas aux îles et atterrissements qui se forment dans les rivières non navigables et non flottables; en principe ces accroissements appartiennent aux propriétaires riverains du côté où l'île s'est formée; si

---

[1] Demolombe, t. 10, nᵒˢ 10, 11. — V. Daviel, *des Cours d'eau*, t. 1, nᵒ 129. — En France, les fonds riverains ont pour limite le flot du cours d'eau (Daviel, *ib.*) toujours variable, tandis qu'à Rome les *agri limitati* étaient ceux auxquels une limite invariable avait été assignée par l'autorité (V. nᵒˢ 78, 79). Pour se figurer en France un fonds *limité* comme à Rome, ou du moins avec quelque analogie, il faudrait trouver un champ qui fût séparé d'un fleuve par une voie publique, et encore ce champ pourrait-il devenir riverain du fleuve, avec droit à tous les avantages de cette contiguïté, si ses eaux venaient à envahir et poser leur lit sur toute l'étendue de cette voie publique.

[2] V. Locré, t. 8, 11, 13, 14, titre *de la Propriété*.

l'île s'étend de l'un et l'autre côté, elle appartient aux propriétaires riverains des deux côtés, à chacun divisément, à partir de la ligne longitudinale qui, tracée au milieu de la rivière, la coupe en deux parties égales (art. 561, Cod. Nap.); et pour tracer cette délimitation avec exactitude, il faut le faire en considérant l'île au moment de sa formation, et en supposant le fleuve dans son état normal, au-dessus duquel les eaux les plus hautes commencent à déborder [1]. V. nᵒˢ 90, 434 et les notes.

472. Mais à qui appartient, en France, le lit de la rivière non navigable ni flottable, qui vient à se dessécher sans couler ailleurs?

La solution de cette question est subordonnée à la décision de celle-ci : à qui appartient le lit de cette rivière tant que l'eau y coule?

D'après sa nature, son importance, son étendue et son mouvement habituel, le cours d'eau d'une rivière est destiné à tous les hommes et pas seulement à quelques individus, l'usage en est nécessaire à tous et doit rester commun; autrement on n'atteindrait point le but qui est évidemment dans les desseins de la Providence; non-seulement la société serait privée des nombreux avantages que lui offre un usage collectif, mais encore elle serait sans cesse exposée aux inconvénients et aux dangers qui résulteraient d'une appropriation particulière; et ce qui est vrai de la masse d'eau l'est également du lit, qui en est une partie constitutive et inséparable.

Cela montre qu'à côté du droit commun acquis à la société se trouve la nécessité d'une direction uniforme et d'une action indivisible, qui ne peut appartenir qu'à l'autorité générale, et qui est incompatible avec toute appropriation individuelle.

Telles sont les considérations dont la puissance avait frappé les jurisconsultes romains; et nous les avons vus non-seule-

---

[1] Cons. d'Etat, 7 févr. 1837; 19 mai 1843; Lyon, 25 févr. 1843, S., 1843.2. | 315; Pardessus, *des Servitudes*, nᵒ 35; Daviel, t. 1, nᵒ 48.

ment proclamer que toutes les rivières étaient publiques, sans distinguer entre les rivières navigables ou non navigables, entre les fleuves et les rivières, sans faire de différence entre le cours d'eau et le lit, mais encore décider que le lit desséché était acquis au riverain ou au premier occupant, dans les mains duquel il était une propriété privée. V. nos nos 77 et la note, 78-85.

Dans notre ancien droit français, qui distinguait entre les rivières navigables ou flottables et les rivières non navigables ni flottables, il était de principe que le rivage et le lit de ces dernières appartenaient aux seigneurs hauts justiciers [1]. Il est au moins certain que cette opinion était accréditée au moment de la révolution de 1789; que c'était celle de l'Assemblée constituante, qui, en abolissant la féodalité, avait entendu enlever aux seigneurs les rivières non navigables ni flottables, et les faire rentrer dans le domaine de la nation [2], d'où elles n'auraient jamais dû sortir.

C'est ainsi que la loi du 1er janvier 1790, article 2, §§ 5 et 6, chargea les administrateurs des départements de la partie relative à la conservation des propriétés publiques, des forêts, rivières, chemins et autres choses communes, et cela sans faire de distinction entre les rivières navigables ou non navigables.

« Passant à l'examen des cours d'eau ordinaires, disait un de ses membres à la Convention nationale, vos comités ont compris sous le même nom de rivières non navigables toutes celles qui, trop faibles pour servir le commerce par des voies de transport, sont assez considérables pour communiquer aux usines la puissance qui les met en activité... »

« ... Nécessaires aux besoins de tous, les rivières, non plus que les fleuves, ne peuvent être la propriété d'un seul. Envahies par les seigneurs justiciers, au même titre et de la même

---

[1] Despeisses, *des Droits seigneuriaux*, tit. 4, art. 3, sect. 9; Loysel, *Inst. cout.*, règles 5, 6, liv. 2, tit. 2; Duparc-Poullain, t. 2, p. 398.—V. Laferrière, *Hist. du Droit français*, t. 4, liv. 5, chap. 2, sect. 4, § 1.

[2] V. Lois, 22 déc. 1789, sect. 3, art. 2; 26 févr.-4 mars 1790, tit. 1, art. 3; 12-20 août 1790, ch. 6.

manière que les fleuves navigables, comme eux, elles doivent
rentrer dans les mains de la nation; elles ne peuvent pas même
appartenir à une communauté d'habitants, puisqu'elles for-
meraient alors une propriété particulière et spéciale : or toute
possession exclusive est incompatible avec les vues que la nature s'est proposées en établissant l'union des sociétés sur la
communauté des éléments... » [1].

Malgré l'ajournement de la discussion du projet de loi qui
avait pour objet de consacrer ces principes, ce rapport n'en
témoigne pas moins de l'opinion et du sentiment qui inspi-
raient l'Assemblée constituante sur cet important sujet.

Les législateurs intermédiaires étaient évidemment imbus
des mêmes principes, lorsqu'en portant la loi du 3 frimaire
an VII, sur la répartition et l'assiette de la contribution foncière, ils décrétaient, dans l'article 103, que les rues, les chemins publics et les rivières ne sont point cotisables.

Ce sentiment, sans aucun doute, était aussi passé dans l'esprit des rédacteurs du Code civil; ils avaient évidemment la
conviction que les rivières non navigables et non flottables
étaient entrées dans le domaine de la nation, et qu'ils sta-
tuaient avec la pleine puissance qui appartient au législateur
sur les biens nationaux.

On lit, en effet, dans l'un des projets du Code civil : « les
biens nationaux sont.... les fleuves et rivières tant navigables
que non navigables et leur lit » [2].

Pourquoi donc cette rédaction, adoptée d'abord [3], fut-
elle remplacée par celle actuelle de l'article 538, suivant laquelle, parmi les rivières, il n'y a que celles navigables ou
flottables qui soient des *dépendances du domaine public ?*

C'est d'abord que l'expression *biens nationaux* était plus générale et plus étendue que celle de *dépendances du domaine*

---

[1] Discours de M. Arnoult, ou rapport
fait, à la séance du 23 avril 1791, au nom
des comités *féodal, des domaines, d'agriculture et de commerce,* qui avait reçu la
mission de trier *dans ces décombres les
propriétés qui devaient être respectées*

(V. Brochure de M. Rives, p. 53, 60).
[2] V. Fenet, *Recueil complet des travaux préparatoires du Code civil,* t. 1, p.
241, 242.
[3] V. Brochure de M. Rives, p. 65.

public; c'est ensuite que le rédacteur du précédent projet s'occupait de toutes les rivières, et les considérait, sans exception, comme étant toutes placées hors du domaine privé, tandis que le dernier rédacteur de l'article 538 ne s'est occupé que des biens dépendant du domaine public de la nation tout entière; il y a compris les rivières navigables ou flottables, parce qu'elles sont naturellement consacrées à un usage public général, et que cette destination s'oppose à ce qu'elles soient l'objet de droits privés; il n'y a point classé les rivières non navigables ni flottables, parce qu'elles ne sont point affectées à un service public général, comme les fleuves. Mais il n'en est pas moins vrai que, par leur nature, ces petites rivières sont affectées à un service public, plus limité, plus restreint, celui de la commune ; et si, au lieu de statuer uniquement sur les biens du domaine public national, le rédacteur du Code civil eût aussi fait une disposition pour les biens du domaine public communal, il y eût vraisemblablement fait entrer les rivières non navigables ni flottables, qui ont la plus grande analogie avec les chemins communaux ou vicinaux.

Ce qui nous paraît certain, c'est que les rédacteurs du Code civil ont considéré tous les cours d'eau comme des choses publiques dont il leur appartenait de régler l'usage suivant l'intérêt plus ou moins étendu de la société. C'est ainsi que pour les fleuves et rivières navigables ou flottables, le législateur a voulu que la masse d'eau, le lit et l'usage entier fussent dans le domaine public : il a jugé qu'il importait de donner à l'Etat la propriété de l'île nouvellement née, de n'accorder aux riverains aucun droit privé et même de leur ôter celui d'y faire des prises d'eau [1], tandis que, pour les rivières non navigables et non flottables, l'intérêt public, plus limité, a permis de concéder sans danger certains droits et avantages aux riverains.

Mais les riverains n'ont obtenu ces droits que limitative-

---

[1] V. Loi, 28 sept.-6 oct. 1791, tit. 1, art. 4.

ment, quelquefois même provisoirement; et ce qui prouve
bien que, dans la pensée du législateur, le fond des petites
rivières appartient à la nation, ce sont les considérations
d'après lesquelles il se détermine à leur faire ces concessions.
Ainsi, « les îles et îlots, dans les rivières non navigables, sont
des objets de si peu d'importance », que l'on n'a vu aucun
« intérêt à les disputer aux particuliers » [1], auxquels ils sont
en effet accordés (art. 561); l'alluvion et les relais qui se forment dans les rivières non navigables ni flottables sont attribués au riverain (art. 556, 557), « par des motifs d'utilité
publique » [2]; quand il s'agit du lit d'une rivière non navigable ni flottable, qui s'est créé un nouveau cours sur des
fonds voisins, la loi attribue à titre d'indemnité cet ancien
lit aux propriétaires des terrains nouvellement occupés (art.
563), « parce que l'équité milite surtout pour ceux que le
changement du cours du fleuve dépouille de leur propriété » [3].

Si cette dernière disposition surtout et ces motifs de la loi
ne suffisent pas pour prouver que le lit des petites rivières
est une dépendance du domaine public, tant qu'il repose sous
la masse d'eau, il prouve au moins que ce lit n'appartient
point au riverain : car, s'il était à lui, il y aurait iniquité à le
lui enlever pour le donner au voisin dont le fonds est usurpé
par le cours d'eau, il ne serait pas exact de dire que ce voisin
est dépouillé de sa propriété, l'attribution de l'ancien lit serait pour lui une libéralité pure et non une indemnité. Ce
qui achève de compléter cette preuve, c'est l'article 644
du Code civil, qui concède aux riverains des prises d'eau
limitées, c'est-à-dire une sorte de droit d'usage évidemment
exclusif du droit de propriété; c'est enfin le décret du 22 janvier 1808, articles 2 et 3, qui décide qu'il n'est dû aux riverains que l'indemnité des dommages qu'ils ont soufferts par
l'établissement du chemin de halage, lorsque le Gouverne-

---

[1] Locré, t. 8, II, 13, 14, titre *de la*
Propriété.

[2] *Ibid., ibid.*
[3] *Ibid.*, p. 129.

ment se saisit d'une petite rivière pour la rendre navigable ou flottable et l'incorporer ainsi au domaine public.

Il s'agit, en définitive, bien moins de constater si le lit placé sous les eaux est du domaine public national ou communal, que de savoir s'il appartient aux riverains, et nous ne comprenons plus le doute sur ce point, en présence des dispositions et des considérations que nous venons de rappeler : il est certain à nos yeux qu'il n'appartient pas aux riverains.

A qui appartient-il donc ?

Nous avons reconnu que le cours d'eau dépend du domaine public, suivant sa destination naturelle; et, comme il est de principe, dans notre droit tant ancien que moderne, que le lit suit toujours la condition du cours d'eau, il en résulte que ce lit dépend aussi du domaine public.

Il nous semble que cette solution, pour n'être point écrite textuellement dans la loi, n'en existe pas moins à l'état de droit positif, qu'elle est en tous cas entrée dans le domaine des faits, et qu'elle est acceptée par la jurisprudence et la majorité des auteurs [1]. Ainsi, un riverain n'a droit à aucune indemnité pour le lit, quand le terrain traversé par une rivière vient à être exproprié pour cause d'utilité publique, ni quand la rivière est déclarée navigable ou flottable [2]; le lit ne doit pas être compris dans l'arpentage des fonds traversés par une

---

[1] Proudhon, n°s 937 et suiv., *du Domaine public* ; Foucart, *Dr. adm.*, t. 2, n°s 477 et suiv.; Carou, *des Act. poss.*, n° 62; Douai, 18 déc. 1845, S., 1847.2. 11. — Mais il existe trois autres opinions. —La deuxième distingue entre le lit et le cours d'eau ; elle attribue la propriété du lit, le *tréfonds*, aux riverains, et elle professe que le cours d'eau n'est à personne (De Cormenin, t. 3, v° *Cours d'eau*, § 3, n° 36; Duranton, t. 5, n° 208).

Suivant la troisième opinion, au contraire, les riverains auraient tout à la fois la propriété du lit et du cours d'eau (Toullier et Duvergier, t. 3, n° 144 ; Daviel, t. 2, n°s 529 et suiv.; Chardon, *de l'Alluvion*, n° 45; Troplong, *de la Prescription*, t. 1, n° 145; Marcadé, *Droit civil français*, t. 2, art. 561; Pardessus, *des*

Servitudes, t. 1, n° 77 ; Hennequin, *Traité de Législation et de Jurisprudence suivant l'ordre du Code civil*, t. 1, p. 314; Cass., 7 déc. 1842, S., 1843.1.221; Amiens, 28 janv. 1843, S., 1846.1.436).

D'après la quatrième opinion, le lit et le cours d'eau sont des choses communes, qui n'appartiennent à personne, et dont l'usage est commun à tous (Merlin, *Questions de droit*, v° *Cours d'eau*, § 1, p. 728; Nadault de Buffon, *des Usines*, p. 25; Dalloz, *Répertoire de jurisprudence* (nouvelle édition), t. 19, v° *Eau*, n° 213; Demolombe, t. 10, n°s 135 et suiv.; Cass., 10 juin 1846, S., 1846.1.433; Paris, 24 août 1848, et Cass., 17 juin 1850, D., 1850.1.202.)

[2] Cass., 10 juin 1846, S., 1846.1. 433.

rivière [1]; le riverain ne peut empêcher d'autres individus de
passer en bateau sur une rivière qui borde ou traverse son
fonds [2].

Reste enfin la question de savoir à qui appartient le lit de
la rivière non navigable ni flottable, qui vient à se dessécher
sans couler ailleurs.

Selon nous, il entre dans le domaine privé de l'Etat, en
vertu des dispositions attributives que nous venons de rapporter; et nous déciderions encore de même, si nous consi-
dérions le lit desséché comme vacant un instant, puisque tous
les biens vacants reviennent à l'Etat (art. 539, 713), et qu'il
est de règle qu'en France nul immeuble n'est sans maître. V.
nº 511.

Il est quelquefois arrivé que l'Etat ait fait acte de propriété
en disposant du lit desséché, sans réclamation de la part des
riverains [3]. Mais on conçoit que le plus souvent ce terrain
ne pourra être de quelque utilité qu'aux riverains, et que la
concession leur en sera faite par l'Etat, à moins qu'il ne l'a-
bandonne à la commune.

473. Si, en divisant ses eaux sur un point pour les réunir plus bas, un fleuve ou une rivière navigable, flottable ou
non, vient couper et embrasser le champ voisin, et en fait
une île en se formant un bras nouveau, ce champ continuera
d'appartenir au même propriétaire (art. 562, Cod. Nap.).
V. nº 91.

474. Il peut aussi arriver qu'un « fleuve, ou une rivière
navigable, flottable ou non, se forme un nouveau cours en
abandonnant son ancien lit »; dans ce cas, « les propriétaires des fonds nouvellement occupés prennent à titre d'indemnité l'ancien lit abandonné, chacun dans la proportion
du terrain qui lui a été enlevé » (art. 563), sans égard à la

---

[1] Perrin, *Code de la Contiguité*, nº
917; Pardessus, t. 1, nº 305; Daviel, t. 2,
nº 540 *bis*.
[2] Proudhon, nº 1244; Toulouse, 6

juin 1832, S., 1832.2.411; Douai, 18 déc.
1845, S., 1845.2.11.
[3] Ordonnance royale, 24 mai 1826.
V. *Moniteur universel*, 1828, nº 160.

valeur de ce terrain, sauf à partager entre eux cet ancien lit, ou à le liciter, si le partage ne peut se faire commodément et sans perte (art. 815, 1686, Cod. Nap.), tandis qu'à Rome le lit desséché accroissait aux fonds riverains [1], ce qui était plus logique, mais moins équitable. V. n° 92. V. cependant aussi la note du n° 82.

475. Quelquefois enfin il arrive qu'un « fleuve ou une rivière, navigable ou non, enlève par une force subite une partie considérable et reconnaissable d'un champ riverain, et la porte vers un champ inférieur ou sur la rive opposée; » dans ce cas, « le propriétaire de la partie enlevée peut réclamer sa propriété », en formant sa demande dans l'année; après ce délai, il peut encore la réclamer tant que le propriétaire du fonds auquel elle est unie n'en a pas pris possession; puis il perd ce droit dès que celui-ci en prend réellement possession (art. 559), et aucune indemnité ne lui est due.

Mais notons bien que « l'article ne s'applique qu'à l'enlèvement de la superficie, et non au cas où le fonds même a été enlevé » [2], c'est-à-dire que le propriétaire de la partie déplacée n'a qu'une action mobilière contre le riverain au fonds duquel elle s'est unie, qu'il peut exercer cette action, pourvu qu'il ne lui cause aucun préjudice; en un mot, il a le droit de reprendre le dessus avec l'obligation de laisser le dessous [3].

A Rome, le morceau de terrain enlevé par un fleuve, et reconnaissable, continuait d'appartenir au même propriétaire, comme s'il n'y avait point eu déplacement. V. nos n°° 86, 87.

476. Dans le silence du Code sur le cas d'inondation totale ou partielle d'un fonds, il faut, sans hésiter, décider, avec le droit naturel et le droit romain, que ce fonds conti-

---

[1] V. Blakstone, *traduct. de l'anglais*, t. 3, p. 89.
[2] Paroles de M. Tronchet au Conseil d'Etat (Locré, t. 8, 11, 13, titre *de la Propriété*).

[3] Proudhon, n° 1283; Daviel, t. 1, n° 154; Ducaurroy, Bonnier et Roustain, t. 2, n° 119; Chardon, *de l'Alluvion*, ch. 2, n° 14; Demolombe, t. 10, n°° 104, 105.

nue d'appartenir au même propriétaire [1], n'importe qu'il
soit riverain d'un fleuve ou d'une rivière navigable, flottable
ou non. V. notre n° 93.

477. A l'égard des lacs et des étangs, le profit de l'alluvion n'a pas lieu pour le riverain, quelle que soit la baisse
des eaux : le propriétaire du lac ou de l'étang conserve toujours à lui son terrain dans tout l'espace « que l'eau couvre quand elle est à la hauteur de la décharge de l'étang, encore que le volume de cette eau vienne à diminuer. Réciproquement, le propriétaire de l'étang n'acquiert aucun droit
sur les terres riveraines que son eau vient à couvrir dans des
crues extraordinaires » (art. 558). V. *suprà*, notre n° 94.

478. Dans l'ordre du droit, on range les animaux en trois
classes : les uns tout à fait sauvages, *feræ bestiæ*, qui sont acquis au premier occupant ; — les autres tout à fait domestiques, *mansuetæ*, qui continuent d'appartenir au même maître
malgré leur éloignement ; — les troisièmes, placés entre l'état
sauvage et l'état domestique, *mansuefactæ*, qui sont des accessoires du fonds sur lequel ils vivent habituellement [2]. V.
n°ˢ 51, 52, 60-62, 515.

479. Conformément à ce principe, l'article 564 déclare
« que les pigeons, lapins, poissons, qui passent dans un autre colombier, garenne ou étang, appartiennent au propriétaire de ces objets » ; et cela, suivant nous, sans qu'il soit tenu
de payer une indemnité.

480. Cet article ajoute : « pourvu qu'ils n'y aient point
été attirés par fraude ou artifice » ; ce que nous interprétons
en ce sens que, dans le cas où la fraude et l'artifice émanent
du propriétaire du fonds sur lequel sont passés les animaux,
l'ancien maître en reste propriétaire et peut les revendiquer,
par dérogation au principe du droit naturel qui les attache au
fonds sur lequel ils vivent [3]. V. n° 64.

---

[1] Demolombe, t. 10, n° 174.
[2] Pothier, *de la Propriété*, n° 167 ;
Merlin, *Répertoire*, v° *Colombier*; Demolombe, t. 10, n°ˢ 177, 178.

[3] Faure, *Rapport au Tribunat*; Lo-
cré, t. 8, vii, 24, titre *de la Propriété*;
Comp. Demante, *Propr.*, t. 4, n° 567;
Hennequin, t. 4, p. 334; Taulier, t. 2, p.

Puis au cas de fraude, d'artifice ou de faute, l'auteur, quel qu'il soit, est toujours passible de dommages-intérêts pour le préjudice causé au propriétaire des animaux qui ont été ainsi attirés sur le fonds d'autrui (art. 1382 et suiv.); quelquefois même il peut être puni comme voleur (art. 379 et suiv., Cod. pén.).

481. Enfin, le propriétaire d'un essaim a le droit de le réclamer et de le reprendre tant qu'il le suit; mais aussitôt que la poursuite a cessé, l'essaim appartient au propriétaire du fonds sur lequel il s'est fixé (L. 28 sept.-6 oct. 1791, sect. 3, art. 5). V. nos n°s 57-59, 514.

SECTION II. — Du droit d'accession relativement aux choses mobilières.

482. A l'occasion du droit d'accession des choses mobilières, nous retrouvons dans la législation française la spécification, le mélange et l'adjonction, distinction tripartite que faisaient les jurisconsultes romains. V. *suprà*, nos n°s 110-127.

Nous savons que l'*adjonction* est l'union de deux objets appartenant à deux maîtres distincts, et qui, rapprochés par quelque côté de leur surface respective, conservent néanmoins leur nature, leur individualité, leurs signes distinctifs, de manière qu'ils sont séparables, par exemple, quand une pierre précieuse est enchâssée dans de l'or ou de l'argent, quand un diamant est attaché à la garde d'une épée. V. n° 118.

Le *mélange* est l'union purement matérielle de deux choses ayant deux maîtres différents, union tellement intime que ces deux choses ne forment plus qu'une seule masse, qu'il y a *confusion*, de manière que ces choses ne sont plus reconnaissables, qu'elles ne peuvent être séparées, excepté peut-

---

287; Chavot, *de la Propriété mobilière*, t. 2, n° 538; Demolombe, t. 10, n° 178. —*Contra*, Duranton, t. 4, n° 428; Marcadé, t. 2, art. 564; Ducaurroy, Bonnier et Roustain, t. 2, n° 429; Zachariæ, t. 1, p. 429; Ph. Dupin, *Encycl. du droit*, v° *Accession*, n° 27.

être quelquefois par l'effet d'une opération chimique ou physique, par exemple, quand deux sortes de vins ont été mêlées ensemble, quand un lingot d'argent a été fondu avec un lingot d'or, quand deux tas de blé ont été confondus. V. n°s 113, 114, 117.

La *spécification* est la création d'une chose de forme nouvelle au moyen du travail et de la main d'œuvre pratiqués par un artisan sur sa matière ou sur celle d'autrui, qui a perdu ainsi sa forme primitive, son individualité, son caractère et son existence, comme il arrive quand un orfévre transforme en vaisselle un lingot d'or ou d'argent. V. n°s 110, 111.

483. Nous avons vu que le droit d'accession mobilière a été le sujet de longues discussions entre les jurisconsultes romains, qu'elle fut le thème inépuisable d'une querelle d'école entre les Sabiniens et les Proculéiens, et que la lutte amena une transaction entre ces deux sectes. On pouvait croire que les principes sur cette matière étaient à jamais fermes et inébranlables, qu'à l'avenir tout examen, toute controverse sur ce point serait impossible et stérile. Cependant le législateur français a pensé autrement ; il n'a voulu suivre aucun système, adopter aucune règle absolue, il a consacré comme règle générale le grand principe de l'équité naturelle ; puis ayant prévu quelques cas particuliers, il a tracé certaines règles spéciales qui y sont applicables, en ajoutant que ces règles spéciales « serviront d'exemple au juge pour se déterminer, dans les cas non prévus, suivant les circonstances particulières (art. 565). » V. nos n°s 111-127.

484. De ces prémisses posées par le Code français ressortent deux conséquences : c'est que, dans les cas prévus, les règles spéciales sont impératives et obligatoires ; et que, dans les cas non prévus, les juges peuvent se déterminer en combinant ces mêmes règles spéciales avec les principes de l'équité naturelle [1].

---

[1] Duranton, t. 4, n° 431.

485. Spécialement pour l'*adjonction*, « lorsque deux choses appartenant à différents maîtres ont été unies de manière à former un tout », bien qu'elles soient [1] « séparables, en sorte que l'une puisse subsister sans l'autre, le tout appartient au maître de la chose qui forme la partie principale, à la charge de payer à l'autre la valeur de la chose qui a été unie (art. 566). » V. nᵒˢ 118, 125.

486. Quelle est donc la partie principale dans l'adjonction ?

Tout d'abord, est réputée partie « principale celle à laquelle l'autre n'a été unie que pour l'*usage*, l'*ornement* ou le *complément* de la première (art. 567) », sans considérer laquelle des deux est la plus précieuse. Ainsi, *à priori*, quand vous avez attaché à la garde de votre épée le diamant de Camille, l'épée est considérée comme partie principale, dont le diamant n'est qu'un *ornement*, un accessoire, et ce diamant vous est acquis par accession, quelque précieux qu'il soit [2] ; de même, quand vous avez fixé à votre coffret la serrure d'autrui, vous être propriétaire de cette serrure, qui sert à l'*usage* et est l'accessoire du coffret, partie principale ; enfin, le cadre d'autrui devient le *complément* et l'accessoire du tableau que vous y placez. Seulement, dans ces cas, vous devez indemniser le maître dépossédé, en lui payant la valeur de sa matière [3]. V. notre nᵒ 118.

487. Il en est ainsi quand la chose unie a été employée au su du maître. Mais lorsqu'elle « a été employée » à son « insu », il faut en considérer l'importance ; et si l'on reconnaît que « la chose unie est beaucoup plus précieuse que la chose principale », le maître « peut demander que la chose unie soit séparée pour lui être rendue, même quand il pourrait en résulter quelque dégradation de la chose à laquelle elle a été jointe (art. 568) », par exemple, dans le même cas où vous avez enrichi votre épée du diamant de Camille, si cette

---

[1] Duranton, t. 4, nᵒ 435; Demolombe, t. 10, nᵒ 191.

[2] Demolombe, t. 10, nᵒˢ 186, 188.
[3] Duranton, t. 4, nᵒ 437.

adjonction a eu lieu à l'insu de celui-ci, et que le diamant soit beaucoup plus précieux que votre épée, Camille peut faire détacher son diamant et le reprendre [1]. V. n°s 119, 126.

488. Par conséquent, dans tous les cas d'adjonction de deux choses appartenant à deux maîtres différents, pour savoir à qui appartient le nouvel objet, il faut avant tout s'assurer laquelle des deux choses forme la partie principale, puis rechercher immédiatement si l'autre y a été unie au su ou à l'insu du maître. S'il est positif que l'union a été faite à sa connaissance, tout l'objet appartient et reste au maître de la chose principale, n'importe le prix de la chose accessoire. Si au contraire il est positif que cette union a eu lieu à l'insu du maître de la chose accessoire, il faut comparer le prix des deux choses, et quand celle unie est reconnue beaucoup plus précieuse que l'autre, le maître est libre de la faire détacher et de la reprendre, sans pour cela devenir propriétaire de l'autre chose considérée comme principale.

489. Mais, « si de deux choses unies pour former un seul tout, l'une ne peut point être regardée comme l'accessoire de l'autre, celle-là est réputée principale qui est la plus considérable en valeur, ou en volume si les valeurs sont à peu près égales (art. 569). » Et dans ce cas, tout l'objet appartient au maître de la chose principale, sans qu'il soit besoin de rechercher si l'adjonction a eu lieu au su ou à l'insu du maître de la chose accessoire.

490. Pour ce qui est du *mélange*, lorsqu'une chose a été formée par la fusion de plusieurs matières appartenant à différents maîtres, et que ces matières sont néanmoins séparables, en sorte que l'une puisse subsister sans l'autre, le tout appartient au maître de la matière qui forme la partie principale, à la charge de payer à l'autre la valeur de la matière accessoire (art. 566, 573 [2]). C'est ce qui arrive quand un lingot d'or a été fondu avec un léger alliage d'argent. V. n°s 113, 125.

---

[1] Durantou, t. 4, n° 439.   [2] Demante, *Programme*, t. 1, n° 576.

491. Mais si, les matières étant séparables, aucune d'elles ne peut être regardée comme principale, par exemple dans le cas de mélange d'huile avec du vin, le maître à l'insu duquel ce mélange a été fait peut en demander la division ; tandis que, si les matières ne peuvent plus être séparées sans inconvénient, ainsi dans le mélange de deux vins différents, les anciens maîtres acquièrent en commun la propriété du nouvel objet à proportion de la quantité, de la qualité et de la valeur des matières qui leur appartenaient (art. 573). V. nᵒˢ 113, 114.

492. Dans le cas où l'une des matières mélangées ne peut être regardée comme principale, si néanmoins l'une d'elles est de beaucoup supérieure à l'autre ou à chacune des autres par la quantité et le prix, le maître de cette matière supérieure peut réclamer comme sienne la chose formée du mélange, en payant à l'autre la valeur de sa matière (art. 574); par exemple, quand un lingot d'argent a été fondu avec un lingot d'or, celui-ci l'emporte sur le premier à cause de son prix.

493. Parlons de la *spécification*, c'est-à-dire de l'alliance de l'intelligence et de la main-d'œuvre avec la matière. Lorsqu'un artisan ou un autre individu a employé la matière d'autrui à former pour lui-même une chose d'une nouvelle espèce, n'importe que la matière puisse ou non reprendre sa première forme, celui qui en était le maître a le droit de réclamer la chose nouvelle, en remboursant le prix de la main-d'œuvre (art. 570). V. nᵒˢ 12, 110, 111, 478.

494. Telle est la règle générale qui fait prévaloir la matière sur la main-d'œuvre et le travail. Mais cette règle (trop conforme à l'ancien système des Sabiniens) reçoit une modification remarquable (qui rentre dans le système des Proculéiens): si la main-d'œuvre est tellement importante qu'elle surpasse de beaucoup la valeur de la matière employée, l'industrie prévaut, elle est alors réputée partie principale, et l'ouvrier a le droit de retenir la chose travaillée, en payant le prix de cette matière (art. 571), ou de la réclamer si elle est en d'autres mains que les siennes. V. nᵒ 111.

495. Dans les deux cas de spécification qui précèdent, il n'y a pas, à vrai dire, comme dans l'adjonction et le mélange, réunion de deux choses mobilières matérielles appartenant à deux maîtres distincts, il y a alliance de l'industrie de l'artisan avec la matière mobilière d'autrui ; c'est entre cette industrie et cette matière, maintenant métamorphosée, que le débat s'élève ; et pour trancher la question par le principe de l'accession, il a fallu que le législateur français considérât l'industrie comme un être abstrait, qui est partie principale ou partie accessoire de la chose nouvelle suivant l'importance relative du travail et de la matière employée.

496. Mais la spécification peut être le résultat de l'union de deux choses mobilières appartenant à deux maîtres différents ; en d'autres termes, une personne peut avoir employé en partie la matière qui lui appartenait et en partie celle qui ne lui appartenait pas à former une chose d'une espèce nouvelle, sans que l'une ni l'autre des deux matières soit entièrement détruite, mais de manière qu'elles ne puissent pas se séparer sans inconvénient. Dans cette hypothèse, il peut se présenter trois cas distincts, trois solutions différentes [1]. V. notre n° 121.

Si la main-d'œuvre, seule ou réunie à la matière de l'artisan, surpasse de beaucoup la valeur de l'autre matière employée, l'industrie est réputée la partie principale, et l'ouvrier a le droit de retenir la chose confectionnée, en remboursant à l'autre le prix de sa matière, par application de l'article 572 combiné avec l'article 571. Tel est exactement, à notre avis, le cas où quelqu'un a peint ou écrit sur la matière d'autrui ; nul doute, aujourd'hui, que la peinture et le manuscrit appartiennent au peintre [2] ou à l'écrivain [3], à la charge de payer

---

[1] Demolombe, t. 10, n° 201.

[2] Duranton, t. 4, n° 438. — Mais les peintures sur mur, plafond ou vitraux accèdent à l'immeuble, à la charge de payer à l'artiste le prix du travail dans la mesure de la plus-value que son immeuble a reçue (Duranton, t. 4, n° 438).—V. notre n° 124.

[3] Hennequin, t. 1, p. 357 ; Demolombe, t. 10, n° 195 ; Voët. 26 ad tit. *de Adq. rer. dom.*, Dig.—En sens inverse, à Rome, le manuscrit appartenait au maître du parchemin (V. notre n° 121).

le prix de la toile ou du parchemin. V. n°ˢ 121, 122, 123, 125.

Si, au contraire, la matière d'autrui est, par sa quantité ou sa qualité, beaucoup supérieure à la main-d'œuvre et à la matière de l'ouvrier, le propriétaire de cette matière supérieure peut réclamer comme sien l'objet nouvellement confectionné, en remboursant à l'ouvrier le prix de sa matière et de son travail, par argument de l'article 574.

Si enfin l'on ne peut regarder comme chose principale ni la main-d'œuvre, ni la matière d'autrui, ni celle de l'ouvrier, ou bien, les matières étant séparables sans inconvénient, le maître à l'insu duquel les matières ont été réunies peut en demander la séparation et reprendre la sienne, ou bien elles ne sont pas séparables, et alors la chose confectionnée « est commune aux deux propriétaires en raison, quant à l'une, de la matière qui lui appartenait, quant à l'autre, en raison à la fois et de la matière qui lui appartenait et du prix de sa main-d'œuvre (art. 572). »

497. Il est évident que les dispositions précédentes, c'est-à-dire les règles de l'accession mobilière, ne sont applicables qu'aux cas où il n'y a pas eu accord entre les personnes intéressées ; car si cet accord a existé, la convention expresse ou tacite fait la loi des parties (art. 1134) ; c'est alors d'après leur volonté commune que doivent se régler les conséquences de l'adjonction, du mélange ou de la spécification. Nous estimons que la chose nouvelle est également commune quand l'union ou la transformation résultent du hasard, sans que les matières diverses soient séparables, car si elles l'étaient, chaque maître reprendrait la sienne. V. n°ˢ 112, 114.

498. Du reste, toutes les fois que la chose nouvelle appartient en commun aux différents maîtres des matières unies ou transformées, elle doit être licitée entre eux (art. 575), avec admission d'étrangers (art. 1687), à moins que le partage puisse en être opéré (art. 815, 1686).

499. Dans tous les cas où il y a lieu de lui rembourser la valeur de sa matière ou du prix de sa main-d'œuvre, le **posses-**

seur de bonne ou mauvaise foi de l'objet nouveau a, selon nous, le droit de le retenir jusqu'au paiement réel. V. nᵒˢ 123, 125, 460.

500. Puis, dans tous les cas où le maître dont la matière a été employée à son insu à former une chose nouvelle, peut réclamer la propriété de cette chose, il a le choix de demander la restitution de sa matière en mêmes nature, quantité, poids, mesure et bonté, ou bien sa valeur (art. 576), n'importe qu'il s'agisse de la spécification, du mélange ou de l'adjonction [1].

501. En outre, celui qui a employé la matière d'autrui à l'insu de celui-ci peut encore être condamné à des dommages-intérêts pour le préjudice qu'il lui a causé (art. 577, Cod. Nap.), indépendamment des peines correctionnelles ou criminelles dont il a pu se rendre passible (art. 379 et suiv., Cod. pén. [2]).

502. Terminons sur ce point en constatant ici que le thème de l'accession mobilière, si important à Rome où la revendication des meubles était admise comme règle générale, a bien perdu de son importance en France où la revendication mobilière n'est qu'exceptionnelle, d'après la maxime « en fait de meubles la possession vaut titre », écrite dans l'article **2279**, de telle sorte que la question d'acquisition par accession ne peut guère s'élever aujourd'hui que dans les cas de perte, de vol ou de possession de mauvaise foi de la matière unie ou transformée (art. 2279, 2280). V. nᵒ 510.

Et notons bien qu'en consacrant ainsi la disposition qui repousse en principe la revendication des meubles, le législateur moderne a voulu prévenir les nombreuses difficultés qui de tout temps se sont élevées sur ce sujet ; non-seulement cette disposition tutélaire sert à repousser ou du moins à atté-

---

[1] Demolombe, t. 10, nᵒ 207.
[2] L'article 577 du Cod. Nap. parle de poursuites par voie *extraordinaire*, en se référant ainsi à une distinction de notre ancienne jurisprudence sur le droit crimi-nel, entre la procédure ordinaire et la procédure extraordinaire ; mais cette distinction n'existe plus dans notre législation actuelle.

nuer les critiques qu'on essaierait d'élever contre la théorie du Code en matière d'accession mobilière, mais encore elle nous dispense de faire ici le parallèle de cette théorie avec celle du droit romain. Nous sommes d'ailleurs convaincu qu'il y aura toujours plus à attendre de la droiture et des lumières de la magistrature que des doctrines juridiques, dans cette matière où les faits occupent la principale place.

LIVRE TROISIÈME.

DES DIFFÉRENTES MANIÈRES DONT ON ACQUIERT LA PROPRIÉTÉ.

Dispositions générales.

503. Voyons maintenant quels rapports existent, en France, entre les biens et les personnes ; voyons de quelle manière s'établissent et se transmettent les droits dont les biens sont susceptibles.

Notons avant tout que la rubrique du troisième livre du Code civil est incomplète [1], car, en la prenant à la lettre, les dispositions renfermées dans ce livre s'appliqueraient uniquement à la propriété, au *dominium*, tandis qu'elles ne sont pas moins applicables, avec quelques modifications [2], aux démembrements de la propriété, à l'usufruit, à l'usage, à l'habitation et aux servitudes réelles, disons même aux droits personnels de créance et d'obligation.

En France, comme à Rome, *acquérir*, c'est devenir propriétaire, et *aliéner*, c'est rendre un autre propriétaire à sa place [3], c'est transmettre sa chose à autrui : tel est le sens technique et précis de ces deux expressions corrélatives. Mais dans un sens plus large, acquérir et aliéner comprennent même les créances [4]. V. nos nos 50, 70.

Acquérir n'est pas synonyme d'*acheter*, pas plus qu'*aliéner*

---

[1] On sait que les rubriques du Code civil n'ont été ni discutées ni votées législativement.

[2] Demante, *Programme*, t. 3, n° 1 *bis.*

[3] Demolombe, t. 13, n° 4.

[4] Demante, t. 3, n° 1 *bis :* Zachariæ, t. 1, p. 391 (notes de MM. Aubry et Rau).

n'est synonyme de *vendre*. Vendre et acheter, c'est contracter, c'est faire le contrat de vente et d'achat, qui engendre toujours immédiatement et directement deux actions personnelles et corrélatives au profit des deux contractants l'un contre l'autre, mais qui ne produit pas toujours la transmission de la chose du vendeur à l'acheteur [1]. V. n° 509.

504. Qui dit *aliéner* dit *acquérir*, mais qui dit *acquérir* ne dit pas toujours *aliéner* [2]. Cette différence rappelle la distinction qui existe entre les modes d'acquisition originaires ou primitifs et les modes d'acquisition dérivés ou secondaires [3]. V. notre n° 50.

Il n'y a qu'un moyen originaire d'acquérir, c'est l'occupation, dans laquelle vient se confondre l'invention : tous les autres moyens sont secondaires [4]. V. n° 50.

On divise encore les modes d'acquisition de la propriété et de ses démembrements en moyens du droit naturel et moyens du droit civil [5], moyens à titre gratuit et moyens à titre onéreux [6], moyens à titre universel et moyens à titre particulier [7]. V. n° 50.

Il n'y a que l'occupation et la tradition qui soient du droit naturel ; tous les autres modes appartiennent au droit civil. V. n°s 50, 202.

Les moyens à titre gratuit sont ceux par lesquels on acquiert sans donner l'équivalent : ce sont l'occupation, l'accession, la donation entre-vifs, la donation testamentaire, la prescription, la succession, la loi. Tous les autres moyens sont à titre onéreux, parce qu'on y acquiert en donnant un équivalent en échange : ce sont l'échange proprement dit, la vente, la dation en paiement, l'apport en mariage, la mise en société (art. 127, 546, 711, 712, 713, 715, 716, Cod. Nap.).

---

[1] Demolombe, t. 13, n° 4.

[2] *Ibid.*

[3] Demolombe, t. 13, n° 6.

[4] *Ibid.*

[5] Proudhon, *de la Propriété*, t. 1, n° 334 ; Marcadé, sur l'article 711, n° 3 ; Troplong, *de la Vente*, t. 1, n° 2.

[6] Demolombe, t. 13, n° 7.

[7] Demolombe, t. 13, n° 8.

Les modes d'acquisition *per universitatem* sont ceux qui embrassent l'universalité ou une partie aliquote de l'universalité du patrimoine d'une personne [1], tous ses biens meubles ou tous ses biens immeubles, une partie aliquote de tous ses biens meubles ou de tous ses biens immeubles. Il n'y a de moyens *per universitatem* que les successions régulières ou irrégulières, les donations entre-vifs et les donations testamentaires qui portent sur l'universalité ou sur une partie aliquote des biens meubles ou des biens immeubles du disposant [2] ; tous les autres moyens sont à titre particulier, parce qu'ils s'appliquent à un ou à plusieurs objets déterminés considérés isolément et en quelque sorte individuellement, par exemple, l'échange, le legs particulier, la vente même d'une succession ouverte (art. 711, 1696, Cod. Nap. [3]).

505. Telles sont en substance les règles générales et traditionnelles sur les manières d'acquérir la propriété avec ses démembrements ; et, bien que le Code Napoléon ne fasse point un exposé textuel de ces règles, il en suppose néanmoins l'existence, et il s'y réfère dans la plupart de ses dispositions sur cette matière (art. 711-717).

L'article 711 pose, en effet, en principe que « la propriété des biens s'acquiert et se transmet par succession, par donation entre-vifs ou testamentaire, et par l'effet des obligations. » Et l'article 712 ajoute que « la propriété s'acquiert aussi par accession ou incorporation et par prescription. »

506. Ces deux articles nous offrent donc six modes d'acquisition, qui sont :

La succession ;
La donation entre-vifs ;
La donation testamentaire ;
Les obligations (ou plutôt les conventions) ;
L'accession ou l'incorporation ;
La prescription.

---

[1] Demolombe, t. 13, n° 8.
[2] *Ibid.*
[3] *Ibid.*

En ajoutant à cette énumération ,

L'occupation,

La tradition (ou plutôt la détermination),

Et la loi,

Nous trouvons au résumé qu'il existe en France neuf manières différentes d'acquérir la propriété et ses démembrements [1].

Pour compléter cette nomenclature, nous devons ajouter que, à la différence de ce qui avait lieu à Rome, le juge n'a le pouvoir de transférer la propriété ou ses démembrements dans aucune circonstance, ni dans les instances ordinaires, ni dans les partages, ni dans le bornage. En effet, il est de principe que les jugements sont déclaratifs et non attributifs de droits. Particulièrement dans l'action en bornage, la mission du juge est de reconnaître et de constater les limites entre deux immeubles (art. 646, Cod. civ.; 6, § 2, L. 25 mai 1838), sans pouvoir prendre sur l'un pour attribuer à l'autre, et *vice versâ*. De même, le partage est toujours déclaratif et non attributif de propriété; son effet rétroagit au jour où l'indivision a commencé, quelle que soit la cause de cette indivision ; en un mot, chaque copartageant est censé avoir succédé seul et immédiatement à tous les biens compris dans son lot (art. 883, 1476, Cod. civ.); puis les effets de la licitation sont les mêmes que ceux du partage (art. 1686-1688).

507. Nous n'avons à traiter ici, ni des successions, ni des donations entre-vifs, ni des donations testamentaires, qui font l'objet chacune d'un titre spécial (art. 718-892, 893-1100).

Nous ne reviendrons pas non plus sur l'accession ou l'incorporation, dont les principes sont développés plus haut. V. nos nos 449, 502.

Et nous connaissons déjà plusieurs exemples d'acquisi-

---

[1] M. Demolombe, dans son tome 13, n° 12, n'en énumère que huit, en comptant pour un seul mode les donations entre-vifs et les testaments. V. nos nos 50, 202.

tion par la loi : c'est ainsi qu'elle attribue à l'envoyé en possession provisoire tout ou partie des fruits des biens de l'absent (art. 127), à l'héritier putatif les fruits par lui perçus de bonne foi (art. 138), au possesseur de bonne foi d'une chose individuelle les fruits qu'il a perçus (art. 549), à l'Etat les îles et îlots qui se forment dans le lit d'un fleuve et d'une rivière navigable ou flottable (art. 560), aux propriétaires des fonds nouvellement occupés le lit desséché d'un fleuve ou d'une rivière (art. 563). V. nᵒˢ 453, 469, 474.

508. Dans quels cas la propriété est-elle transmise par « l'effet des obligations », conformément au texte de l'article 711 ?

Cette disposition ne saurait être bien comprise sans quelques développements.

Quand je vous vends, quand je vous donne en paiement, ou quand j'échange avec vous un meuble corporel déterminé, par exemple mon fusil de chasse, vous en devenez propriétaire par la force du contrat même, par l'effet de notre consentement mutuel, « encore que la tradition n'en ait point été faite » (art. 1101, 1134, 1138, 1583, 1595, 1702, 1707); et c'est en ce sens que l'on peut dire que la propriété vous est transmise par l'effet de l'obligation, bien qu'il fût plus exact de dire ici par l'effet de la convention. V. nᵒ 503.

De même, quand je vous fais don entre-vifs de ma bibliothèque ou bien de ma terre de Normandie, du moment où la donation est parfaite par votre acceptation régulièrement connue de moi, la propriété vous est transférée, « sans qu'il soit besoin d'autre tradition », dit l'article 938. Mais pour ce qui concerne en particulier ma terre de Normandie, bien que la propriété vous en soit transmise à mon regard par le seul fait de la régularité de la donation, cette transmission de propriété n'est opposable aux tiers qu'à partir du jour de la transcription qui en a été faite au bureau des hypothèques de la situation de l'immeuble donné (art. 939 et suivants). V. nᵒ 503.

Entre nous deux la propriété vous est également transmise

par cela seul que je vous vends ou que j'échange avec vous
ma terre de Bourgogne, avant même que je vous en aie fait
tradition ; et sous l'empire de nos Codes, la transcription hypothécaire de l'acte à titre onéreux n'avait aucune influence
sur la mutation de la propriété immobilière ou de ses démembrements (art. 1583, 1595, 1702, 1707, 2181, Cod.
Nap., 834, 835, Pr. civ.); mais la loi du 23 mars 1855,
art. 1 à 6, exige maintenant que les actes à titre onéreux
soient transcrits pour être opposables aux tiers, à l'instar de
ce qui a toujours existé pour les donations entre-vifs d'immeubles sous le Code civil. V. notre n° 509.

C'est ainsi que la propriété des biens s'acquiert et se transmet « par l'effet des obligations », car je me suis obligé à
vous faire avoir la propriété de la chose donnée ou vendue,
et c'est l'effet instantané de mon obligation qui vous la procure; en d'autres termes, vous devenez propriétaire par l'accord de nos deux volontés, *solo consensu*, sans qu'il soit besoin
que je vous livre cette chose, et cela contrairement à la disposition du droit romain, qui exigeait dans tous les cas la
tradition, c'est-à-dire la remise de la possession de la chose
vendue, pour que la propriété fût acquise à l'acheteur.
V. nos n°s 19, 156, 166, 236.

Mais, puisque la transmission de la propriété d'un objet déterminé est attachée à la régularité de la convention, il est
évident que cette propriété ne serait pas transmise si le contrat était nul pour une cause quelconque, par exemple si l'un
des contractants avait entendu vendre et l'autre échanger
(art. 1131, 1583, 1702, Cod. Nap.). V. notre n° 154.

509. On dit ordinairement que la tradition transfère la
propriété lorsque, vous ayant promis à titre de vente, de
dation en paiement, d'échange, de donation, une chose in-
déterminée, telle qu'une pièce de terre ou un cheval *in genere*,
ou bien lorsque, vous ayant promis à titre de prêt une chose
fongible dans notre intention, telle qu'une pièce d'or de cent
francs, je vous livre une chose de cette espèce en exécution
de notre convention; il est vrai que vous devenez ainsi pro-

priétaire de la pièce de terre, de la pièce d'or ou du cheval, mais il faut remarquer que c'est moins la délivrance de cette chose qui vous en rend propriétaire que sa détermination individuelle, car il suffirait assurément, pour vous en attribuer la propriété, de déterminer quel cheval je vous ai vendu, quelle pièce d'or je vous ai prêtée, quand bien même je continuerais à posséder (art. 1585, Cod. Nap.). V. n°s 19, 156-166, 236, 508.

Ce résultat répond encore à « l'effet des obligations » indiqué dans l'article 711 comme mode transmissif et acquisitif, c'est-à-dire à l'effet médiat et éloigné, car vous étiez *acheteur* et pas encore *acquéreur*, je m'étais obligé à vous faire avoir la propriété d'un cheval quelconque, d'une pièce d'or, et c'est l'exécution de mon obligation qui vous l'a effectivement procurée, qui vous a rendu acquéreur [1]. V. notre n° 503.

Jusqu'ici nous n'avons pas vu le mot français *tradition* pris dans le sens positif que le mot *traditio* avait à Rome, comme un moyen direct et efficace de transmettre la propriété. C'est qu'en réalité la tradition physique, *de manu ad manum*, comme disaient les anciens jurisconsultes, n'est pas nécessaire en France pour transférer la propriété ; elle n'est jamais à vrai dire un mode d'aliénation, ou bien alors elle se confond avec la détermination individuelle de la chose. La loi française, en effet, parle rarement de la *tradition* ; quand elle prononce le mot à l'occasion d'un contrat, c'est pour dire que la tradition n'est pas nécessaire à la transmission de la propriété (art. 1138, 1583). Nos lois emploient fréquemment le mot *livrer* ou *délivrer* (art. 1582, 1583, 1585) ; le Code civil renferme même un titre « *De la délivrance* », en traitant des obligations du vendeur, et il est incontestable que cette expression y est prise dans le sens de remise matérielle de la chose, de la tradition simple, mais non de la tradition transmissive et acquisitive, puisqu'il est de règle en France que la propriété passe du ven-

---

[1] Duranton, t. 4, n° 256, t. 6, n° 9.

deur à l'acheteur par cela seul que la chose et le prix sont
déterminés : aussi la « tradition réelle » mentionnée dans
l'article 1606 n'est-elle pas, suivant nous, la tradition transmissive proprement dite, lors même qu'elle se confond avec
la détermination d'un objet vendu *in genere.* V. nᵒˢ 19, 23,
50, 151, 152-156, 215-218.

A nos yeux, la tradition qui se rapproche le plus de la tradition acquisitive est celle qui a lieu dans le cas de don manuel d'un meuble [1].

On peut encore trouver quelques caractères de la tradition
acquisitive, lorsque le possesseur, non propriétaire, d'un
meuble corporel qui n'a été ni volé ni perdu, livre ce meuble
à un tiers qui le reçoit de bonne foi, à titre d'achat, de paiement, d'échange ou de donation, car il semble que ce soit le
fait de cette livraison qui rende le tiers propriétaire du meuble;
mais nous allons voir que, dans ce cas, il y a plutôt prescription instantanée, et même plutôt une fin de non-recevoir
contre le vrai propriétaire qu'une acquisition proprement
dite (art. 2279, 2280, Cod. civ.). V. notre nᵒ 510.

510. Pour ce qui concerne la propriété avec ses démem-
ments, la prescription est un moyen d'acquérir par un certain
laps de temps et sous les conditions déterminées par la loi
(art. 2119). V. notre nᵒ 220.

En principe, ce moyen s'applique à toute espèce de biens
constituant un droit de propriété privée ou un droit analogue
à la propriété privée, aux meubles comme aux immeubles, aux
choses corporelles comme aux choses incorporelles, aux constructions, aux terrains, à l'usufruit, à l'usage, à l'habitation,
à l'emphytéose, au droit de superficie, aux servitudes réelles
qui sont tout à la fois continues et apparentes, même à une
hérédité ouverte. De telle sorte que les seules choses non
susceptibles d'être acquises par prescription sont les servitudes
réelles qui ne réunissent pas le double caractère de conti-

[1] V. Demolombe, t. 13, nᵒ 16.

nuité et d'apparence [1], et aussi les droits personnels de créance et d'obligation [2] ; mais ces droits personnels et ces sortes de servitudes une fois établis peuvent s'éteindre par une prescription particulière, dont le délai est généralement de trente ans (art. 137, 690, 691, 706, 707, 2219, 2262. V. aussi l'art. 1240).

En règle générale, le délai de la prescription acquisitive est, tant pour les meubles que pour les immeubles, de trente années, qui commencent à courir du jour de la prise de possession ; et l'une des plus notables parmi les conditions légales, c'est que cette possession soit continue et non interrompue, paisible, publique, non équivoque et à titre de propriétaire (art. 2229, 2231, 2262).

Par exception, celui qui de bonne foi et en vertu d'un juste titre reçoit la possession acquisitive d'un immeuble, en prescrit la propriété par dix ans, si le véritable propriétaire est domicilié dans le ressort de la Cour impériale dans l'étendue de laquelle l'immeuble est situé, et par vingt ans s'il est domicilié hors de ce ressort. « Si le véritable propriétaire a eu son domicile, en différents temps, dans le ressort et hors du ressort, il faut, pour compléter la prescription, ajouter à ce qui manque aux dix ans de présence un nombre d'années d'absence double de celui qui manque pour compléter les dix années de présence » (art. 2265, 2266).

Puis « en fait de meubles la possession vaut titre », c'est-à-dire que celui qui de bonne foi a pris possession à titre de propriétaire d'un objet mobilier corporel non volé ni perdu, ou qui a reçu de bonne foi cette possession à titre d'achat, de paiement, d'échange ou de donation, celui-là peut repousser toute revendication ; en un mot, d'après la présomption légale, il est propriétaire, il est devenu propriétaire de ce

---

[1] Dalloz, *Répertoire de jurisprudence*, nouv. édit., v° *Prescript. civ.*, n° 209.
[2] V. *id.*, n° 210 ; Troplong, *de la Pre-* scription, n° 179 ; Merlin, *Répertoire*, v° *Rente viagère*, n° 17. V. aussi Pothier, *du Contrat de constitut. de rente*, n° 259.

meuble par une sorte de prescription instantanée (art. 2279, 2280). V. notre n° 509.

Mais ce mode d'acquisition ne s'applique pas aux meubles incorporels, tels que l'usufruit d'un objet mobilier, une créance, une rente [1].

541. A prendre à la lettre l'article 713 du Code civil, « les biens qui n'ont pas de maître appartiendraient à l'État » ; par conséquent il n'y aurait pas de *res nullius* en France ; et la même conséquence ressortirait de l'article 539 ; mais ces dispositions ne peuvent être appliquées sainement sans une distinction. Ainsi, lors de la discussion du projet du Code civil, M. Siméon, membre du Tribunat, prononça un discours sur les différentes manières d'acquérir la propriété ; et passant en revue tous les modes d'acquisition connus jusqu'a-lors, il s'éleva contre la simple occupation comme moyen d'acquisition des immeubles : « L'occupation, sans autre titre, d'un immeuble, ne sera donc pas un moyen de l'acquérir, dit cet orateur [2]. Quant aux choses mobilières, quoique par leur nature elles soient, même dans l'ordre social, suscepti-bles de l'occupation et de la *détention continuelle*, la société a dû régler aussi la manière dont on les acquerrait. C'est pour cela que l'occupation proprement et simplement dite n'est pas mentionnée même à leur égard. L'état social ne permet pas que la chasse, la pêche, les trésors, les effets que la mer rejette, les choses perdues soient, comme dans l'état de nature, au premier occupant. L'usage des facultés natu-relles, les faveurs du hasard et l'avantage de la primauté ne doivent pas être en contradiction avec une propriété préexis-tante et mieux fondée en droit [3]. »

---

[1] Dalloz, *Répertoire de jurisprudence,* nouv. édit., vᵒ *Prescript. civ.,* n° 277 ; Marcadé, sur l'art. 2279, n° 4 ; Troplong de la *Prescript.,* n° 1065 ; Grün, D. P. 36.1.257 ; Gilbert, *Code civil annoté,* sur l'art. 2279, n° 21 ; Bruxelles, 4 juin 1833, aff. d'Assur. marit.; cass. rej., 4 mai 1836, aff. Dreux ; 11 mars 1839, aff. Reculor *c.* Rebattu ; 14 août 1840, aff. Laqueille;

Douai, 28 juin, 1843, aff. Fremaux; Gre-noble, 15 avr. 1845, D. P., 46.2.208; Cass. 7 fév. 1849, D. P., 49.1.41. — *Con-trà,* Devilleneuve, t. 36.1.363 ; Rodière, *Revue de législation,* t. 6, p. 467.

[2] V. Locré, t. 10, xi, 2, titre *des Successions.*

[3] Locré, t. 10, xi, 4, titre *des Suc-cessions.*

En s'appuyant sur ce discours, qui met en relief l'esprit et l'intention du législateur, on s'accorde aujourd'hui à déférer au domaine privé de l'État tous les immeubles qui sont sans maître. De même la doctrine et la jurisprudence sont d'accord pour attribuer à l'État les universalités de meubles ; n'importe que ces biens proviennent de succession ou qu'ils aient été abandonnés [1]. De manière que les meubles individuels restés sans maître deviennent seuls *res nullius*, et sont seuls susceptibles d'être acquis au premier occupant, de même que les *res communes*, ainsi que nous allons l'expliquer.

D'où ressort cette règle, qu'il n'y a en France nul immeuble sans maître.

512. Suivant l'article **714**, « il est des choses qui n'appartiennent à personne, et dont l'usage est commun à tous... Des lois de police règlent la manière d'en jouir. »

Cette disposition concerne les *res communes*, c'est-à-dire les choses dont l'usage est commun à tout le monde, et que leur nature empêche d'être assujetties à la propriété privée.

Les choses communes, proprement dites, sont l'air, l'eau courante, la mer [2]. V. nᵒˢ **31, 41.**

C'est réellement l'usage de ces choses qui est commun à tous ; « et des lois de police règlent la manière d'en jouir », dit notre article [3].

Leur nature empêche de les acquérir en masse ; mais elles peuvent l'être par fragments ; par exemple, l'eau que je puise dans ma main est à moi, j'en deviens propriétaire par l'occupation. Tel est le mode que les anciens auteurs appelaient occupation *simple* [4].

Bien que le rivage de la mer soit rangé par le Code parmi les biens du domaine public de l'État (art. 538), il faut reconnaître qu'il participe du caractère des choses commu-

---

(1) Duranton, t. 4, nᵒ 269; Demolombe, t. 9, nᵒ 458 *bis*, t. 13, nᵒ 17 *ter*.

(2) V. Basnage, *des Fiefs et droits féodaux*, t. 1, p. 297. — Des auteurs ran-

gent aussi la lumière dans les choses communes (Demolombe, t. 13, nᵒ 21).

(3) Demolombe, t. 13, nᵒ 21.

(4) *Ibid., ibid.;* Pothier, *Traité du droit de domaine de propriété*, nᵒ 84.

18.

nes à cause de la mer : seulement, il ne peut être acquis à titre de propriété privée, ni en bloc ni par fragments. V. n° 31.

A côté de ces choses communes proprement dites, que la nature offre à l'usage du genre humain tout entier, il y a des choses qui sont sans maître, ou parce qu'elles n'ont encore appartenu à personne, comme les bêtes sauvages, les oiseaux, les poissons, les coquillages, les insectes, ou parce que le maître les a délaissées n'en voulant plus.

Ces choses, dites *res nullius*, de même que toutes les choses individuelles qui jouissent de la liberté naturelle, sont toutes susceptibles de propriété privée et acquises au premier occupant. V. n° 41.

C'est donc, encore une fois, que notre législation reconnaît l'occupation comme moyen d'acquérir la propriété. « Les biens, disait M. Portalis, conseiller d'Etat [1], réputés communs avant l'occupation, ne sont, à parler avec exactitude, que des biens vacants. Après l'occupation ils deviennent propres à celui ou à ceux qui les occupent. La nécessité constitue un véritable droit : or, c'est la nécessité même, c'est-à-dire la plus impérieuse de toutes les lois, qui nous commande l'usage de toutes ces choses sans lesquelles il nous serait impossible de subsister. Mais le droit d'acquérir ces choses et d'en user ne serait-il pas entièrement nul sans l'*appropriation*, qui seule peut la rendre utile, en le liant à la certitude de conserver ce que l'on acquiert [2] ? »

Nous allons d'ailleurs voir, avec quelques développements, que le Code civil a consacré l'occupation comme moyen d'acquérir la propriété par la chasse, la pêche, l'invention. Puis nous parlerons de l'acquisition du butin par la guerre [3].

513. La loi du 11 août-3 novembre 1789 proclame que « tout propriétaire a le droit de détruire et de faire détruire,

---

[1] Exposé de motifs au Corps législatif sur le titre *de la Propriété* (Locré , t. 8, vi, 3, même titre). —V. aussi le discours de M. Siméon, membre du Tribunat, dont nous avons rapporté un fragment dans notre n° 511.
[2] Demolombe, t. 13, n° 18.
[3] Demolombe, t. 13, n° 20.

seulement sur ses possessions, toute espèce de gibier, sauf à se conformer aux lois de police qui pourront être faites relativement à la sûreté publique. »

Et la loi du 28-30 avril 1790 défendait « à toutes personnes de chasser, en quelque temps et de quelque manière que ce soit, sur le terrain d'autrui sans son consentement. »

Telle était en principe la législation sur le droit de chasse dans les propriétés privées lors de la promulgation du Code civil ; et cette législation a été consacrée par l'article 715, qui rappelle que « la faculté de chasser est... réglée par des lois particulières. »

Puis la police de la chasse est aujourd'hui régie spécialement par la loi du 3 mai 1844, qui, en abolissant ou plutôt en confirmant sous ce rapport la loi du 28-30 avril 1790, a commencé par décréter que « nul n'aura la faculté de chasser sur la propriété d'autrui sans le consentement du propriétaire ou de ses ayants droit. »

Cette loi fait en outre défense de chasser, sauf quelques cas exceptionnels, si la chasse n'est pas ouverte, si l'on n'a pas obtenu un permis de l'autorité compétente.

514. D'après ces diverses dispositions législatives combinées avec le droit commun, la chasse n'est un moyen d'acquérir que les animaux tout à fait sauvages, *feræ bestiæ* [1], qui vivent en état de liberté naturelle, *in laxitate naturali* [2].

Le chasseur acquiert ainsi non-seulement les animaux qu'il tue ou prend sur ses possessions, mais même tous ceux qu'il prend ou tue sur les possessions d'autrui [3], car le propriétaire d'un terrain ne l'est pas des bêtes sauvages qui s'y reposent ou s'y sont fixées, et la défense de chasser sur le terrain d'autrui sans son consentement n'a pas d'autre sanction que d'autoriser celui-ci à réclamer des dommages-intérêts contre

---

[1] Demolombe, n° 23.
[2] Pothier, *du Droit de domaine de propriété*, n°* 21 et 24.
[3] Demolombe, n° 23.

le chasseur délinquant, et de l'exposer à une condamnation pénale. V. nᵒˢ 51-56.

Aux yeux du droit, à quel moment le chasseur devient-il maître de la pièce de gibier ?

C'est au moment où l'occupation s'accomplit ; ce qui a lieu lorsque l'animal est dans ses mains, mort ou vif, lorsqu'il est saisi par son chien, en un mot lorsqu'il est au pouvoir du chasseur ; autrement l'animal est encore *in libertate naturali*, et, à part la question de convenance, chacun peut le poursuivre et s'en emparer [1]. V. nᵒˢ 55, 56.

Une fois que l'occupation s'est réalisée par la prise de possession jointe à l'intention, le droit de propriété privée qui en est la conséquence dure autant que l'occupation [2]. V. nᵒˢ 13, 14, 53.

Le maître conserve donc cette propriété tant qu'il continue de posséder la chose, et même tant qu'il la suit dans sa fuite [3].

Spécialement, suivant la loi du 28 septembre-6 octobre 1791, tit. I, sect. III, art. 5, le maître d'un essaim a le droit de le réclamer et de le reprendre tant qu'il le suit ; mais aussitôt que la poursuite a cessé, l'essaim appartient au propriétaire du fonds sur lequel il s'est fixé ; et cette dernière disposition est remarquable, puisque, selon le droit naturel, l'essaim redeviendrait *res nullius*, susceptible d'être acquis au premier occupant, ainsi que le décidait la loi romaine. V. nᵒˢ 57, 59, 481.

Du reste on n'acquiert point par la chasse les animaux qui, sauvages par nature, sont apprivoisés, *mansuefactæ*, pas plus que les animaux domestiques privés, *mansuetæ* [4]. V. nos nᵒˢ 60, 477.

---

[1] Puffendorf (liv. IV, chap. VI, nᵒ 10) est d'avis que chacun peut prendre l'animal poursuivi par un chasseur, tant qu'il n'est pas blessé ou ne l'est que légèrement. Barbeyrac (cité par Pothier, dans son *Traité du droit de domaine de propriété*, nᵒ 26) pense que personne n'a le droit de poursuivre ni de prendre l'animal blessé ou non, qui est poursuivi par autrui. Pothier n'émet pas son opinion sur la question.

[2] Demolombe, t. 13, nᵒ 19.

[3] Demolombe, nᵒ 26.

[4] Dalloz, *Répertoire de jurisprudence*,

Et le propriétaire d'un colombier ou d'une garenne l'étant aussi des pigeons ou des lapins, ce serait s'exposer aux peines du vol que de tuer sciemment et de prendre ces animaux [1]. Celui qui tuerait les pigeons ou les lapins d'autrui sans se les approprier encourrait une amende, conformément à l'article **479** 1° du Code pénal [2]. Mais on ne serait passible d'aucune peine ni de dommages-intérêts en tuant sur sa propriété des lapins ou des pigeons qui y commettent des dégâts [3].

On agite ordinairement la question de savoir si le droit de chasse appartient à l'usufruitier, à l'usager, à l'emphytéote, à l'antichrésiste et au fermier du fonds.

A ne consulter que les règles du droit naturel sur la propriété, il semblerait que la chasse est un bénéfice exclusivement attaché au *dominium*, et que ce bénéfice, à moins de convention contraire, n'appartient ni à l'usufruitier ni aux autres concessionnaires de la jouissance, d'abord, parce que l'usufruit et l'usage n'existent pas dans le pur droit naturel, ensuite parce que les bêtes sauvages ne sont point des produits du fonds, et que le fait de chasse ne paraît point rentrer dans l'exercice du droit d'usage; en un mot, le droit de chasse sur un fonds déterminé semblerait inséparable de la propriété [4].

Cependant les jurisconsultes romains, que cette question délicate avait occupés, paraissent s'être accordés pour la résoudre en faveur de l'usufruitier. Ainsi, Cassius, au rapport d'Ulpien, attribue à l'usufruitier les produits de la chasse et de la pêche [5]; Paul décide de même [6]; et Tryphoninus, approuvant cette décision, reconnaît qu'en s'emparant d'un sanglier ou d'un cerf, l'usufruitier, loin de prendre une chose propre au nu propriétaire, la fait sienne comme fruit d'après le droit civil ou le droit des gens [7]. V. n° **311**.

---

v° *Chasse*, n° 15; Rouen, 14 fév. 1845, S. 45.2.236; Rennes, 29 oct. 1847, S. 47. 2.225.
[1] Cass., 20 sept. 1823, aff. Lamboy.
[2] Dalloz, n° 196.
[3] Dalloz, *id.*

[4] V. Merlin, *Répertoire*, v° *Chasse*; Proudhon, *de la Propriété*, t. 1, n° 387; Duranton, t. 4, n° 292.
[5] L. 9, § 5, *de Usufr.*
[6] Paul., 3, sent. 6, § 22.
[7] « *Usufructuarium venari in salti-*

Malgré l'autorité des jurisconsultes romains et notre respect pour leurs opinions, nous n'apercevons pas bien comment les bêtes sauvages, les cerfs, les sangliers, les oiseaux, sont des fruits, car nous ne connaissions jusqu'alors de fruits d'un fonds que ses produits. Nous adoptons néanmoins leur décision; nous comprenons qu'elle a été dictée *utilitatis causâ;* nous admettons que le droit de chasse appartienne à celui qui, ayant le droit de recueillir les fruits d'une terre, ses récoltes, a seul intérêt à s'opposer à leur destruction et à tout ce qui peut leur nuire, soit en prenant lui-même le gibier, soit en empêchant autrui de vaguer dans ses champs. Nous pensons que cette considération n'était pas étrangère à la décision des jurisconsultes romains, car nous les voyons répéter fréquemment que le nu propriétaire et l'usager ne doivent rien faire qui entrave la jouissance de l'usufruitier [1]. Nous sommes d'ailleurs porté à croire que le droit de chasse tient au droit d'usage qui dépend de l'usufruit, et que le fait de chasse par l'usufruitier rentre dans l'exercice de son droit d'usage. V. notre n° 384.

Quoi qu'il en soit, nous n'hésitons pas à reconnaître qu'en France l'usufruitier a le droit de chasse attaché à son droit d'usufruit, et à l'exclusion du nu propriétaire, en vertu des dispositions du Code civil (art. 578 et suiv.), auxquelles n'a point dérogé la loi du 3 mai 1844 [2], actuellement en vigueur, sur la police de la chasse [3].

De même, à notre sentiment, le droit de chasse appartient

---

bus vel montibus possessionis probe dicitur : nec aprum, aut cervum quem ceperit, proprium domini capit; sed fructus aut jure (civili) aut gentium suos facit » (L. 62, pr., *de Usufr.*).

[1] *Passim,* Dig.

[2] Lors de la discussion de cette loi, un député souleva notre question et insista pour qu'elle fût tranchée par une disposition législative expresse. On ne fit point droit à sa proposition; on laissa subsister un sujet de controverse, qui me-nace de diviser longtemps les auteurs et les tribunaux.

[3] Duvergier, *Collect. complète des lois et décrets,* etc., notes sur l'art. 1ᵉʳ de la loi du 3 mai 1844; Merlin, *Répertoire,* vᵒ *Chasse;* Toullier, t. 4, n° 515; Troplong, *du Louage,* n° 38; Dalloz, *Répertoire de jurispr.,* nouv. édit., vᵒ *Chasse,* n° 57.— Le droit de chasse du chef de l'Etat dans les forêts dépendant de la Liste civile repose évidemment sur le principe de l'usufruit et de l'usage.

à l'emphytéote, à l'exclusion de celui qui a le domaine direct [1]. V. notre n° 412 et la note.

Nous reconnaissons aussi ce droit à l'usager, non pas à l'exclusion du propriétaire ou de l'usufruitier des terres, mais dans la mesure de ses besoins et de ceux de sa famille (art. 631, Cod. Nap. [2]). V. n°s 384-387.

Nous l'accordons également, à moins de convention contraire, au créancier antichrésiste, lequel a le droit « de percevoir les fruits de l'immeuble » (art. 2085 [3]). V. les notes du n° 412.

Le fermier est sans contredit celui qui a le plus d'intérêt à la destruction des animaux sauvages qui séjournent dans ses grains et ses récoltes : aussi la loi du 28-30 avril 1790 permettait-elle, en tout temps, « même au *fermier*, de détruire le gibier dans ses récoltes non closes, en se servant de filets ou autres engins qui ne puissent pas nuire aux fruits de la terre, comme aussi de repousser avec des armes à feu les bêtes fauves qui se répandraient dans lesdites récoltes » ; et la nouvelle loi du 3 mai 1844 autorise les préfets des départements à prendre des arrêtés pour déterminer « les espèces d'animaux malfaisants ou nuisibles, que le propriétaire, possesseur ou *fermier*, pourra en tout temps détruire sur ses terres. » Mais c'est là une faculté exceptionnelle, comme le montre l'ensemble de ces deux lois, surtout celle de 1844, qui pose en principe que « le propriétaire ou possesseur peut chasser ou faire chasser », et qui répète les mots *propriétaire* ou *possesseur*, sans parler du fermier, excepté à l'occasion des animaux nuisibles ; ce qui est pour nous la preuve qu'en principe le législateur a dénié le droit de chasse au fermier [4].

---

[1] Duvergier, *ibid.*; Dalloz, *ibid.*

[2] V. Gillon et Villepin, *Nouveau Code de la chasse*, p. 53.— *Contrà*, Dalloz, n° 61.—L'article 14 de la loi du 28-30 avril 1790, était ainsi conçu : « Pourra également tout propriétaire ou possesseur, autre qu'un simple *usager*, dans les temps prohibés par ledit article 1er, chasser ou faire chasser, sans chiens courants, dans les bois et forêts.

[3] *Contrà*, Gillon et Villepin, p. 45.— V. Championnière, *Manuel du chasseur*, p. 163.

[4] Chardou, *le Droit de chasse français*, p. 129 ; Gasparin, *Guide des Pro-*

Enfin, tous ceux qui ont le droit de chasse peuvent, selon nous, l'affermer ou sous-affermer toutes les fois qu'ils en ont la faculté pour la jouissance même de la terre.

515. « La faculté de... pêcher est réglée par des lois particulières », dit l'article 715 du Code civil.

En fait et en droit on distingue la pêche maritime de la pêche fluviale.

D'après l'ordonnance de 1681, sur la marine, liv. v, tit. 1, art. 1ᵉʳ, qui régit encore cette matière, la pêche maritime est libre, en ce sens que toute personne peut pêcher dans la mer sans permission spéciale [1]; mais elle est soumise à de nombreux règlements de police, qui déterminent les saisons et même les heures pendant lesquelles la pêche est interdite, les procédés, les engins et les instruments prohibés, pour empêcher la destruction du frai et favoriser la reproduction du poisson [2].

Quant à la pêche fluviale, elle est réglementée par la loi du 15 avril 1829 et par celle du 6 juin 1840.

516. En principe, le poisson est acquis par l'occupation à quiconque l'a pêché en vertu de son propre droit ou avec la permission de celui qui a le droit de pêche, soit dans la mer, soit dans les fleuves et rivières, navigables ou flottables, ruisseaux ou cours d'eau quelconques.

Bien plus, on acquiert par l'occupation le poisson que l'on pêche dans les fleuves et rivières navigables ou flottables, canaux, ruisseaux ou cours d'eau, sans la permission de celui à qui le droit de pêche appartient [3]; mais alors il y a lieu à

---

priétaires de biens ruraux, p. 388; Vaudoré, Droit rural, t. 2, n° 342; Philippe Dupin, Journal des conseillers municipaux, 2ᵉ année, p. 1. — Contrà, Merlin, Répertoire, v° Chasse; Toullier, t. 4, n° 19; Favard de Langlade, Répertoire, v° Chasse, n° 15; Loiseau et Vergé, Code de la chasse, p. 17; Berriat-Saint-Prix, Législation de la chasse, p. 133; aussi contre, Dalloz, n° 49; Paris, 19 mars 1812; Angers, 14 août 1826, aff. Monty; Gre-

noble, 19 mars 1846, D. P., 46.2.184.

[1] Pothier, Traité du droit de domaine de propriété, n° 51.

[2] Déclarat. du Roi, 23 avr., 2 sept., 24 déc. 1726, 18 mars 1727; ordonn., 13 mai 1818.—V. Merlin, Répertoire, v° Pêche.

[3] Proudhon, de la Propriété, t. 1, n° 368. — Contrà, Demolombe, t. 13, n° 29.

la restitution du *prix* du poisson pêché en délit, indépendamment des condamnations pénales et des dommages-intérêts qui peuvent être prononcés ; de même que l'on devient propriétaire par l'occupation du poisson que l'on pêche en mer par contravention aux règlements.

C'est l'occupation, en effet, qui nous rend propriétaire du poisson pêché dans ces divers lieux, parce qu'avant la pêche ce poisson était sans maître, vivait en état de liberté naturelle, *in laxitate naturali*.

Mais, comme le propriétaire d'un étang, d'un lac ou d'un vivier, l'est aussi du poisson qui y est enfermé, on commettrait un vol en prenant ce poisson sans la permission du propriétaire (art. 564, Cod. Nap.) [1]. V. notre n° **478**.

517. Indépendamment de la chasse et de la pêche, qui sont des espèces d'occupation presque toujours applicables à des choses animées, il y a l'invention, autre espèce d'occupation, qui s'applique le plus souvent à des choses inanimées.

On acquiert par l'invention toutes les fois que l'on trouve une chose sans maître et qu'on la recueille avec l'intention de l'avoir à soi [2].

Nous acquérons donc par ce moyen quand nous trouvons et que nous recueillons une chose qui n'a jamais appartenu à personne, ou une chose qui a été abandonnée par son maître. V. n°s 67, 167, 168.

Mais on ne peut acquérir par ce moyen que des meubles corporels individuels ; car nous avons vu que tous immeubles vacants ou délaissés par le maître, de même que les universalités de meubles, deviennent immédiatement la propriété de l'État. V. notre n° 511.

L'invention, comme tous les moyens qui entrent dans l'occupation, ne pouvant s'accomplir que par le concours de la prise de possession et de l'intention d'avoir à soi la chose

---

[1] Demolombe, n° 30.
[2] Le mot *invention* dérive de *invenire*, trouver.

trouvée, il est clair que cette chose devient la propriété de celui qui s'en empare le premier [1].

Les choses sur lesquelles s'exerce l'invention sont particulièrement les productions des plages maritimes et les épaves de mer. Les droits sur ces objets sont réglés par des lois spéciales (art. 717, Cod. civ.).

Les productions des plages maritimes, qu'on appelle aussi *choses du cru de la mer*, sont les plantes et herbages qui croissent sur ses rivages. Leur acquisition par l'invention est encore réglementée aujourd'hui par l'ordonnance de 1681, *sur la marine*, et par des arrêtés de l'autorité, avec une distinction suivant l'espèce de ces productions, le lieu et les circonstances dans lesquelles on les trouve [2].

Ainsi l'ambre, le corail, les poissons à lard, et autres semblables qui n'auraient appartenu à personne, demeurent entièrement à ceux qui les ont tirés du fond de la mer ou pêchés sur les flots, suivant l'article 29, titre IX, liv. IV, de l'ordonnance de 1681 ; mais quand ils sont trouvés sur les grèves, l'inventeur n'en a que le tiers, et les deux autres tiers, qui étaient partagés entre le roi et l'amiral suivant la même ordonnance, reviennent aujourd'hui à l'État, en vertu des articles 539 et 713 du Code Napoléon, combinés ensemble [3].

Pour ce qui est des plantes marines qui sont connues alternativement sous les noms de *varech*, *vraicq*, *sar*, ou *gouesmon*, et que l'on trouve particulièrement sur les côtes de Bretagne et de Normandie, il faut également faire une distinction : quand ces plantes ont été jetées par les eaux sur les grèves, ou bien quand elles croissent sur des îles ou sur des rochers déserts en pleine mer, elles sont acquises au premier qui les recueille, d'après l'article 5, tit. X, liv. IV, de l'ordonnance de 1681, et l'article 3, § 4, tit. III de la déclaration royale du 30 mai 1731 ; quand, au contraire, le varech croît sur les

---

[1] Pothier, *du Droit de domaine de propriété*, n° 63.

[2] Demolombe, t. 13, n° 57.
[3] *Ibid.*

rochers de la côte, le droit de le couper et de le cueillir n'est accordé qu'aux habitants des communes dans le territoire desquelles poussent ces herbes, pour les indemniser de l'incommodité et du préjudice que leur cause le voisinage de la mer, et ce droit est réglementé par l'article 3, tit. x, de l'ordonnance de 1681, la déclaration du 30 mai 1731, et une autre déclaration du 30 octobre 1772, enfin par l'arrêté des Consuls du 18 thermidor an x [1].

A côté des choses abandonnées par leur maître, *res pro derelicto habitæ*, qui sont acquises au premier occupant [2], il y a les choses perdues, égarées, qui ne sont pas encore *res nullius* et qui, en principe, ne s'acquièrent point par l'invention [3]. V. n° 169.

En terme générique, on apppelle *épaves*, ou choses *gayves*, toutes les choses perdues ou égarées, c'est-à-dire les choses dont le maître est inconnu. Cette dénomination vient de *expavescere*, mot qui ne s'appliquait anciennement qu'aux animaux dispersés par la frayeur et qui avaient échappé à la surveillance de leur maître [4]. La législation sur cette matière se compose de règlements particuliers auxquels notre Code civil renvoie; mais il faut avouer que ces règlements offrent peu d'harmonie dans leurs dispositions.

Au premier rang se placent les épaves maritimes ou objets naufragés, qui ne sont point choses du cru de la mer. C'est encore l'ordonnance de 1681, *sur la marine*, qui les régit en principe. A cet égard, on distingue entre les épaves tirées du fond de la mer ou trouvées sur les flots et celles échouées sur les grèves ou rivages.

Quant aux épaves tirées du fond de la mer ou trouvées sur les flots, quelques-unes appartiennent en entier à celui qui les a pêchées, par exemple, les ancres lorsqu'elles ne sont pas

---

[1] Merlin, *Répertoire*, v° *Varech ;* Cass., 17 juill. 1839, S.. 39.1.718 ; Cass., 8 nov. 1845, S., 45.1.814.

[2] Demolombe t. 13, n°s 59, 60 ; Proudhon, *de la Propriété*, t. 1, n° 364.

[3] Duranton, t. 4, 318.

[4] Ferrières, *Dictionnaire de droit*, v° *Epaves ;* Pothier, *Traité du droit de domaine de propr.*, n° 82 ; Merlin, *Répertoire*, v° *Gayves ;* Domat, liv. I, tit. vi.

réclamées par le propriétaire dans les deux mois de la déclaration qui doit en être faite. Néanmoins, ces objets continuent d'appartenir en entier à ce propriétaire primitif, si, ayant été forcé de les abandonner, il a laissé une marque flottante pour indiquer l'endroit où ils se trouvent (art. 2, tit. viii, et art. 28, tit. ix, liv. iv, ordonn. de 1681).

Pour ce qui concerne les autres effets naufragés ou jetés à la mer en vue d'alléger le navire dans une tempête, qu'ils soient trouvés sur les flots ou tirés du fond de la mer, la personne qui les trouve ou les pêche doit les mettre en sûreté et en faire la déclaration au plus tard dans les vingt-quatre heures; puis ces objets doivent être proclamés dans les ports et villes maritimes les plus proches, à la diligence du ministère public. Le tiers de ces effets doit être immédiatement et sans frais délivré en espèces ou deniers à ceux qui les ont trouvés ou pêchés; les deux autres tiers restent en dépôt, pour être rendus au propriétaire qui viendrait réclamer dans l'an et jour de la proclamation; mais aucune réclamation n'est admise après ce délai, et alors la propriété en est acquise au domaine de l'Etat, sous la déduction des frais de justice (art. 19, 21, 24 et 27, tit. ix, liv. iv). V. notre nº 169.

Lorsqu'il s'agit d'effets sauvés au moment ou à la suite d'un naufrage auquel on travaille actuellement, ceux qui les ont sauvés ne peuvent réclamer que les frais de sauvetage; et si le propriétaire ne réclame pas dans l'an et jour, c'est le domaine de l'Etat qui profite de la totalité, suivant les dispositions de l'ordonnance du 10 janvier 1770 [1].

Spécialement, l'argent, les bijoux et autres choses de prix trouvés sur un cadavre noyé, appartiennent un tiers à l'inventeur et deux tiers au domaine de l'Etat, si les parties intéressées ne réclament pas dans l'an et jour (art. 36, tit. ix, liv. iv, ordonn. de 1681).

Enfin, suivant la loi du 9 août 1791, c'est le juge de paix

---

[1] Favard de Langlade, *Répertoire*, vº *Naufrage* ou *Propriété*.

de la localité qui est chargé de veiller à la conservation des effets provenant d'échouement, bris ou naufrage, et de faire vendre sans délai les objets non susceptibles d'être conservés; puis, s'il ne se présente point de réclamation dans le mois, il doit procéder, en présence du chef des classes le plus prochain, à la vente des marchandises les plus périssables, et à même les deniers en provenant payer les salaires des ouvriers, suivant la taxe qui en aura été faite provisoirement et sans frais (art. 3 et 6, tit. 1er, art. 1er, tit. v, liv. iv, ordonn. de 1681).

C'est également l'ordonnance *sur la marine* qui régit le sort des épaves des fleuves et rivières navigables ou flottables. Toutes les fois que quelques effets sont trouvés dans un de ces cours d'eau, il en doit être dressé par les gardes forestiers ou gardes-pêche un procès-verbal, dont lecture est faite à l'audience du tribunal civil de première instance de l'arrondissement, et l'on procède de même à l'égard des effets que l'eau dépose sur ses rives; puis, si ces épaves ne sont pas réclamées dans le mois de cette lecture, elles sont vendues au profit du domaine de l'Etat, et le prix en est versé dans la caisse du receveur, pour être délivré, s'il y a lieu, à celui qui en fera la réclamation dans le mois de la vente (art. 3, tit. 1er, et art. 16, tit. xxxi, liv. iv).

Les épaves des cours d'eau non navigables ni flottables et les épaves de terre sont soumises à des règlements à peu près uniformes. Ainsi l'on vend au profit du domaine de l'Etat les effets trouvés dans une rivière ordinaire et les effets abandonnés dans les greffes criminels ou civils, dans les conciergeries, dans les messageries; cependant les propriétaires peuvent encore former leur réclamation dans l'année de la vente, plus tard ils ne sont plus admis (L., 11 germ. an iv). Puis celui qui trouve dans la rue ou ailleurs une chose perdue, doit la déposer entre les mains de l'autorité, qui la fait vendre immédiatement quand il y a urgence, sinon plus tard. Si le propriétaire se fait connaître dans les trois années, on lui remet la chose en nature ou le prix de la vente; sinon la remise en est faite à l'inventeur [1]. Du reste, si celui qui trouve un objet ne fait pas de démarches pour en découvrir le propriétaire ou pour le déposer à l'autorité, il s'expose à des poursuites judiciaires [2] ; dans tous les cas, il serait tenu de restituer le prix ou la chose au véritable propriétaire qui viendrait réclamer dans les trente années du jour où l'objet a été trouvé [3].

548. Le trésor est aussi une épave d'un caractère particulier. Il appartient, d'après l'article 716 du Code civil, à celui qui le trouve dans son propre fonds ; et s'il est trouvé dans le fonds d'autrui, il se partage par moitié à l'inventeur et moitié au propriétaire du fonds. V. nᵒˢ 147, 149.

Mais qu'est-ce qu'un trésor ?

Suivant la définition qu'en donne l'article 716, « le trésor est toute chose cachée ou enfouie, sur laquelle personne ne peut justifier sa propriété, et qui est découverte par le pur effet du hasard. » V. nᵒ 151.

Ainsi, excepté à l'égard du propriétaire du fonds, pour qu'il y ait trésor proprement dit, trésor aux yeux de la loi, le concours de trois conditions est indispensable ; il faut :

1° Que la chose ait été cachée ou enfouie ;

2° Qu'elle soit découverte par le pur effet du hasard [4] ;

3° Que personne ne puisse justifier sa propriété sur cette chose.

Peu importe qu'elle soit cachée et découverte dans un fonds immobilier ou dans un meuble, dans l'intérieur d'un terrain ou dans un mur ; c'est un trésor dès que cette chose est trouvée par l'effet du hasard et que personne ne prouve en être propriétaire [5].

---

[1] V. la décision du ministre des finances, du 3 août 1825, qui est rapportée tout au long dans l'ouvrage de notre savant professeur M. Duranton, t. 4, nᵒ 327.

[2] A Paris, le dépôt se fait dans un bureau spécial de la Préfecture de police ; ailleurs on doit le faire au greffe de la justice de paix ou dans le bureau du commissariat de police.

[3] Duranton, t. 4, nᵒ 330.

[4] Duranton, t. 4, nᵒ 340 ; Aubry et Rau, sur Zachariæ, t. 2, nᵒ 418 ; Demolombe, t. 13, nᵒ 34 ; Massé et Vergé, t. 2, nᵒ 101.

[5] Autrefois en France le trésor trouvé

Il n'importe pas davantage que le dépôt dans le fonds ou dans le meuble soit ancien ou récent [1], si ce n'est que la circonstance de nouveauté du dépôt pourrait être un indice de perte ou d'oubli de la chose, pourrait mettre sur la trace du propriétaire [2].

C'est d'ailleurs toute chose qui a quelque prix au point de vue des arts ou de l'histoire, quelque valeur matérielle, morale ou intellectuelle. V. n° 151.

Encore bien que le Code attribue la totalité ou la moitié du trésor au propriétaire du fonds en cette seule qualité de propriétaire, *tanquam dominus soli*, ou bien « *tanquam jure accessionis* » d'après l'expression d'Heineccius [3], il n'en est pas moins certain que le trésor n'est ni un produit ni une partie du fonds ; c'est toujours un meuble, *res nullius,* que la fortune offre au propriétaire de ce fonds qui le trouvera en le cherchant comme en ne le cherchant pas, et à quiconque le découvrira sans le chercher.

De là il résulte que la communauté conjugale ou bien la société d'acquêts s'enrichit du trésor qui est découvert pendant sa durée sur le fonds propre à l'un des époux, qu'elle prend ce trésor entier quand il est trouvé par cet époux lui-même [4], et seulement moitié quand il est découvert par autrui (art. 1401 1°, 1581 [5]).

---

par art magique appartenait en entier au roi ou au seigneur haut justicier (Ferrières, *Dictionnaire de droit et de pratique,* v° *Trésor,* n° 1 ; Rousseau de La Combe, *Jurisprudence civile,* p. 243). V. notre n° 147.

[1] La L. 31, § 1, *de Adq. rer. dom.,* Dig., définit le trésor « VETUS quædam depositio pecuniæ, cujus NON EXTAT MEMORIA... » V. la note de notre n° 146.

[2] V. Pothier *Traité du dr. de dom. de propr.,* n° 66.

[3] *Elem. jur.,* n° 351.

[4] Bugnet, sur Pothier, t. 7, p. 93, note 2 ; Merlin, *Répertoire,* v° *Communauté de biens;* Pont et Rodière, *du Contrat de mariage,* t. 1, n° 367 ; Demolombe, t. 13, n° 44. — *Contra,* Taulier,

t. 12, n°s 129 et suiv.; Marcadé, art. 716, n° 2 ; Battur, *de la Communauté,* t. 1, n° 161 ; Bellot des Minières, *Contrat de mariage,* t. 1, p. 151 ; Taulier, t. 5, p. 53 ; Delvincourt, t. 3, p. 10, note 1; Demante, Thémis, t. 8, p. 184 ; Zachariæ, t. 3, p. 413 (Aubry et Rau).—M. Duranton, t. 4, n° 209, ne fait entrer dans la communauté que la moitié du trésor qu'il considère comme advenue à l'époux par droit d'invention.

[5] Bugnet, *ibid.;* Merlin, *ibid.;* Pont et Rodière, *ibid.;* Demolombe, t. 13, n° 44; Odier, *Traité du Contrat de mariage,* t. 1, n° 86 ; Mourlon, *Répétitions écrites sur le Code civil,* t. 2, p. 17; Troplong, *du Contrat de mariage,* t. 1, n° 417. — V. aussi Duplessis, *Traité de la Communauté,* chap. 2, 3°; Lebrun, *Traité de la*

19

A plus forte raison la moitié dévolue à l'inventeur profite-
t-elle à la communauté ou à la société d'acquêts qui existe
entre lui et son conjoint.

Et comme c'est au propriétaire du fonds que le Code attribue *jure soli* tout ou partie du trésor, il en résulte que nul
autre possesseur de ce fonds n'acquiert en cette qualité de
droit sur le trésor.

Par conséquent ce droit n'appartient pas :

A l'usufruitier (art. 598, Cod. civ. [1]) ;

A l'usager [2] ni à l'habitant ;

A l'emphytéote [3] ;

A celui qui a un droit de superficie ;

A celui qui a acquis le droit de démolir ou de faire des
extractions [4],

Ni au possesseur de bonne foi.

Mais si ces individus ont découvert eux-mêmes le trésor, ils
en prennent la moitié en qualité d'inventeurs, conformément
au droit commun.

Quant à l'ouvrier, maçon ou autre qui travaille sur un
fonds, soit comme entrepreneur, soit comme préposé par un
patron, il a personnellement droit acquis à la moitié du trésor
qu'il découvre par le pur effet du hasard ; pour ne pas y avoir
droit, il faudrait qu'il eût été chargé de faire des fouilles en
vue de découvrir ce trésor, qui alors reviendrait tout entier
au propriétaire du fonds [5].

519. Les publicistes et les docteurs considèrent encore le
butin fait à la guerre, *præda bellica*, comme une acquisition
par le moyen de l'occupation, soit que ce butin appartienne
au domaine de l'Etat seul, soit que le soldat en ait sa part.

Communauté, liv. Iᵉʳ, chap. v, sect. 2, dist. 2, n° 22.—*Contra*, Demante, *ibid.*; Delvincourt, *ibid.* ; Zachariæ, *ibid.* ; Duranton, *ibid.*; Marcadé, art. 716, n° 1; Glandaz, *Encyclopédie du Droit*, vᵒ *Communauté conjugale*, n° 47.

(1) Demolombe, t. 13, n° 47.

(2) Proudhon, *des Droits d'usage*, t. 1, n° 147.

(3) Proudhon, n° 380 ; Duranton, t. 4, n° 314.

(4) Demolombe, t. 13, n° 48.

(5) Duranton, t. 4, n°ˢ 315, 316.

D'après le sentiment de Puffendorf [1], l'état de guerre rompt entre les parties belligérantes tous les droits qui doivent être observés durant la paix et anéantit dès lors les principes sur lesquels repose la propriété, en sorte que l'on n'est tenu de respecter la propriété de l'ennemi qu'autant que l'humanité le conseille. Ce n'est pas que l'ennemi cesse d'être maître de sa chose, mais, par rapport à nous, c'est comme s'il ne l'était plus; tellement que ses biens sont à notre égard comme des biens vacants et sans maître, dont nous pouvons nous emparer par droit de première occupation. V n° 65.

520. L'action résolutoire est devenue en quelque sorte l'un des principes de notre législation civile, soit dans les conventions, soit dans la transmission de la propriété ou de ses démembrements. On peut faire une vente ou un échange sous une condition résolutoire ou même sous une condition suspensive; on peut également convenir que la propriété de la chose vendue ne sera transférée qu'à une époque plus éloignée. Tant que cette époque n'est pas arrivée, tant que l'événement de la condition ne s'est pas accompli, *non committitur stipulatio*, la convention est en suspens, la propriété est dans une position éventuelle : on ne saurait bien affirmer de quel côté elle réside ; mais cet événement venant à se réaliser ou à défaillir, la propriété reprend une assiette fixe (art. 1181-1188, 1654-1656, 1659-1673, 1702-1704). V. notre numéro 21.

521. La propriété nous échappe, en général, par des moyens opposés à ceux qui nous la procurent. V. notre numéro 239.

Elle se perd pour le maître actuel, ou bien en passant à autrui, ou bien sans passer à autrui. Elle se perd en passant à un autre par la vente, l'échange, la donation, le legs, la dation en paiement, l'apport en mariage, la mise en société, l'accession, la prescription, la loi, quelquefois le prêt, et en général par l'effet des obligations ou des contrats, qui se confond avec la détermination ou la tradition.

---

[1] *De Jure natur. et gent.*, lib. IV, cap. 6, § 14.

On la perd sans qu'elle passe à un autre, par l'anéantissement ou la transformation de la chose, par l'abandon que fait le propriétaire, et par toute cause qui met une chose hors du domaine privé en la rendant *res nullius*, *res communis*, *res publica*.

Nous perdons enfin la propriété ou ses démembrements par la résolution de tout acte ou contrat qui nous l'avait procurée (art. 1183, 1184, 1610, 1654, 1656, 1659–1673, Cod. civ.).

522. Rappelons en terminant qu'à Rome les titres de propriétés communs restaient dans les mains du plus âgé de la famille : « *semper seniorem juniori... præferemus*, » dit le jurisconsulte Ulpien [1], en parlant du dépôt des tablettes d'un testament ; belle maxime, qui est encore dans l'esprit de nos populations et souvent pratiquée dans les partages, bien qu'elle n'ait point été consacrée par le Code civil, suivant lequel « les titres communs à toute l'hérédité sont remis à celui que tous les héritiers ont choisi pour en être le dépositaire, à la charge d'en aider les copartageants à toute réquisition » (Art. 842).

---

[1] L. 6, *de Fide instrum.*, Dig.

TABLE DES MATIÈRES

Iʳᵉ PARTIE. — Droit naturel.

IIᵉ PARTIE. — Droit romain.

IIIᵉ PARTIE. — Droit français.

Articles des Codes français qui sont indiqués en note dans la deuxième partie, du droit romain.

20

Articles des Codes commentés ou indiqués dans la troisième partie*,*
du droit français.

Lois et ordonnances diverses citées dans la troisième partie, du droit français.

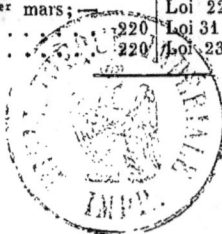